商用区块链
技术与实践

布比区块链技术开发团队 著

電子工業出版社
Publishing House of Electronics Industry
北京•BEIJING

内 容 简 介

本书首先介绍了区块链技术的诞生、演进历程，以及产品化、商用化区块链需求的紧迫性，进而对商用区块链展开了探索，分析了商用区块链的目标和难题，介绍了解决这些难题需要的区块链关键技术，内容覆盖了密码学基础、账本结构、共识算法、智能合约，以及关系区块链扩展性的扩容和跨链技术。最后，本书开放了作者团队多年研发和积累的区块链开发接口，读者基于这些接口可以轻易地构建并部署自己的区块链应用。

现在市场上的区块链相关书籍种类繁多，想要了解区块链技术原理、体系架构、典型项目介绍的选择也很多。然而有这么一部分读者，他们不仅渴望了解区块链技术，而且更想拿到打开区块链商业应用大门的钥匙，目前这类书籍凤毛麟角。本书的作者团队结合在区块链商业应用领域多年的积累与经验，围绕着应用简单、落地见效这个目标，从关键技术选型、区块链扩展到接口开发应用、典型案例介绍，打造了一本兼顾区块链技术与应用实践的钥匙类实用图书。

本书适用于对区块链技术感兴趣的高校学生、区块链行业的开发者，以及对区块链行业感兴趣的开发者。

图书在版编目（CIP）数据

商用区块链技术与实践 / 布比区块链技术开发团队著. —北京：电子工业出版社，2020.11
ISBN 978-7-121-39755-4

Ⅰ. ①商… Ⅱ. ①布… Ⅲ. ①区块链技术－研究 Ⅳ. ①F713.361.3

中国版本图书馆 CIP 数据核字（2020）第 194074 号

责任编辑：石 悦
印 刷：三河市君旺印务有限公司
装 订：三河市君旺印务有限公司
出版发行：电子工业出版社
北京市海淀区万寿路 173 信箱 邮编：100036
开 本：720×1000 1/16 印张：17 字数：305 千字
版 次：2020 年 11 月第 1 版
印 次：2020 年 11 月第 1 次印刷
定 价：69.00 元

凡所购买电子工业出版社图书有缺损问题，请向购买书店调换。若书店售缺，请与本社发行部联系，联系及邮购电话：（010）88254888，88258888。
质量投诉请发邮件至 zlts@phei.com.cn，盗版侵权举报请发邮件至 dbqq@phei.com.cn。
本书咨询联系方式：（010）51260888-819，faq@phei.com.cn。

序　区块链技术商业化应用的机遇和挑战

信任机制是商业活动能够有效运行的基础机制，区块链技术有助于避免传统信任机制的弊端，具有很大的商用价值。传统商业系统的广泛使用基于中介的信任机制，这种机制借助第三方实现不可信用户之间的可信交易，存在成本增加、中心依赖等问题。随着物联网、人工智能等新技术的发展，信任的场景将从人与人的交互扩展到人与机器、机器与机器交互的更广阔场景，传统的基于中介的信任机制很难满足性能、成本、安全等要求，将成为信息化社会进一步发展的瓶颈。区块链技术提供了一种不依靠中介机构的信任机制，能够简化交互过程，降低交互成本。正是由于具备这种革命性力量，区块链技术的应用场景已经延伸到数字金融、物联网、智能制造、供应链管理、数字资产交易等多个领域，区块链技术的商业化应用正在快速发展。

区块链技术在数字货币领域的应用使得去中介信任机制成为可能。2008年，随着中本聪发表《比特币：一种点对点的电子现金系统》，一种不需要依赖第三方机构的可信数字货币系统“比特币”走上历史舞台。截止到2020年5月，比特币系统已经稳定运行11年，市值超过1766亿美元，每天产生超过25万笔交易，比特币成为在世界范围内流通的具有较高公信力的数字货币。比特币系统没有任何政府背书，也没有中心化的实体机构负责网络维护、交易审计等工作，它的成功运行宣告了一种无须中介的信任机制具备了现实可操作性。

受到比特币系统的启发，从比特币底层技术中抽取、衍生的区块链技术成为去中介信任机制的热点研究技术。本书的前 6 章对区块链技术的演进、商用探索，以及关键技术进行了详细的介绍和深入分析，包括密码学基础技术、账本结构、共识算法、智能合约，这些关键技术体系构成了区块链的技术基础。

区块链技术没有局限在数字货币领域，而是将这种去中介信任机制的优势迅速扩展到数字金融、供应链管理、政务民生等众多领域，在用户体量、服务对象、应用场景方面得到快速发展。在数字金融领域，以中国人民银行推出的法定数字货币（DCEP）、脸书推出的天秤币（Libra）为代表的新型数字货币正在从公信力、效率、成本等多个角度重塑金融基础设施，将把区块链技术的用户体量扩展到以 10 亿为计数单位的全球用户规模。在供应链管理领域，利用区块链技术打通采购、生产、物流、销售、监管环节，能够有效降低供应链的成本和风险，目前已经应用在食品、药品、畜牧、工业生产、知识产权等领域，在涉及普通用户衣食住行的各个方面发挥作用。在政务民生领域，以司法区块链、区块链发票、政务数据共享等为代表的区块链应用正在帮助政务部门解决数据孤岛、效率低下、成本高昂等问题，成为推进数字政务发展的关键技术。

然而，现有的区块链技术还不能很好地满足复杂商业应用场景的需求。首先，将区块链技术融入现有业务模型的可行性需要评估。区块链系统虽然在公信力、安全性方面有较大提高，但是在性能和隐私保护方面存在不可避免的缺陷，而且区块链系统的技术成熟度较低，系统可靠性还需要更多的测试。这些潜在缺陷将限制区块链技术的适用范围，并不是所有的商业场景都适合使用区块链技术。其次，区块链系统的可扩展性需要得到显著提升。区块链系统在用户规模、处理效率方面存在明显的短板，很难满足商业应用场景对系统可扩展性的需求。再次，区块链需要提供简单易行的安全性。早期区块链系统的安全性建立在用户具有较强安全能力的基础之上，通过将私钥交由用户自行保存，区块链系统将安全性的责任转嫁到用户身上，避免了在传统信息系统中服务器被攻击、密码被泄露的危害。然而，在商业场景中，大部分用户都不具备密钥安全管理的能力，让用户直接接触私钥不仅会增加用户的学习成本，而且会显著增加私钥泄露、私钥丢失的风险。面向普通用户的商业区块链系统必须提供简单易行、安全可靠的私钥管理方案。最后，区块链数据的隐私安全需要着重加强。在早期的数字货币应用中，交易记录公开带来的隐私泄露风险较低。但是在商业应用场景中，很多数据只能够有条件展示，例如，只能给特定账户查看或者只能在特定时间段内查看。能否有效地保护用户隐私安全，将是商用区块链应用必须考虑的关键问题。

上述潜在缺陷涉及区块链系统的扩展性、安全性和隐私保护能力，是遏制区块链落地实践的关键问题。目前，业界已经从硬件、软件、协议设计等多个方面提出了解决方案，本书的第 7 章~第 9 章对其中的关键技术进行了详细的介绍和深入分析，包括扩容技术方案、跨链技术方案、隐私保护方案，这些新的技术体系有望解决早期区块链系统存在的缺陷，满足商业应用的需求。

除了技术层面的限制，区块链技术进行商业化应用还需要提高产品化能力。产品化能力是指技术体系具备高可用性和高复制性，能快速满足商用需求。产品化能力决定了区块链技术商用化的进展速度。区块链的产品化通常表现如下：①快速适配能力。通过提供高扩展的底层系统和丰富的场景指南，区块链系统能够快速适应特定应用场景的需求。②可视化运维能力。通过提供详细的节点信息反馈服务，管理人员能够便捷地掌握区块链系统的实时状态，提供稳定可靠的系统服务。③灵活的权限配置能力。区块链系统可以满足不同应用对权限设置的个性化需求。④强大的智能合约引擎。它可以为实现业务的多样化逻辑提供充足的二次开发潜力。本书的第 10 章和第 11 章通过介绍 bubichain 的技术架构和开发指南，展示了商用区块链系统需要具备的产品化能力。

区块链技术经过 11 年的发展，已经逐渐走出数字货币等传统应用范围，逐渐向数字金融、物联网、智能制造、供应链管理等商业领域扩展。目前，区块链技术正处于大规模商业应用的前夜，我们非常有必要探讨商用区块链技术的技术进展和发展趋势。本书从商用区块链核心需求的角度出发，详细地介绍了区块链的产品架构和底层关键技术，并从行业痛点、解决方案、核心价值的角度分析了典型的商用案例。本书对于了解区块链在商业应用场景中的技术定位和落地方法具有很好的参考价值。

中国计算机学会区块链专业委员会秘书长　祝烈煌
2020 年 8 月

目　　录

第 2 部分 商用区块链的关键技术

第 1 部分　区块链及其商业应用

第 1 章

区块链技术的演进

1.1 比特币

1.1.1 起源

区块链技术起源于比特币。比特币是一种点对点的电子现金系统，由中本聪（Satoshi Nakamoto）于 2008 年设计开发。这是一个分布式系统，其价值流通媒介是虚拟的加密数字货币：比特币。比特币的发行和流通不受任一中心机构控制，只要有算力并接入互联网，就可以参与其中。其代码开源，由全世界极客组成的比特币核心钱包（Bitcoin Core）的核心开发者在 GitHub（源代码托管仓库）上共同维护更新，在 GitHub 上有 4 万多人收藏，代码被分叉（fork）24 000 多次。比特币是密码学和经济学的集大成者，让人类第一次掌握了自己的数据主权，将打破现有互联网巨头垄断的数据孤岛状态。所有的数据都在区块链上，这将会是一个全人类共同维护的分式数据库。

比特币所采用的关键技术其实可以追溯到 20 世纪 70 年代。

1977 年，罗纳德 · 李维斯特（Ron Rivest）、阿迪 · 萨莫尔（Adi Shamir）和伦纳德 · 阿德曼（Leonard Adleman）一起提出非对称加密算法 RSA。非对称加密思想第一次落实到具体算法。

1980 年，拉尔夫 · 默克尔（Ralph Merkle）提出默克尔（Merkle）数据结构，该数据结构广泛应用于文件系统和点对点（P2P）（peer-to-peer）网络系统中。比特币利用 Merkle 树计算交易根哈希值（hash）。

1982 年，莱斯利 • 兰波特（Leslie Lamport）提出拜占庭将军问题，用来描述分布式系统中的一致性问题。莱斯利 • 兰波特提出的 Paxos 算法，仅适用于无拜占庭错误的可信环境中，中本聪在比特币中创造性地引入了工作量证明（Proof of Work，POW）来解决这个问题。

1983 年，大卫 • 乔姆（David Chaum）发表了论文 *Blind Signatures for Untraceable Payments*。在论文中，他提出盲签名的密码学算法，用这种算法实现电子交易中的匿名性，这也是他所提出的 eCash 中重要的密码学技术。

1985 年，尼尔 • 科布利茨（Neal Koblitz）和维克多 • 米勒（Victor Miller）分别独立提出椭圆曲线密码学（Elliptic Curve Cryptography），它是一种基于椭圆曲线数学的公开密钥加密算法。比特币利用 ECDSA secp256k1 算法实现其公钥签名体系。

1997 年，亚当 • 班克（Adam Back）提出哈希现金（HashCash）方法，工作量证明的概念出现在该算法论文中，该算法在当时主要用于反垃圾邮件。如果给目标邮箱发送电子邮件，那么必须满足一个特定的计算结果，才能被目标邮箱系统所接收。对于普通邮件发送者来说，计算满足要求的数据在不经意间就完成了，但是对于垃圾邮件的发送系统来说，每天要完成大量的邮件发送任务，这些邮件所需的计算时间累加起来就能大大增加系统的负担，从而增加了垃圾邮件的发送成本。

1998 年，戴维（Wei Dai）提出 B-money（一种可匿名、分布式的电子加密货币系统），它占据了比特币白皮书的参考资源第一位。它继承了用工作量证明造币的思想，并把记账工作分配到一个点对点的网络中，但距离一个可以使用的 P2P 电子支付系统还有很大的差距，因为它缺少最关键的技术——共识机制，也就是说它没有办法解决双花问题，所以交易的双方必须信任一个第三方。

1998 年，肖恩 • 范宁（Shawn Fanning）在美国波士顿东北大学读一年级的时候，为室友开发了一个音乐搜集程序，该程序能在互联网上搜索音乐文件，将其整理并做成索引，使用者可以很容易地找到自己想要的音乐。该程序被肖恩 • 范宁命名为 Napster，从此，越来越多的人在互联网上开始使用 P2P 技术。

2001 年，由美国国家安全局（NSA）研发、美国国家标准与技术研究院（NIST）发布的 SHA2（Secure Hash Algorithm 2）算法诞生。它是一种密码哈希函数算法标准，属于 SHA 算法之一，又可再分为 6 个不同的算法标准，包括 SHA224、SHA256、SHA384、SHA512、SHA512/224、SHA512/256。比特币使用 SHA256 算法计算区块数字摘要，并两次使用 SHA256 算法进行挖矿运算。

1.1.2 发展

2008 年 11 月，中本聪发表了《比特币：一种点对点的电子货币系统》，比特币时代正式开启。中本聪在文中描述数据结构时，使用了 Block 和 Chain 等词，后来人们在提炼比特币底层实现技术时，把抽象出的技术体系用 Block 和 Chain 表示，创造出 Blockchain 这个词，可以说是比特币的底层设计思想衍生出了区块链（Blockchain）的概念。中本聪在论文中阐述，区块链由一串使用密码学方法产生的区块（Block）组合而成，这些区块前后依次关联，新增的区块总是添加在区块链的尾部。区块链由点对点网络节点共同产生，所有网络中的交易由全网节点共同维护，并存储在本地，数据与其他节点一致，因此区块链也可以被看成一个去中心化的分布式数据库。

2009 年 1 月 5 日，比特币主网上的第一枚比特币诞生。比特币的网络节点采用工作量证明算法来产生区块，这也就是通常所说的“挖矿”。“挖矿”是指使用计算机解决一项复杂的数学问题，谁的算力强谁就有可能先解决难题并广播到网络中，而这个数学问题的验证过程很简单，其他节点可以快速校验该答案的正确性。如果正确，那么承认这个难题（区块数据）的合法性。区块数据里包含着交易，网络节点在确认数学问题答案的同时，也将确认交易的合法性，并将其记录在本地的区块链中。

为了激励网络节点积极打包出块，并用以抵消节点利用算力带来的电力消耗和设备损耗，开发者在比特币系统中设计了一套挖矿激励机制，即出块奖励机制。给初始区块奖励 50 枚比特币，随后每隔 10 分钟就会增加一个区块，并奖励 50 枚比特币。比特币的总产量为 2100 万枚，每当开采总量达到剩余的一半时，区块奖励减半，例如当开采量达到 1050 万枚（2100 万枚×1/2）时，区块奖励为 25 枚（50 枚×1/2），当开采量达到 1575 万枚（1050 枚+1050 枚×1/2）时，区块奖励为 12.5 枚（25 枚×1/2），以此方式反复减半。每个减半周期约为 4 年，大约在

2140 年时出产总量接近 2100 万枚。用户在发起交易时，需要附加交易费用，而这笔费用也将随同区块奖励一起奖励给挖矿打包的网络节点。

在比特币系统中，用户签名并发起的交易如同实体经济中的交易一样，是指在商业行为上用户发起转账的操作实体，包含发起人、收款人、金额、描述等。在比特币系统中所有的交易都存储在区块链账本里，这也被称为区块链账本的记账。中本聪在白皮书《比特币：一种点对点的电子货币系统》中创新性地使用了未花费的交易输出（Unspent Transaction Output，UTXO）来记录比特币的交易。比特币的交易由交易输入和交易输出组成，每笔交易都要花费（Spend）一笔（或多笔）输入（Input），同时产生一笔（或多笔）输出（Output），而其所产生的输出，就是“未花费的交易输出”。交易需要由发起方使用私钥完成对交易的签名，用以证明资产所有权和交易合法性，交易的接收者不用参与整个过程。

如图 1-1 所示，A、B、C 为三个账户，定义 Tx 为交易，每笔交易由输入和输出两部分组成，每笔交易的输入指向上一笔 UTXO，在交易完成后该 UTXO 将变成已花费的交易输出，不能再次被使用；而该交易产生的输出即为新的 UTXO，其所有权归属于接收者，如果交易过程中有多余的资产，将会产生一个找零 UTXO，接收人为自己。交易的过程如下：

（1）交易-1（铸币）表示该交易由矿工挖矿所得，输入标识为挖矿（Mining）获取，输出的所有者为 A，表示矿工挖矿得到 UTXO-A-1 归属于 A 账户。

（2）交易-2 的输入指向交易-1 的输出，即 A 账户使用自己的 UTXO 作为交易-2 的输入，输出为 B 和 A，意味着，A 账户转账给 B 账户，同时剩余一笔资金并找零给自己，此时 UTXO-A-1 将变成已花费的交易输出，不能再次被使用，标识为灰色。

（3）交易-3 为 B 账户转账给 C 账户，交易-4 为 A 账户转账给 C 账户，同时分别找零给自己形成新的输出，C 账户此时拥有 UTXO-C-1 和 UTXO-C-2 两笔 UTXO。

（4）交易-5 的输入由两笔 C 账户的 UTXO 组成（UTXO-C-1 和 UTXO-C-2），输出为 B 账户和自己的 C 账户，表示为转移资产给 B 账户，同时找零给自己。

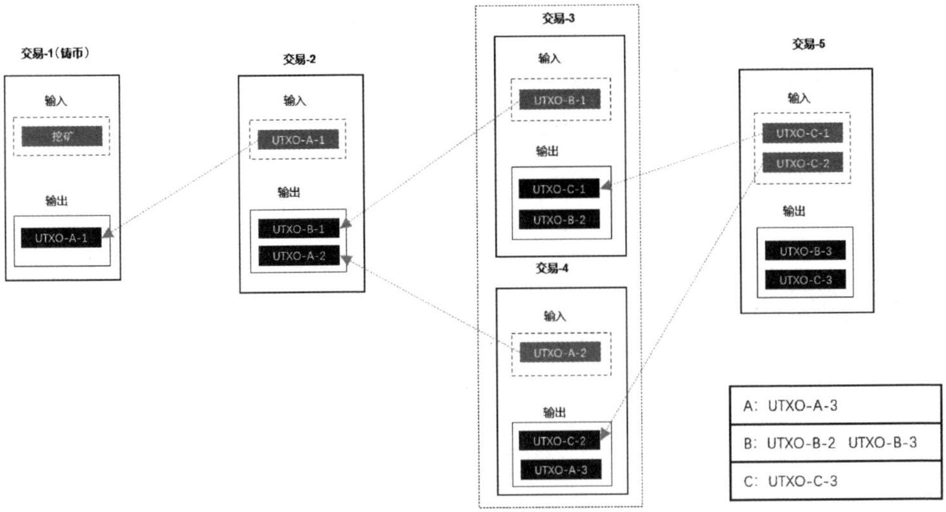

图 1-1

由于各个账户的余额由最终属于自己的所有 UTXO 之和组成，在经过这 5 笔交易之后，A 账户的资产有 UTXO-A-3，B 账户的资产有 UTXO-B-2 和 UTXO-B-3，C 账户的资产有 UTXO-C-3，每个账户只能控制自己的 UTXO，这是它们的剩余资产。所以，从这个角度来说，比特币区块链里并没有余额的概念，只有 UTXO。

比特币的项目地址可以在 GitHub 网站中搜索到，搜索 Bitcoin 之后的结果如图 1-2 所示。

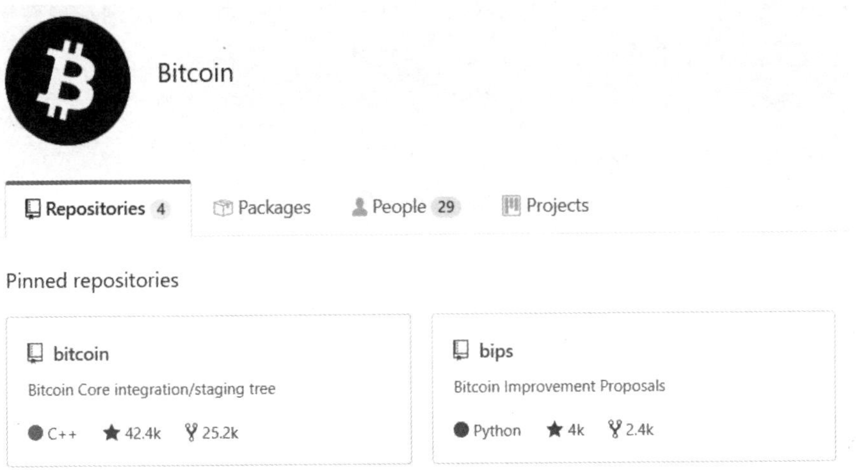

图 1-2

Bitcoin 项目主要包含两个工程：bitcoin 和 bips。bitcoin 是比特币客户端源代码项目，使用 C++语言开发实现，用户可以在下载并编译后用于挖矿或者当成全节点钱包使用。bips（Bitcoin Improvement Proposals）是比特币改进提案项目，用于接收比特币升级和改善的提案列表，任何人都可以到该项目下提出自己的改进想法，使之成为一个新的提案，每个提案有多种状态，如接收、拒绝、草案、最终版等。比特币的升级和维护更多依赖于这些提案最终是否被确认，这些提案由比特币的社区共同维护和确认。

1.1.3　技术创新

比特币是第一个基于区块链技术的去中心化支付系统，有较多的特性和创新，主要体现在两个方面，一是作为支付系统的创新，二是去中心化的创新。

作为支付系统的创新主要表现为以下几个方面：比特币可以作为全球性的资产，在任何情况下无论多大的资产都可以通过区块链网络转移到目标账户里，比特币的出块时间是 10 分钟，交易地点不受任何物理限制，只要有网络，用户就可以通过工具发起交易进行资产转移，没有国界和地域之分；比特币的交易成本极低，普通的跨境支付费用大约为 1%，而有的支付方式的费用会高达 3%左右，如果使用比特币网络支付，那么只需要支付少量的交易打包费即可，并且与金额大小无关，特别是在大额支付中更能体现其手续费低的优势；比特币是去中心化的网络和系统，不归属于某一个中心化组织或者个人，它制定的规则不会被轻易修改，它的网络也不会由个别机器控制，例如发行至今，网络稳定运行已经足够证明其安全性，且其总量为 2100 万枚的机制至今都由所有矿工维护并未有更改；交易公开并且匿名，任何人都有参与交易的机会，且其账户具有匿名性，无须申请特殊的权限即可进入网络，仅仅通过密码学的方式来证明身份的合法性，与现实的身份无关，具备一定的匿名性。

在去中心化的创新方面，比特币带来了对系统构建的全新思考，核心是去中心化，但是仍需要正确理解比特币的“去中心化”属性，下面从 3 个维度来讲：

（1）架构层。在物理世界里，系统由多台计算机组成，在运行过程中，我们可以容忍部分计算机宕机而系统不受影响。比特币的网络节点分别部署在世界的各个角落里，这些节点同时也都保存着完整的区块链数据，任何一台或者多台计算机宕机，都不会影响比特币网络的其他节点，更不会影响整个区块链网络的使用。

（2）治理层。系统的所有权并不受控于某一个中心，而由多个机构或者个人共同所有。比特币网络的治理由所有参与的矿工决定，矿工的算力是分布均匀的，某个人或者组织很难控制大部分数量（51%）的矿工，这就保证了比特币系统在治理上的去中心化特性。

（3）逻辑层。从系统的设计和数据结构上看，它是一个完整的不可分割的整体，所有参与方维护的是同一份账本数据。每个参与计算的网络节点，其本身维护全量的区块链账本，且节点之间的账本具有强一致性，它们也是基于同一份数据进行验证、打包、增长区块的，其数据层实质上是一个强一致性的分布式账本。

1.2　以太坊

1.2.1　以太坊的诞生

从 2009 年比特币的诞生到 2013 年的这段时间里，比特币一直稳定运行，用时间证明了区块链技术的可行性和安全性，比特币可谓开创了数字货币的先河，是区块链技术的开山之作。但是比特币技术也有明显不足，最明显的缺陷是其扩展性不足。这体现在两个方面，一是性能不足、交易速度慢、容量小，其出块速度是 10 分钟/块，并且需要 6 个区块的确认时间，整体时间需要 1 小时左右，而且每秒交易数（Transactions Per Second，TPS）只有 7 笔左右；二是业务的扩展局限性，只能用来处理转账交易或者使用简单的脚本来添加业务属性，在比特币里发起一笔交易时，可以使用脚本来定义一些业务功能，如交易的多签名功能，但比特币的脚本语言具有局限性，非图灵完备，无法编写复杂的业务功能，如企业债券交易流通、去中心化的资产交易等。

2013 年，以太坊创始人维塔利克·布特林（Vitalik Buterin）受比特币的启发，提出并发布了以太坊（Ethereum）白皮书，并将其定义为“下一代加密货币与去中心化应用平台”（A Next-Generation Smart Contract and Decentralized Application Platform）。以太坊也是一个开源的去中心化区块链系统，与比特币相比，最主要的特色是具备图灵完备的智能合约功能，是世界上领先的可编程区块链。以太坊的底层使用以太坊虚拟机（Ethereum Virtual Machine，EVM）来执行去中心化的合约。基于以太坊，用户可以开发不同的去中心化应用（DApp）程序来管理数字资产。

与比特币一样，以太坊网络也是一个去中心化的系统，不受任何地域和中心化组织控制。从以太坊诞生起，创始人维塔利克·布特林就把以太坊的开发规划为四个阶段和版本。

2015 年，以太坊主网上线，版本代号为“边境”（Frontier）。这是以太坊的第一次版本发布，这个版本允许开发人员对以太坊进行挖矿，并提供开发工具，让用户可以基于以太坊进行 DApp 的开发和使用。

2016 年，第一个稳定版本“家园”（Homestead）发布。以太坊发布了第一个生产环境版本，对许多协议进行了优化改进，为之后的升级奠定了基础，并且加快了交易速度。不幸的是，同年 6 月，以太坊上的去中心化组织 The DAO 被盗，市值 5000 万美元的以太币被转移到黑客的合约账户里，并被暂时锁定。2016 年 7 月 20 日，以太坊进行硬分叉，让所有被盗的币回归原处，而一部分矿机不接受规则改变，这些矿机仍然维护着的区块链则成为以太坊经典（Ethereum Classic）。这一行为至今仍然受到很多人的质疑，因为这已经打破了去中心化的规则，并且直接导致链的分叉，形成两条不同的链——以太坊和以太坊经典。

2019 年 1 月，君士坦丁堡版本升级。这个版本的升级，将减少挖矿奖励，并逐渐向权益证明（PoS）方式靠近，同时提升了以太坊系统的可扩展性，使得以太坊更轻量、更快速和更安全。

宁静版本（Serenity）是以太坊升级的第四个阶段，其发布时间待定。这个版本将使用权益证明替代挖矿证明，即根据每个节点的代币持有量与持有时间之积来决定记账权。这项升级注定充满困难，毕竟使用权益证明代替挖矿证明损害矿机的利益。很多投产的矿机在无法收回成本的同时，还要继续质押一部分资产才能投入生产，这势必受到很多矿机阻挠。以太坊的升级之路将会怎样，需要人们拭目以待。

以太坊项目在 GitHub 上可以找到，搜索 ethereum 得到的结果如图 1-3 所示。

在以太坊的 GitHub 项目里包含很多工程，主要分为以下几类：客户端、EIPs（Ethereum Improvement Proposals，以太坊改进协议）、Solidity、Remix。

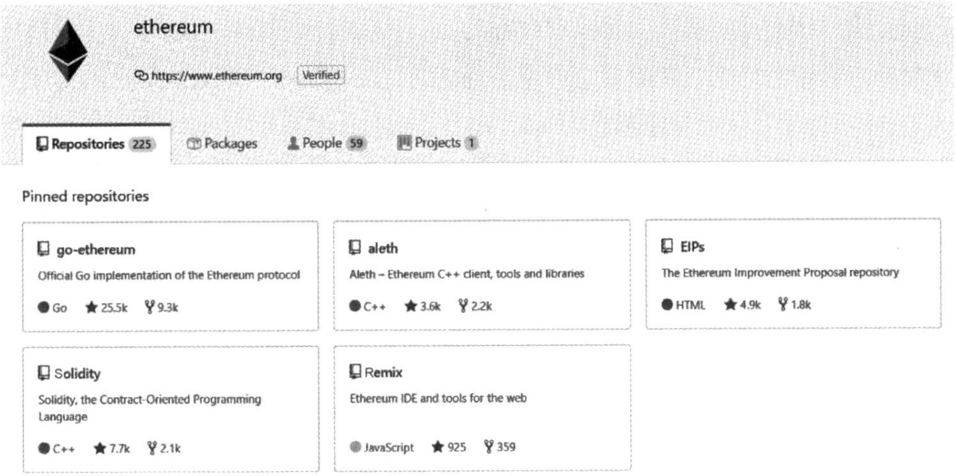

图 1-3

（1）客户端。以太坊的客户端源代码有多个语言版本，aleth 是 C++版本的，go-ethereum 是 golang 版本的。目前，开发维护以及关注人数较多的版本为 golang 版本的 go-ethereum。用户可以编译和部署客户端挖矿或者将其作为全节点钱包发起交易。

（2）EIPs。EIPs 描述了以太坊平台的协议标准，包括核心协议规范、客户端应用程序接口（Application Program Interface，API）和智能合约标准等。全世界的开发者可以在这个项目中提出对以太坊的改善提案，如果提案被委员会审核通过，那么开发者可以基于此提案进行以太坊平台升级。

（3）Solidity。Solidity 是以太坊智能合约的静态编程语言，这个工程是该语言的编译器，用于将智能合约代码编译生成以太坊虚拟机可以识别和执行的字节码。

（4）Remix。这是一个帮助开发者进行智能合约开发、编译、测试和部署的集成开发环境（Integrated Development Environment，IDE）工具。开发者使用 Remix IDE 可以快速开发 DApp 程序，可以部署该工具在本机环境里使用。当然，以太坊官方也提供了在线开发工具，省去了用户部署的麻烦，该工具网址可以在该工程的 readme.md 帮助文档里找到。

1.2.2　智能合约

与比特币相比，以太坊在区块链技术上最大的贡献是基于区块链设计并实现智能合约。什么是智能合约呢？智能合约是一种特殊的计算机合同协议，使用信息化的方式传播、执行和验证，整个过程都通过计算机来实现。智能合约的概念于 1994 年由计算机科学家和密码学专家尼克 • 萨博（Nick Szabo）首次提出，但是当时由于计算机技术的限制，智能合约的概念并没有得到太多的关注和回应，在多年之后也没有得到太大的发展。直到以比特币为首的区块链技术诞生，人们才逐渐尝试将智能合约与区块链结合起来，基于分布式、去中心化的区块链技术，实现一个不受第三方控制且能自动执行的智能合约环境。2015 年，以太坊的诞生可谓是智能合约的最佳实践。

以太坊实现的智能合约有以下 4 个特点：

（1）数字编码。将合约以数字的方式编码，通过交易发布到全网，全网节点达成共识部署到区块链里。

（2）不可被篡改。由于区块链的数据具有不可被篡改的特性，所以部署的合约也不可被篡改。

（3）自动执行。智能合约在部署到区块链之后，可以被交易触发执行，并按照数字编码设定的逻辑规则执行。智能合约可以事先指定业务规则，并暴露出相应的接口和参数。用户对智能合约账户发起一笔交易，同时携带相应的接口和参数，节点在存储这笔交易时，该智能合约将会按照设计的逻辑执行代码，并将代码存储到区块链上。

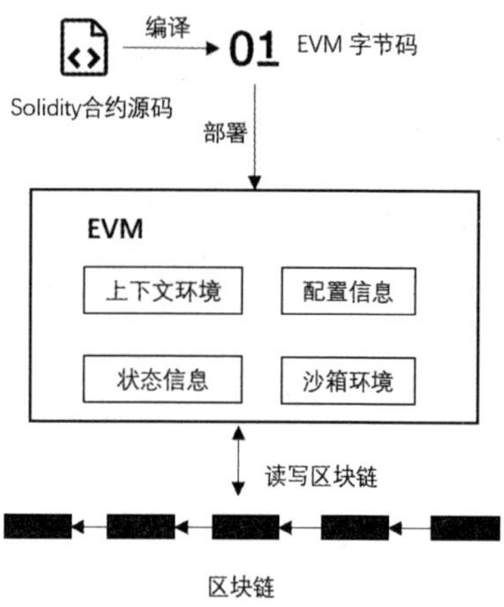

图 1-4

（4）可审计。区块链网络数据公开透明，意味着智能合约的内容可以被读取、查阅和审计。任何节点，只要连接到互联网，都可以连接到以太坊的环境里使用以太坊客户端，同步区块并且演算结果，达到审计数据的目的。

以太坊智能合约的执行环境，使用 EVM 实现。以太坊智能合约的执行原理如图 1-4 所示。

用户在编写完 Solidity 合约源代码（Solidity Code）之后，首先使用工具将智能合约代码编译（Compile）成 EVM 字节码（EVM Bytecode），并部署到区块链上。当智能合约被触发执行时，EVM 加载 EVM 字节码，并提供 EVM 字节码执行的沙箱环境。这个沙箱环境与外界完全隔离，在合约执行期间，仅能与区块链内部网络的数据（如账户、交易）交互，不能与外部网络的数据（如网络、文件）交互，目的是保证执行结果的一致性。假设沙箱环境能够与外部网络的数据交互，那么有可能导致区块的不一致性，如每个网络获取的天气情况不一致，所以这个 EVM 的沙箱环境保证交互数据的一致性是非常重要的。智能合约的 EVM 字节码在沙箱环境中执行完成之后，有可能会改变区块链的状态，如账户、交易或者数据的删减，那么这些更改将会写入以太坊的区块链里。

其中，以太坊智能合约的开发语言是 Solidity，这是一种高级静态类型的编程语言。关于这门语言的使用方法，可以在其官网相应的文档里找到。

如图 1-5 所示，目前 Solidity 的版本是 0.7.1。在这个文档里，我们可以找到编译器的安装、合约示例代码、合约语法接口等信息。

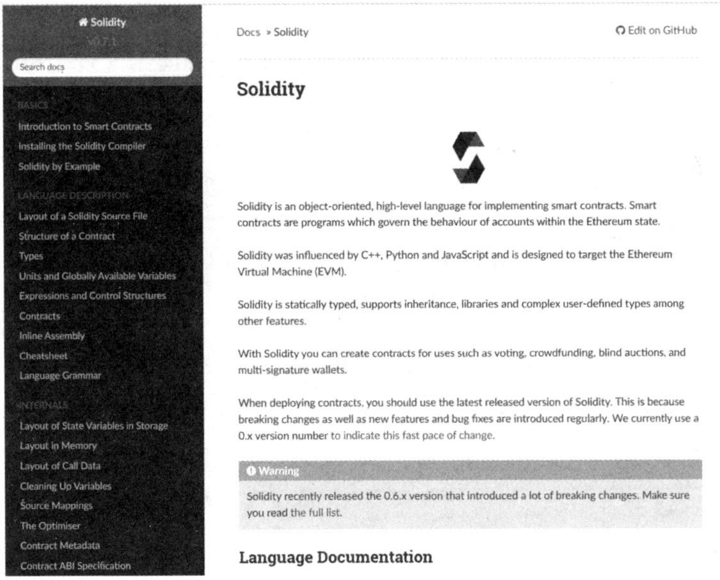

图 1-5

以太坊的智能合约是在去中心化的点对点（P2P）环境中执行的程序，没有人或者任何机构对执行有特殊的权限，因此这种去中心化的机制能够让资产、投票等各种数据在链上不被随意篡改。正是基于这种去中心化、可编程的特性，在以太坊网络里出现了很多去中心化应用程序，即 DApp（Decentralized Application）程序。

1.2.3 去中心化应用程序

去中心化应用程序，是指被部署在分布式网络中的程序，开源、透明、可执行，任何人都能参与并发起操作交互。要想深入了解去中心化应用程序，我们先回顾一下中心化应用程序，并在它们之间做一次对比，图 1-6 直观地阐述了中心化应用程序和去中心化应用程序的区别。

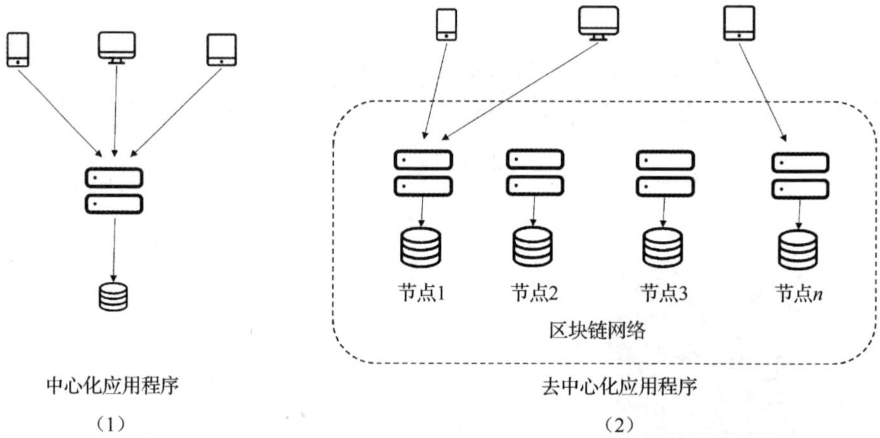

图 1-6

中心化应用程序在互联网世界里比较容易理解，如果用户（电脑、手机等设备）需要访问一个服务，那么必须要去连接服务商。服务商提供的服务对于用户来说是不可见的。用户只需要通过和固定的服务接口交互即可，且必须无条件地信任该服务。例如，用户使用电脑访问企业的企业资源计划（Enterprise Resource Planning，ERP）系统，只需要输入网址即可与 ERP 服务交互，用户使用并且信任这些服务。这个“中心化”的程序有一定的缺陷，例如管理员作恶，恶意修改后台的数据，而作为用户的使用者，则无法清楚后台数据是否已经被恶意篡改，只能“无条件”地信任服务提供者。

去中心化应用程序是指服务和数据由整个去中心化的网络提供，用户不必连接某个服务，网络中的任意节点都可以成为服务的提供者，甚至用户可以自己搭建一个服务来给自己使用，不用担心某个节点作恶给自己提供虚假数据。如果有人恶意篡改数据，那么用户通过自己部署的节点，即可发现作恶行为。因此，基于去中心化网络搭建的程序可信任程度极高。

由于以太坊的去中心化特性，并且以太坊提供了智能合约的开发语言，因此开发者完全可以基于以太坊智能合约，开发和构建出任意去中心化应用程序。

目前，以太坊区块链网络里可用的去中心化应用程序数量有上千种之多，其应用的范围覆盖金融、物联网、游戏、版权等众多领域。当前较为著名的去中心化应用程序有以下几种：

（1）游戏。加密猫（CryptoKitties），是一个繁殖猫咪的虚拟休闲游戏。该游戏于 2017 年 11 月上线，曾占据以太坊网络 16%以上的交易量，火爆程度极高，以至于以太坊网络发生严重阻塞。

（2）交易所。去中心化的以太坊资产交易所（Decentralized Ethereum Asset Exchange，IDEX）用于交易基于以太坊 ERC-20 的资产。这个交易所与传统的中心化交易所相比，完全去中心化，核心兑换算法都编写在以太坊智能合约链上，公开透明，可信任性高。

（3）发行证券。博学者（Polymath）制定了发行和监管证券规则，并提供了一个服务网络，旨在降低发行和监管证券的成本。

（4）域名。不停机的域名（Unstoppable Domains），是区块链上的域名服务，使用区块链域名来代替复杂难记的账户地址，让用户的交易更加方便，简化支付将提高普通非专业用户使用的可能性。

（5）广告。基本注意力资产（Basic Attention Token，BAT）是基于区块链的广告平台资产。基于该资产构建的在线广告体系，可以消除第三方广告交易商，同时保护用户隐私、减少广告欺诈，并且奖励用户观看广告的行为。这套系统由 JavaScript 之父布兰登·艾克（Brendan Eich）创建和运营。

1.2.4 未来规划

以太坊在区块链中引入智能合约是具有创新性的，打开了去中心化应用程序开发的市场，越来越多的开发者参与去中心化应用程序的开发。但以太坊仍然有不足之处：

第一，处理性能低。以太坊的 TPS 只有 15～30 个，这显然无法满足正常的去中心化应用程序的性能，甚至连普通的转账交易也难以满足。2017 的 CryptoKitties 交易阻塞区块链网络，足以证明其性能之低。交易系统的 TPS 对比见表 1-1。

表 1-1

交易系统	TPS/个
比特币	7
以太坊	15～30
Paypal	450
银联	2000

无论是以太坊还是比特币，与传统的金融交易机构相比，它们的交易性能都非常低下，很难适应真正的商业应用领域。

第二，挖矿的共识机制导致能源浪费。以太坊目前采用的是 PoW 算法共识，即通过计算来获取挖矿的优先权，算力强则有利于获取挖矿权并获取区块奖励 ETH（Ether，以太坊的原生数字资产）。据 2018 年统计数据显示，ETH 所耗费的电量几乎等同于冰岛整个国家全年的耗电量，以太坊系统产出一枚 ETH 所耗费的电量，已经超过了一个普通美国家庭平均一天的耗电量！

为了解决这两个难题，开发者未来将会进行 Ethereum 2.0 的开发和升级。Ethereum 2.0 计划解决以下两个问题：

（1）引入 PoS 共识机制，消除 PoW 共识机制带来的能源消耗问题。

（2）引入分片机制，提高以太坊的交易速度和吞吐率。

根据以太坊百科文档（Ethereum Wiki）的描述，开发者为 Ethereum 2.0 规划了 7 个不同的阶段，需要至少几年时间才能实现。这些阶段大部分仍处于研究阶段，没有明确的技术规范。开发者在真正构建最终态的 Ethereum 2.0 之前，需要至少完成 4 个阶段：

（1）阶段 0。实现基于 PoS 共识机制的信标链（Beacon Chain），该信标链暂不实现分片功能。信标链的共识使用 Casper FFG（Casper the Friendly Finality Gadget，友好的小精灵终结工具）完成，验证节点在区块提案中使用 RANDAO

（以太坊 DAO 随机数生成器）创建随机数，根据随机数形成组织委员会。

（2）阶段 1。实现没有 EVM 的基础分片。在这个阶段中，分片的目的是通过在多个分片之间划分网络来帮助扩展事务，从而允许网络并发地处理许多事务。

（3）阶段 2。实现 EVM 状态转换功能。在这个阶段中仅支持全节点，仅支持异步合约交叉调用，支持 eWASM 引擎执行合约，引入状态存储机和存储费用概念。

（4）阶段 3。轻客户端协议。无须存储所有数据，即可快速校验数据的合法性并参与网络共识。轻客户端的数据从存储节点中获取。

Ethereum 2.0 的升级涉及共识机制的改变，即由原始的 PoW 共识机制升级成 PoS 共识机制。PoS 共识机制的升级将会触动矿工的利益，例如矿工已经购置机器进行挖矿，如果升级成 PoS 共识机制，就意味着前期投入的矿机钱白白浪费了，同时又将质押一笔资金才能有资格打包区块参与共识。在这种情况下，PoS 共识机制的升级势必受到矿工的抵制和阻挠。虽然 Ethereum 2.0 规划可以一步一步替代 PoW 共识机制，愿景很美好，但是道路仍然崎岖。

1.3　商用区块链

比特币的出现，让价值能够在去中心化的网络中得以传递，其分布式账本的思想也给金融产业带来了革命性的改变。以太坊的出现延续了比特币技术的特征，更实现了智能合约的功能，让应用业务可以在去中心化的网络环境中运行，从而构造出蓬勃的去中心化应用程序生态环境。

然而，在实际的商业应用中，比特币和以太坊还不足以支撑广泛的商业应用需求。在商业应用中需要考虑商业的各种情况，如应用场景、开发对接、产品化、海量用户支撑、高性能执行、隐私保护等，比特币和以太坊构建了一个开放、开源的区块链生态平台，但是在实际的商业场景中，怎样将商业和区块链结合，即在区块链的产品化道路上，尚有很多问题需要解决。

在商业应用中，价值的传递是一种更高阶需求，可以服务于更多的产业领域和生活领域。区块链在落地于商业过程中，往往有着特殊要求，在不同的领域中，具体到各行各业，怎样更“理想”地应用商用区块链，就关系着区块链产品的商用化，因此区块链的产品化是一种商用需求，更是区块链精神从去中心化账本到智能合约，再到商业化的精进过程，区块链商用和产品化意义更重大。

产品化能够让软件或者系统具备高可用性和高扩展性，能快速满足商用需求。区块链系统同样也需要产品化，其产品化程度的高低决定了商用化程度的好坏。通常来说，区块链的产品化表现在以下几个方面：

（1）快速适配。使用高扩展的底层系统与丰富的场景指南，加速区块链应用的落地。

（2）卓越性能。区块链系统必须要有高效的交易性能处理速度，才能供千万量级用户使用。

（3）可视化运维。区块链系统需要有详细的节点信息反馈，才能让系统运维人员掌握区块链系统的实时状态。

（4）权限配置。区块链系统可以提供灵活的账户权限设置，满足应用的严苛需求。

（5）智能合约。区块链系统要有强大的智能合约引擎，帮助用户实现业务的多样化逻辑。

本书基于商业应用领域的各种问题，以及区块链产品化、商业化，构建了一个高性能、高扩展性、保护隐私的商用区块链。

1.4 本章小结

本章介绍了区块链技术的演进过程，从比特币开始，诞生了去中心化的分布式账本概念，这是一个革命性的创新。然后，本章介绍了以太坊，在以太坊中首次设计和实现了智能合约的功能，让去中心化应用程序落地。最后，本章介绍了商用区块链的需求，传统的区块链技术无论从技术到产品再到应用都难以满足商业应用。区块链在商业之中需要产品化、商用化。

第 2 章 探索商用区块链

2.1 价值流通的网络

互联网解决了信息传递问题，但互联网技术无法解决信任和价值传递问题。信息传递只需要保证数据的一致性即可，但价值传递需要归属权的确定性，所以在现在的生产环境和网络环境中，价值仍需要依赖中心机构来传递，同时这些中心机构承担记账功能。用一种通俗的说法可以描述为，对于信息传递来说，发送者与接收者可以拥有该信息；但对于价值传递来说，只有接收者拥有价值，发送者不再拥有价值，目前这个转移过程的归属权的记录通过中心机构记账实现。那么是否可以建立一种网络，其本身可以提供可靠的记账功能，同时使价值传递不依赖于中心机构，可以实现价值转移呢？区块链这种分布式总账技术（Distributed Ledger Technology，DLT）可以让参与方基于技术层面建立信任，并通过多个分布式节点参与，构建一套价值自由流通的网络基础设施，我们可以称之为价值互联网。未来价值互联网的应用是否能够达到预期不得而知，但结合区块链技术发展的状况来看，很多价值局域网已经开始初具规模。实际上，在商业应用中的某些领域，多个合作伙伴、产业链的参与者完全可以一起建立一个基于区块链的信任网络，这种基于价值而建立的局域网已经开始实施，而不仅仅只是概念。一条从价值局域网到价值互联网的演进路径如下所述：与互联网的发展进程相比，前期都是一些独立的、由各个行业按照实际业务需求形成的小型局部网络来流通价值，在发展到一定程度之后，随着跨行业、跨区域价值交换需求的驱动，将会快速形成一种规模更大、范围更广的价值自由交换的区块链平台。在整个体系中，区块链的意义在于可以构建一套可信任的多中心框架，用于将每个独立的中心升级整合为多方参与的综合多中心，进而极大地提高了价值的传递效率，同时减少了交易成本。

2.1.1 商用区块链的目标

从比特币诞生开始，很多机构或企业就将区块链技术应用于商业领域，并由此诞生了许多区块链系统或者平台，如 J.P.Morgan（摩根大通）发行的 Quorum 平台，IBM 公司主导开发的 Hyperledger Fabric（超级账本）项目，腾讯、蚂蚁金服推出的 BaaS（Blockchain as a Service）平台，以及区块链领域的初创公司（如万向、布比）创建的区块链平台。从这些机构或企业所使用的区块链技术来看，一个优秀的商用区块链产品从架构上来说至少要包含两个层面：一是区块链基础平台；二是应用业务支撑系统。

如图 2-1 所示，商用区块链需要提供商业级的区块链基础设施服务，主要包括两个部分：一是打造企业级的区块链基础平台（“区块链底层技术”）；二是在其上构建具有高可扩展性的应用业务支撑系统（介于“区块链底层技术”与“区块链上层应用”之间）。

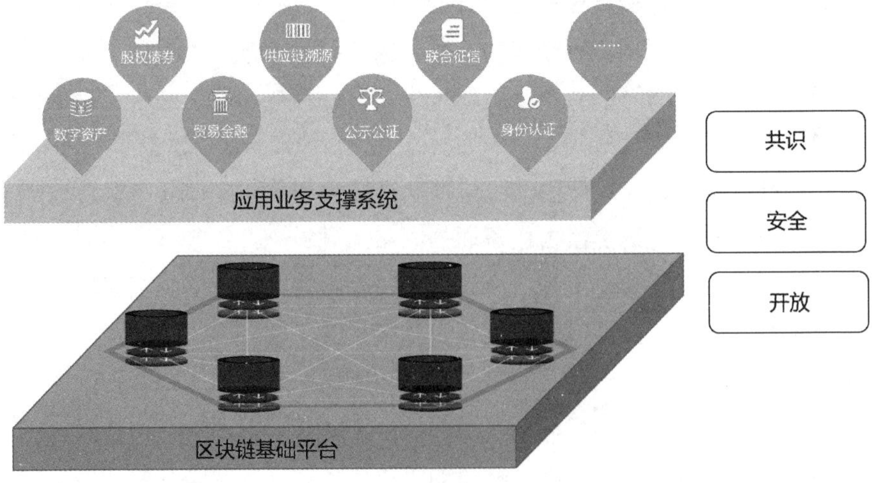

图 2-1

区块链基础平台包含区块链的核心技术，例如分布式账本、去中心化的共识机制、P2P 网络、密码学技术等，从而提供一套可信任的区块链基础体系。基于区块链基础平台，可以构建出多样的应用业务支撑系统，如数字资产、股权债券、贸易金融、供应链溯源、公示公证、联合征信、身份认证等。只有区块链基础平台和应用业务支撑系统相互融合，才能构建出一个共识、安全、开放的商用区块链体系。

2.1.2　商用区块链的难题

作为一项新兴的技术，目前的区块链还不能很好地直接适用于各种复杂的商业应用场景。以下是区块链在商业应用落地过程中的几个常见的疑问和难题。

1. 可行性：快速对接成本及灵活度

出于对现有业务稳定性的考虑，企业和机构在接入区块链系统之前，需要评估对接到现有系统中的开发成本和应用风险。

2. 可扩展性：性能与扩展空间

在对接问题之后，企业和机构考虑的就是区块链系统能否服务于当前的存量客户，而且能否应对后面新增的客户，以及后续的业务扩展空间问题。

3. 安全性：私钥安全

让用户直接接触私钥会增加用户的学习成本，而且也会增加用户的私钥泄露风险。因此，为了提高用户私钥的安全性和用户使用的便捷性，需要有一个可靠而高效的私钥管理方案。

4. 可管理性：可视化运维

区块链系统的运维工作与传统中心化系统的运维工作有着很大的差别，整套系统的维护从单方变为多方，企业的运维人员能否快速适应这种新的运维方式也是企业和机构需要考虑的问题。

5. 隐私性：隐私安全

在实际的业务中，有些数据是有条件展示的，例如只能给特定账户查看或者只能在特定时间段内查看，能否控制数据展示条件来保护数据，也是商用区块链的重要一环。

以上几点疑问和难点，都涉及区块链系统的扩展、性能、安全、运维和隐私等多个方面，在综合分析阿里巴巴、腾讯等企业发布的区块链技术白皮书后，可以看出这些问题也是业界普遍关注的焦点，商用区块链系统需要解决这些关键性问题。

2.2 区块链产品架构

为了解决区块链技术在应用落地过程中可能面临的各种阻碍，商用的区块链平台可以采用3层结构，如图2-2所示。

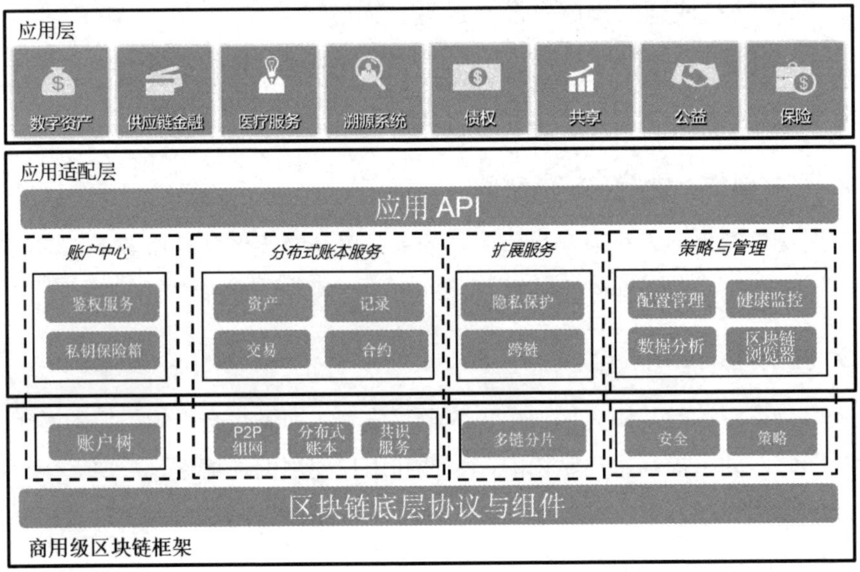

图 2-2

1. 商用级区块链框架

商用级区块链框架提供区块链基础服务。

2. 应用适配层

应用适配层对内进行封装，对外进行建模适配，提供一系列符合应用场景的接口，降低应用对接的复杂度。

3. 应用层

应用层即具体的商业应用场景，如数字资产、供应链金融、医疗服务等。

其中，更为重要的是，如何构建一个商用级区块链框架。商用级区块链框架的核心功能可以设计成 4 个部分：账户中心、分布式账本服务、扩展服务、策略与管理。

2.2.1 账户中心

在区块链技术自有的公钥和私钥体系下，账户中心负责公钥和私钥管理、用户账户地址映射、实名认证及监管等功能，为应用适配层提供两类接口：非托管型接口和托管型接口。

（1）非托管型接口。非托管型接口适用于有能力在应用端实现安全级别较高的私钥生成和使用的企业机构。例如，在金融领域，将私钥的生成与管理跟现有的 U 盾、电子签名等安全的客户端体系相结合。

（2）托管型接口。托管型接口适用于互联网化程度较高的应用场景。公钥和私钥直接作为用户名和密码使用对普通用户来说识记成本高、体验差，大多数用户习惯用手机号、邮箱、昵称等作为用户名。因此，在托管型接口里，通过安全的私钥生成与管理的体系，应用层用户信息与区块链账户地址映射，上层应用和底层区块链平台都无法触碰到用户的私钥。

如图 2-3 所示，托管型接口可以设计为账户中心架构，由鉴权服务（Auth-Server）、私钥保险箱（Data Locker）、账户树（Address Tree）3 部分组成。

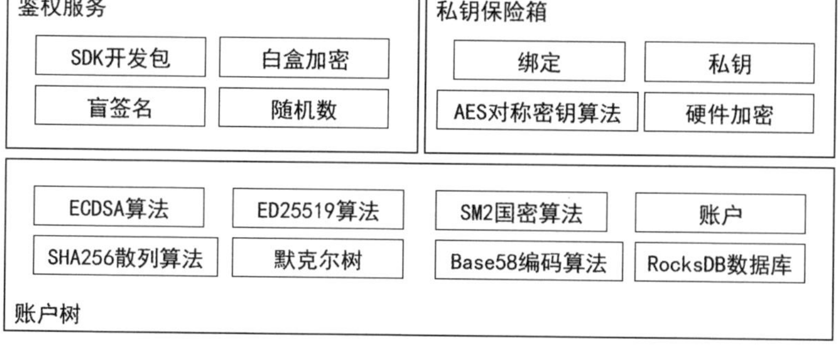

图 2-3

（1）鉴权服务。鉴权服务主要解决第三方应用与账户中心的安全问题，通过在交互过程中加入随机数和盲签名技术，增强密钥安全，降低暴力破解的可能性，同时利用白盒加密技术强化客户端的访问安全。

（2）私钥保险箱。私钥的写入和读取在保险箱体系里以密文的方式传输与存储。用户与密钥一一对应。密钥在客户端侧生成且客户端不用保存，每次需要使用私钥签名时，客户端能够通过盲签名流程得到加密过的私钥以及解密的密钥。

（3）账户树。区块链系统中存储完整的账户树，每个叶子节点记录一个账户的资产信息和身份信息；每个账户可以支撑多维资产的使用。账户树支持多种加解密算法，依据不同场景选择使用。

2.2.2 分布式账本服务

区块链系统的底层服务由 P2P 组网、分布式账本、共识服务 3 部分组成。同时，为了方便应用层理解和对接，在分布式账本服务适配层抽象出应用组件，应用组件分为资产、记录、交易、合约，如图 2-4 所示。

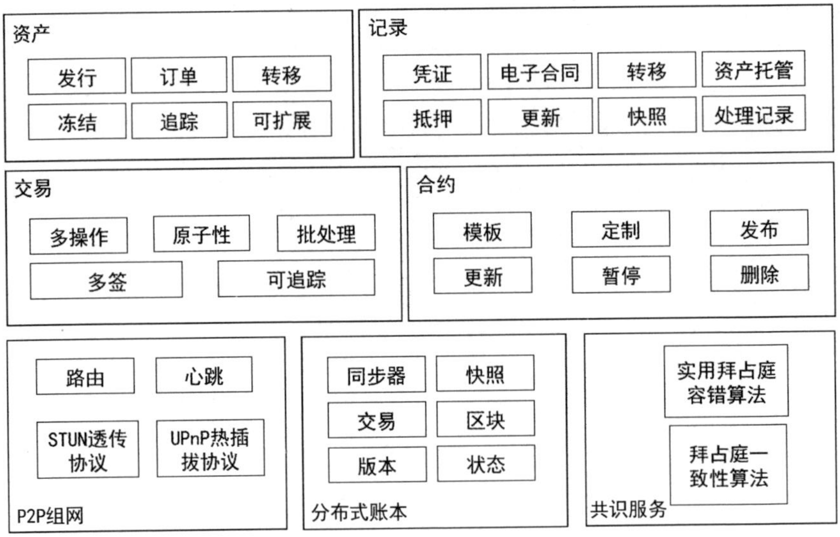

图 2-4

1. 底层架构

（1）P2P 组网。区块链系统的节点之间通过 P2P（Peer-to-Peer）协议实现基础组网和通信，每个节点维护一张邻居列表，实现动态自组织网络，并可与现有的安全防护设施配合使用，确保商用网络的安全性。

（2）分布式账本。它可以解决数据格式、数据记录、数据存储问题，通俗地说就是解决“记什么账和如何记账”的问题。因此，分布式账本设计决定了区块链底层对外提供服务的能力。

（3）共识服务。它是区块链的核心，也是区块链与传统分布式系统的最大区别。它在保障底层数据强一致性的同时，能抵抗“恶意”坏人的影响。区块链系统的共识服务提供一组抽象的共识接口，用于连接共识算法和其他区块链系统模块。它负责接收和处理交易，并给出共识结果。共识服务采用开放式框架，可以支撑不同种类的共识算法。目前，区块链系统有拜占庭容错算法（BFT）、股份授权证明（DPoS）、PoW 等多种共识机制，但是商用的区块链需要开发出更高效的共识算法。我们可以根据上层应用对性能、安全性、容错能力等需求选择不同的算法。

2. 应用组件

（1）资产（Asset）。应用组件需要支持目前已经数字化的资产，以及未来可以通过资产证券化、资产数字化的资产。

（2）记录（Record）。应用组件需要利用区块链不可被篡改的特性，增加信息记录的真实性和可信任的场景。例如，金融领域的凭证、供应链的溯源信息等。

（3）交易（Transaction）。交易是用户与区块链底层系统交互的原子级操作，一个上层应用可以对应一笔交易，也可以由一组交易共同完成。

（4）合约（Contract）。应用组件提供两种合约——标准化合约、可编程合约。标准化合约主要针对场景相对简单、标准化程度较高，同时对执行效率有很高要求的业务需求。例如，在资产交换时的交易一致性保障、资产交易的挂单与撮合等。标准化合约可以通过配置生成，直接挂在链上，无须编程，也不用通过虚拟执行，降低了上层应用使用的成本，提升了合约执行的效率。为了应对用户复杂的业务逻辑，一个商用的区块链系统必须支持用户自编程合约，并且提供丰富的组件供用户针对特定的需求快速构建应用，如加密组件、权限管理组件等，同时对于通用的场景（如资产、存证）提供相应的模板，用户不需要从头编写代码，只需要更改模板的关键参数，加上自己业务的特性就可以建立成熟的合约应用。

2.2.3 扩展服务

为了更好地支持商业应用，解决现有区块链功能和性能较难满足高并发、大规模集群应用及数据隐私安全的需求，区块链系统在可扩展性方面需要提供可横向扩展的多链分片技术，在链的互操作性方面需要提供同构、异构的跨链技术，在隐私安全方面需要提供余额、地址及附加信息隐藏的隐私保护技术，如图 2-5 所示。

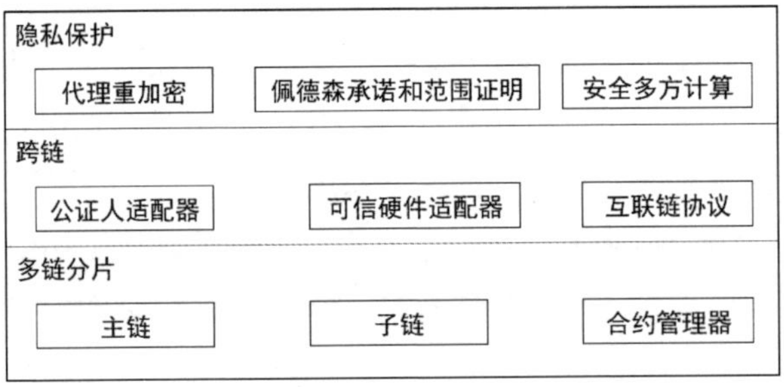

图 2-5

1. 隐私保护技术

区块链系统实现对交易余额、交易地址及交易附加数据的保护，只有节点本身或者被赋予权利的相关方可以见到交易信息，其余节点均无法操作数据。开发者可灵活使用区块链系统提供的开发库创建密文交易及智能合约相关接口实现对具体场景业务的加密要求。

2. 跨链技术

区块链的互操作性本身就是一些应用的基础需求，如在供应链金融应用中各项资产需要在多条链上进行多方验证、确权、转移和交易，那么就需要建立一个跨链协议来满足链上应用间的资产流动。区块链系统支持同构及异构跨链，不仅支持数字资产的跨链转账，还支持智能合约、分布式应用之间的跨链操作。

3. 多链分片技术

当单链的性能不能满足业务应用时，如单链受限于网络中单节点的性能极限，无法满足每秒交易请求可达几万笔的支付类应用场景，或由于单链中每个全节点都拥有全网所有数据，不能满足金融场景中基于业务和安全需求的数据隔离，用户可以通过多链分片技术横向扩展区块链，提高区块链的吞吐量。

2.2.4　策略与管理

区块链平台需要提供安全与策略服务，目的是管理和维护区块链系统本身的配置和安全，也管理区块链存储数据的访问策略。

如图 2-6 所示，区块链底层需要提供安全（Security）与策略（Strategy）两个基础服务，应用适配层提供一系列可视化的管理工具，有配置管理（Config）、健康监控（Monitor）、数据分析（Analysis）、区块链浏览器（Browser）。

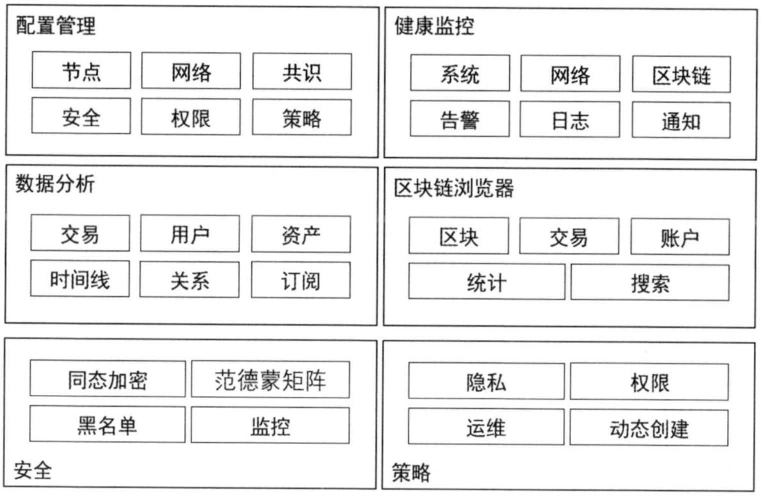

图 2-6

1. 安全

底层安全服务负责解决系统组网、接口访问、共识算法、数据隐私等安全问题，可以使用黑名单、监控等传统方式进行安全加固，也可以使用同态加密、范德蒙矩阵等计算机密码学算法来解决安全问题。

2. 策略

策略服务包括节点安全隐私策略、数据访问权限策略、可视化运维策略以及动态创建软件包策略等。

3. 配置管理

配置管理工具主要提供可视化的配置操作，对区块链节点、P2P 网络、共识、安全、权限及其他区块链策略系统参数等进行灵活设置。配置操作本身也可以作为一种区块链的交易，由节点共同投票确定生效。

4. 健康监控

区块链系统的健康监控平台需要提供 3 个维度的监控：系统层[中央处理器（CPU）、内存、磁盘等]、网络层（时延、断线）和区块链（区块生成、交易验证），并且提供完善的告警、日志、通知机制体系，便于商用系统的运维。

5. 数据分析

分布式账本内存储的大部分数据是元数据，还有少量标准化的关联关系。为了满足上层应用各种复杂的数据分析需求，数据分析工具提供标准的数据查询接口，如对交易、用户、资产的查询，同时还支持批量订阅的定制化接口服务。

6. 区块链浏览器

在不涉及隐私的情况下，区块链浏览器可以实时看到整条区块链底层存储的数据信息，包括区块（Block）、交易（Transaction）、账户（Account）等信息，同时支持针对这些信息进行统计和搜索。

2.3 商用产品的技术特性

商用区块链的分布式商业应用生态，不仅需要面向各个行业提供区块链运营产品，同时需要打造高性能、高可用性、易扩展的商用区块链底层平台，并且这套系统需要经过大量产品场景验证及业务积累。商用区块链需要在技术和产品成熟度两个方面不断突破，从底层区块链技术的角度来看，需要突破共识算法、性能、隐私保护、智能合约和跨链互操作等，从产品的角度来看，需要突破技术合规性、易用性、可视化运维和资金账户体系等。下面将结合多年的学术探索与应用实践，介绍商用区块链在技术突破和产品成熟度方面的研究成果与技术建议。

2.3.1 技术突破

1. 安全、高效的共识算法

区块链系统的共识算法需要具备可插拔属性，使用并支持高效的拜占庭容错算法（BFT）和大规模用户可参与的验证节点池+拜占庭容错两种共识算法。拜占庭容错算法是一种不会产生链分叉且强一致性的算法，用户交易可在秒级时间确认。在验证节点池算法中，普通用户也可参与投票，并选举产生记账节点，记账节点再通过拜占庭容错算法轮流产生区块。

如图 2-7 所示，在验证节点池（Validataing Pool）里，当前所有的验证节点（Validators）通过投票决定某些人能否成为验证节点（Validator）或者候选节点（Candidate）。一旦被选中成为验证节点，将会在当前共识周期里写入区块链。在下一个共识周期里，这个被选中的验证节点将参与 BFT 共识，经过三次协商，最终对新区块的产生达成共识。

2. 并行多样的多链分片

目前，区块链的架构大多是单链架构，而单链受限于网络中单节点的性能极限，对数据的存储多采用链上存储机制，吞吐量总会达到上限，因此无法满足应用的性能、容量及其他要求。商用区块链系统需要实现多链分片，用以满足根据不同业务场景需求对数据做切分，横向提高区块链对吞吐量的需求。

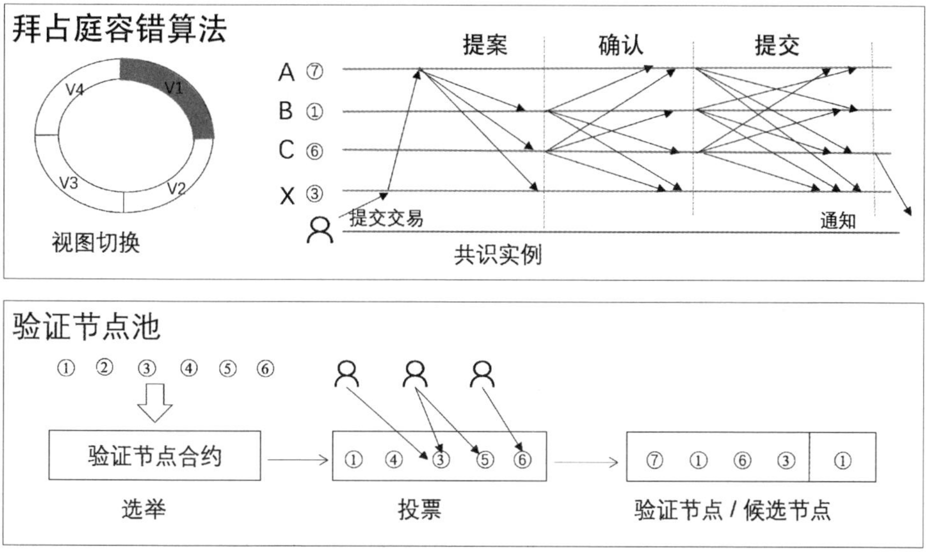

图 2-7

如图 2-8 所示，多链分片技术是一种“二层扩容技术”，可从一条主链平滑地扩展多条子链，每条链都负责部分计算和存储业务，即链的数量可以随着业务量和数据的增加而增加。主链负责管理子链，保障链的安全性；子链继承主链的安全性，并且承载业务运行，子链的数据增长不会影响主链及其他子链的效率，有效地实现了资源隔离。

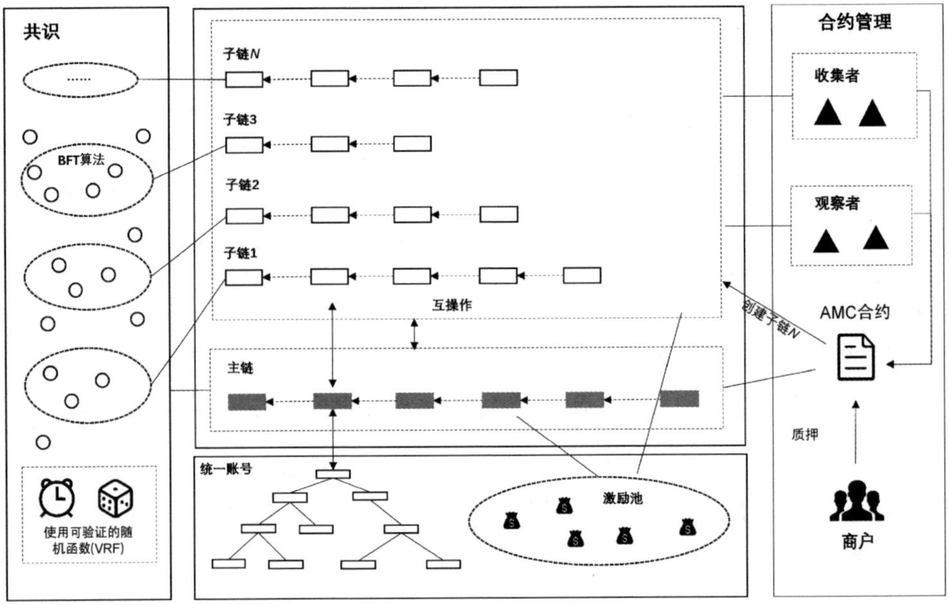

图 2-8

3. 可靠的隐私保护与权限控制

区块链系统结合同态隐藏、零知识证明等多项密码学技术，实现了非交互式的隐私保护，可隐藏交易金额、地址以及交易附加数据。我们可以利用代理重加密算法实现对链上数据的授权访问。设计的原理如图 2-9 所示。系统可以实现 3 个功能：非交互式的隐私保护、交易金额隐藏、交易地址隐藏。

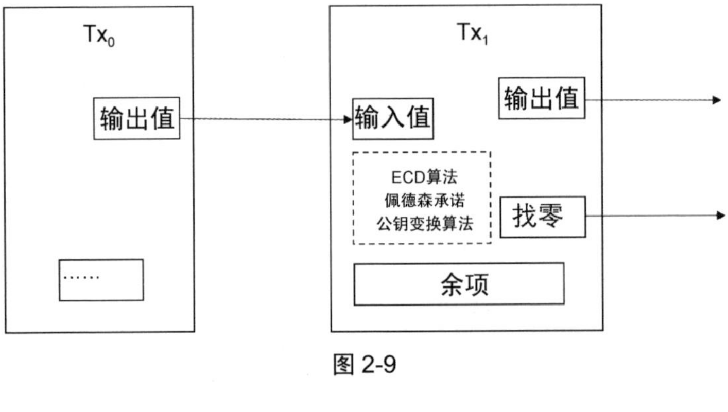

图 2-9

（1）非交互式的隐私保护。通过椭圆曲线密钥交换（Elliptic Curve Diffie-Hellman，ECDH）技术为对方生成致盲因子，对方可还原，而第三方不可。接收者可以通过接收者的私钥与发送者的公钥做代数运算还原致盲因子，而第三方没有双方的私钥无法还原该致盲因子，从而达到对第三方隐藏的目的。

（2）交易金额隐藏。佩德森承诺实现了对金额的同态隐藏，即数字加密前的运算结果经过加密与加密后运算的结果是一致的，区块链节点只需要对加密后的数据做等式运算，即可保证输入值（Input）等于输出值（Output）。

（3）交易地址隐藏。通过“接收者公钥按照某种规则变换”的方式，实现所有权的转移，不同的输出值产生不同的公钥，所有权发生转移，其他人不能关联出变换前的公钥，从而达到对地址隐藏的效果。

4. 应用开发友好的智能合约

区块链系统可以基于 Chrome V8 引擎构建智能合约引擎，提供集成开发环境以及多场景、多类型的智能合约模板。考虑到智能合约的安全性，智能合约模板用 JavaScript 安全语法子集作为编程语言，开发者可以快速、安全地开发智能合约应用程序。为了让更多开发者使用智能合约，区块链系统同时采用 WebAssembly 技术构建引擎，支持 C、C++、Python 语言编写智能合约。

5. 可扩展的同构、异构跨链互操作

区块链系统可以使用互联链体系结构，提供多种模式的跨链技术，如图 2-10 所示。

跨链协议需要支持“基于多公证人机制”和“基于可信硬件机制”的主流模式。开发者可以先建立一条中继链（Relay Chain），利用简单支付证明（Simplified Payment Verification，SPV）技术适配其他平行链的 AMC 合约（资产管理合约），然后按照业务需求搭建平行链，平行链将按照预设的跨链协议对接到中继链，从而与其他链进行互联互通，这样不仅可以降低跨链架构的复杂度，而且更灵活、更契合实际业务场景。区块链系统支持同构及异构跨链，不仅支持数字资产的跨链转账，还支持智能合约、分布式应用之间的跨链操作。

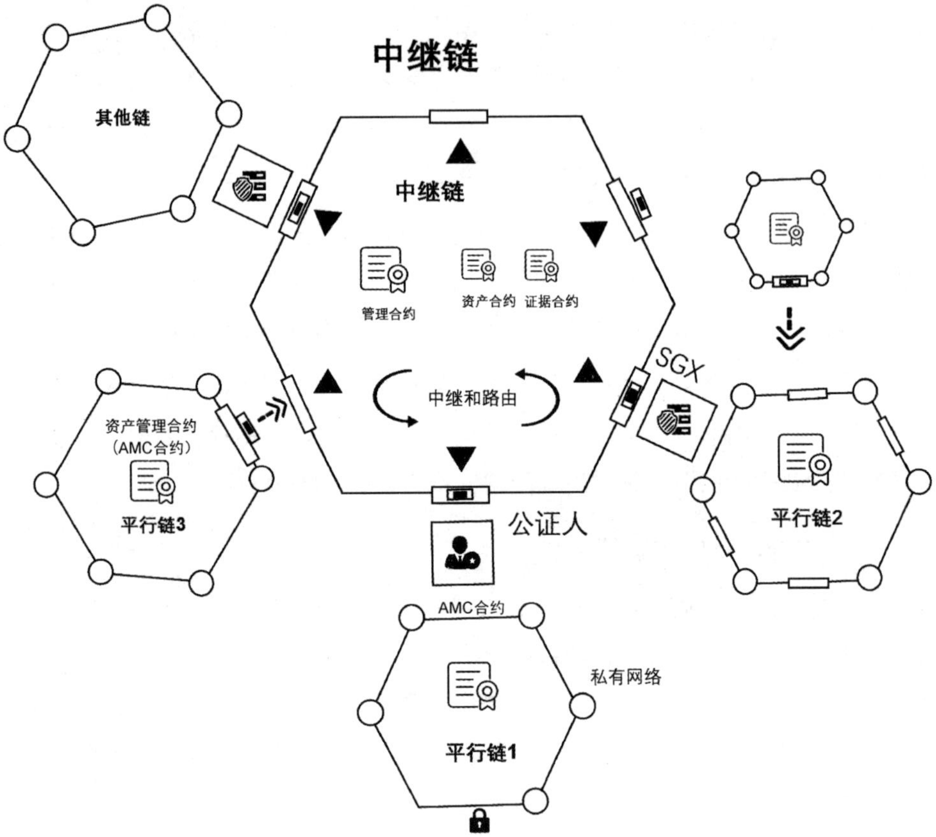

图 2-10

2.3.2 产品成熟度

1. 法律效力及合规性

区块链系统需要将数字证书（支持软硬件两种模式，软件证书可增加操作易用性，硬件证书可提高特定业务需求下操作的安全性）应用于区块链网络中，如图 2-11 所示。

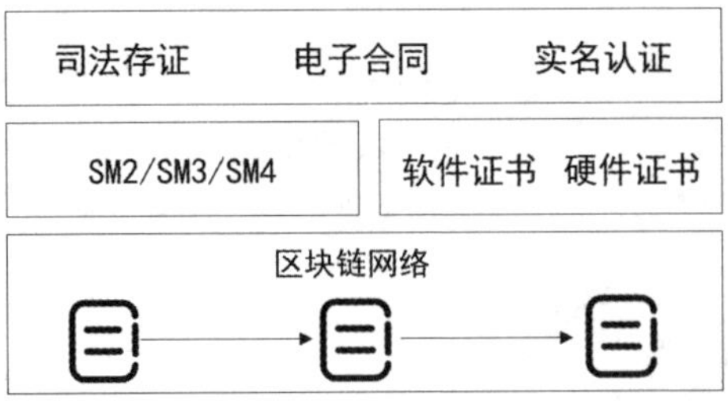

图 2-11

用户需持有证书授权中心（Certificate Authority，CA）颁发的数字证书才可以操作区块链，机构节点持有数字证书才可以接入区块链网络中，通过结合现有的公钥基础设施（Public Key Infrastructure，PKI）完成区块链网络的身份认证功能，所有认证信息均映射至区块链账户，并支持链上查验。区块链系统同时支持国家商用密码 SM2、SM3、SM4 算法，满足国内绝大多数机构对安全性的要求，同时支持 SHA256 等国际主流密码算法，使得更具有通用性。链上节点引入司法数据风控平台、互联网法院、中国金融认证中心（CFCA）等多家权威机构，提供司法存证、电子合同、实名认证等产品服务。任何开发者都可以向区块链系统提交自己实现的产品服务，参与区块链系统分布式商业应用生态的建设。

2. 易用性

适配器（Adaptors）抽象出适用于多种业务场景的 API 接口，如图 2-12 所示，可以包含数字资产、数据共享、存证、溯源、供应链金融等，供与这些场景相关的业务直接使用。在新的业务场景中，系统可以基于现有的框架为用户快速定制接口，满足业务功能需求，同时适配器需要封装出主流开发语言（如 Java、Node.js、PHP、Python）的软件开发工具包（Software Development Kit，SDK），供开发者使用。

图 2-12

目前，区块链技术服务主要有两种：一种是部署一套区块链底层节点程序，提供一套标准化的 API 并开放，然后由开发者自己对接应用；另外一种是配合上层应用解决一些行业痛点，将分布式账本内嵌到已有的应用系统中。区块链是一项新兴技术，只有不断地满足业务需求，才能走向成熟，所以我们要通过对底层分布式账本的封装，降低上层应用使用的门槛，在对接和使用的过程中，不断地优化和完善底层分布式账本和共识算法，使之更加贴近商用诉求。

3. 可视化运维

商用区块链系统需要提供运维管理所需的可视化工具。

如图 2-13 所示，商用区块链系统需要提供授权控制和健康监控两种可视化管理工具，其中授权控制包含对区块链的管理、许可（License）管理、许可申请、许可签发，以及 CA 证书的核验功能；健康监控包含节点管理、网络拓扑查看、状态查看、告警管理、告警通知、运行报告的功能。可视化运维需要对不同操作系统（OS）的节点进行监控，如 Linux、Windows、macOS、Android 等，并支持对节点可视化和多样化的部署（Deploy），如安装包（Package）、容器（Docker）、虚拟机（VM）、云（Cloud）等多种方式。节点需要适配和支持不同的 CPU 类型，如 X86、ARM、MIPS 等。

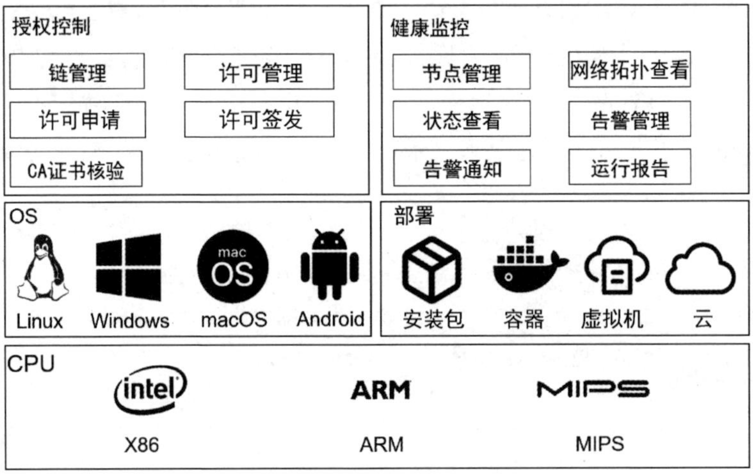

图 2-13

4. 资金账户体系

在商业应用中，区域链上并没有真实的“钱”。为了解决这个问题，区块链系统需要提供一套组件，实现链上账户与银行账户的一体化，利用智能合约使得资金自动清算，清算的过程只依赖链上签名，不依赖中心化的系统管理员，如图 2-14 所示，区块链用户 CHAIN-ALICE 通过智能合约向 CHAIN-BOB 转移资产，而在区块链之外，银行账户自动清算系统从智能合约中读取数据，对银行账户 BANK-ALICE 和 BANK-BOB 进行资产清算。

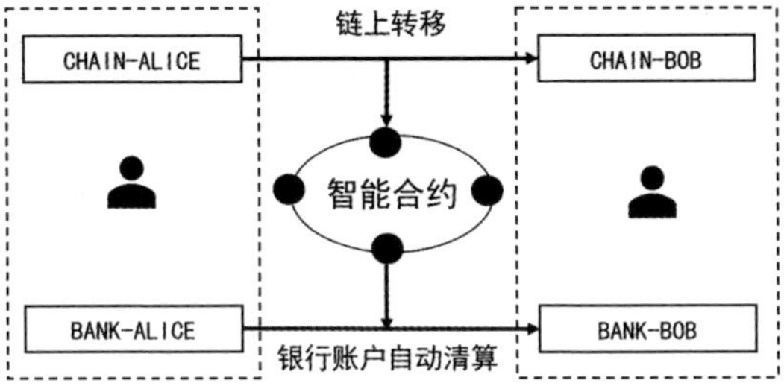

图 2-14

2.4　本章小结

本章介绍了商用区块链的价值，分析了商用区块链的目标和难题，并围绕商用区块链的这些问题，构造出一个高可用的商用区块链产品架构。这个架构包含账户中心、分布式账本服务、扩展服务、策略与管理。在设计与构造商用区块链产品的时候，我们结合商用场景，对新技术进行了思考和总结，如隐私保护技术、跨链技术、多链分片技术，最后还介绍了法律效力及合规性、易用性、可视化运维、资金账户体系等与产品成熟度相关的内容。

第 2 部分　商用区块链的关键技术

第 3 章 密码学基础技术

安全性是实现区块链系统功能的基础，也是目前阻碍区块链应用推广的因素之一。密码学是信息安全的基石，以很小的代价给信息提供一种强有力的安全保护，广泛应用于政治、经济、军事、外交和情报等重要领域。随着近年来计算机网络和通信技术迅猛发展，密码学得到了前所未有的重视并迅速普及，同时应用领域也广为拓展。本章主要讲解密码学在区块链中的应用。

3.1 哈希算法

哈希算法（Hash Algorithms）也称为散列算法、杂凑算法或数字指纹，是可以将任意长度的消息压缩为一个固定长度的消息的算法。哈希算法是区块链技术体系的重要组成部分，也是现代密码学领域的重要分支，在身份认证、数字签名等诸多领域有着广泛的应用。深刻理解哈希算法原理，对于区块链系统的设计与实现有着至关重要的作用。

3.1.1 定义

哈希算法可以在极短的时间内，将任意长度的二进制字符串映射为固定长度的二进制字符串，输出值称为哈希值（Hash Value）或者数字摘要（Digital Digest）。一般而言，哈希函数的数学表达形式如下：

$$h = \text{Hash}(m).$$

式中，h 为固定长度的输出值；m 为任意长度的输入值。任意输入值（Message）的二进制编码经过哈希函数计算后，可以得出 n 比特的一个 0、1 字符串的哈希值，在不同算法中 n 的取值可能不同，例如 128、160、192、256、384 或 512 等。哈希算法在区块链技术中得到了广泛的应用，各个区块之间通过哈希指针连接形成区块链，每个区块的完整性检验将以哈希运算的方式进行。

密码学哈希算法的主要特性就是单向性，即在算法上，只能从输入值计算得到输出值，而从输出值计算得到输入值是不可行的。因为哈希算法的输出值是固定长度的，所以哈希算法存在一个碰撞的问题，即哈希算法的输出值的长度为 n 比特，那么，任取 2^n+1 个不同的输入值，就一定存在两个不同的输入值会得到相同的输出值。因此，在一定数量的输入值情况下，输出值越长的哈希算法，其碰撞的概率会越小。

3.1.2 常用的哈希算法

常用的哈希算法包括 MD 系列算法和 SHA 系列算法，其中 MD 系列算法有 MD2、MD4、MD5、RIPEMD 算法等，SHA 系列算法有 SHA0、SHA1、SHA2、SHA3 算法等。在哈希算法中，MD5 算法和 SHA1 算法是应用最广泛的，两者的原理相差不大，但 MD5 算法加密后的输出值的长度为 128 比特，SHA1 算法加密后的输出值的长度为 160 比特。在 2004 年的国际密码学大会上，王小云教授介绍了对一系列哈希算法寻找实际碰撞的方法，并当场破解了包括 MD4、MD5、HAVAL128 算法在内的多种哈希算法。2005 年，王小云教授进一步优化了方案，对 SHA0、SHA1 算法也成功地给出了碰撞攻击。这些攻击技术对当时哈希算法的安全性造成了很大威胁，但同时也促进了新的哈希算法的设计与研究。

1. MD系列算法

MD 系列算法是一个应用非常广泛的算法集，最出名的 MD5 算法由 RSA 公司的罗纳德·林·李维斯特（Ronald L. Rivest）在 1992 年提出，目前被广泛应用于数据完整性校验、消息摘要、消息认证等。MD2 算法的运算速度较慢但相对安全，MD4 算法的运算速度很快，但安全性下降，MD5 算法比 MD4 算法更安全、运算速度更快。虽然这些算法的安全性逐渐提高，但均被王小云教授证明是不够安全的。MD5 算法被破解后，Ronald L. Rivest 在 2008 年提出了更完善的 MD6 算法，但 MD6 算法并未得到广泛使用。

MD5 算法的设计采用了密码学领域的 Merkle-Damgard 构造法，这是一类采用抗碰撞的单向压缩函数来构造哈希函数的通用方法。MD5 算法的基本原理是将数据信息压缩成 128 比特来作为信息摘要，首先将数据填充至 512 比特的整数倍，并将填充后的数据进行分组，然后将每一分组划分为 16 个 32 比特的子分组，该子分组经过特定算法计算后，输出结果是 4 个 32 比特的分组数据，最后将这 4 个 32 比特的分组数据级联，生成一个 128 比特的散列值，即最终计算的结果。

2. SHA系列算法

SHA（Secure Hash Algorithm，安全哈希算法）是美国国家标准技术研究所发布的国家标准，规定了 SHA1、SHA224、SHA256、SHA384 和 SHA512 单向哈希算法。SHA1、SHA224 和 SHA256 算法适用于长度不超过 2^{64} 比特的消息。SHA384 和 SHA512 算法适用于长度不超过 2^{128} 比特的消息。SHA 系列算法主要适用于数字签名标准（Digital Signature Standard，DSS）里面定义的数字签名算法（Digital Signature Algorithm，DSA）。对于长度小于 2^{64} 比特的消息，SHA1 算法会产生一个 160 比特的消息摘要。然而，SHA1 算法已被证明不具备“强抗碰撞性”。2005 年，王小云教授破解了 SHA1 算法，证明了 160 比特的 SHA1 算法只需要大约 2^{69} 次计算就可以找到碰撞。

为了提高安全性，美国国家标准与技术研究院（National Institute of Standards and Technology，NIST）陆续发布了 SHA256、SHA384、SHA512 以及 SHA224 算法，统称为 SHA2 算法。这些算法都是按照输出哈希值的长度命名的，例如 SHA256 算法可将数据转换成长度为 256 比特的哈希值。虽然这些算法的设计原理与 SHA1 算法相似，但是至今尚未出现针对 SHA2 算法的有效攻击。因此，比特币在设计之初即选择采用了当时被公认为最安全和最先进的 SHA256 算法，除了在生成比特币地址的流程中有一个环节采用了 RIPEMD160 算法，其他需要做哈希运算的地方均采用了 SHA256 算法或双重 SHA256 算法，例如计算区块 ID、计算交易 ID、创建地址、PoW 共识过程等。

3.1.3 SHA256 算法

在比特币和以太坊的区块链系统中，SHA256 算法是工作量证明算法的基础，具体的工作量证明算法在后面的章节中详细阐述。在比特币系统中，工作量证明算法只计算一次 SHA256 算法，而在以太坊系统中，工作量证明算法则嵌套计算两次 SHA256 算法。

常用的哈希算法的过程参数见表 3-1。

表 3-1

哈希算法	MD5	SHA1	SHA256
输出值的长度（比特）	128	160	256
内部状态值的长度（比特）	128	160	256
块大小（比特）	512	512	512
计算迭代次数（次）	64	80	64

内部状态值的长度直接影响最终的输出值的长度，随着哈希算法不断演进，内部状态值的长度不断增加，对应的输出值的长度也在不断增加。只有不断增加输出值的长度，才能在算法上增加破解的难度。随着对哈希算法不断深入地研究，慢慢会找到一些更加低廉的破解方案，这也促使我们不断改进哈希算法的内部细节。我们已经发现了降低破解 MD5、SHA1 算法难度的方案，所以目前 MD5 算法与 SHA1 算法的安全性大大降低了，已经不再推荐使用，现在更多的是用在文件的校验方面。目前，SHA256 算法还是比较安全的，但是也不排除在不远的将来，我们会发现新的破解方案。

3.2 加密和解密算法

哈希算法只是一种单向密码体制，即它是一个从消息到摘要的不可逆映射，只有正向过程，没有逆向过程。在区块链系统中，区块链账户地址的生成、数据传输还会用到支持加密和解密的密码体制。密码体制分为对称密码体制和非对称密码体制。传统的密码学主要研究对称加密，即在加密和解密的过程中使用相同的密钥或规则，其优势在于算法公开、计算量小、加密速度快。然而，对称加密需要发送方和接收方共享同一把密钥，因而难以实现有效的密钥分发和安全存储是其最大的缺点。同时，每一对发送方和接收方都需要使用同一把密钥，这在大规模通信中将会产生大量密钥，从而增加用户在密钥管理方面的负担。

3.2.1　对称密码体制

对称加密是对明文的数据按某种算法处理，让数据转换为不可读的数据（称为“密文”），从而达到数据不被窃取和阅读的目的。解密则相反，是将密文转化为明文的过程。

一个密码系统由密码算法和密钥两个基本组件构成。密钥是隐私数据，由用户自行保管，而算法是公开的，任何人都使用同一种算法。对称加密的原理如图 3-1 所示。对称加密是一种变换，用户 A 向用户 B 发送一份经过加密的消息，传输给用户 B，用户 B 收到消息并逆向解密出原始的信息。

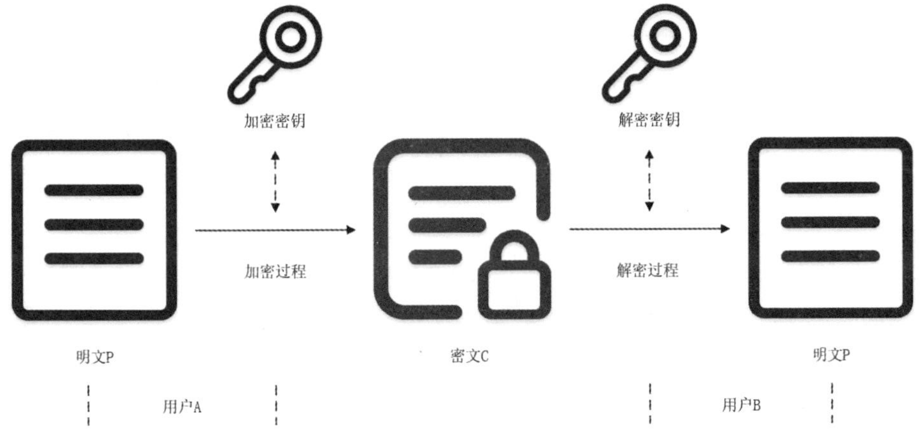

图 3-1

在对称密码算法早期的实际应用中，其密钥分发曾经是一个难题。1976 年，惠特菲尔德·迪菲（Whitfield Diffie）和马丁·赫尔曼（Martin Hellman）的论文《密码学的新方向》（*New Directions in Cryptography*）提出了 Diffie-Hellman 密钥交换算法，解决了对称密码算法密钥分发的问题。该论文同时指出，加密和解密可以使用不同的密钥和规则，从而第一次使没有共享密钥的双方能够安全地通信。这项划时代的工作奠定了非对称密码体制的基础。密码学的研究热潮使得利用密码学来保护个人隐私和自由的观念深入人心。同时，数字加密货币的初期研究也借势蓬勃发展，诞生了密码学匿名现金系统 eCash、分布式电子加密货币 B-money、哈希现金 HashCash 等数字加密货币的雏形，为后期比特币的诞生提供了实践上的指导。

3.2.2 非对称密码体制

非对称密码体制的密钥成对出现，分为公钥和私钥两个部分，公钥 P_K 用于加密或验证签名，私钥 S_K 用于解密或签名，只有解密者知道。两个密钥之间不能从公钥推算出私钥，用公钥加密的数据只能使用对应的私钥解密，用私钥签名的数据只能使用对应的公钥验证。非对称加密的原理如图 3-2 所示。用户 A 使用用户 B 的公钥 P_K 对明文 P 进行加密得到密文 C，用户 B 用自己的私钥 S_K 对密文 C 解密得到明文 P。非对称密码系统与对称密码系统相比，不仅具有保密功能，同时也能实现密钥分发和身份认证。基于数字签名的身份认证是非对称密码系统的典型应用。在这个过程中，用户 A 先用自己的私钥 S_K 对消息 M 进行签名得到 S，随后用户 B 使用用户 A 的公钥 P_K 对 M、S 进行验证，来判断 S 是否为用户 A 对 M 的签名。在一个典型的通信系统中，消息 M 是用户 B 发给用户 A 的一个随机数，如果用户 A 能够用 M 和自己的私钥 S_K 计算出正确的签名 S，并通过用户 B 的验证，则用户 B 可以确认用户 A 的身份，否则用户 B 将拒绝与用户 A 进行后续的通信。

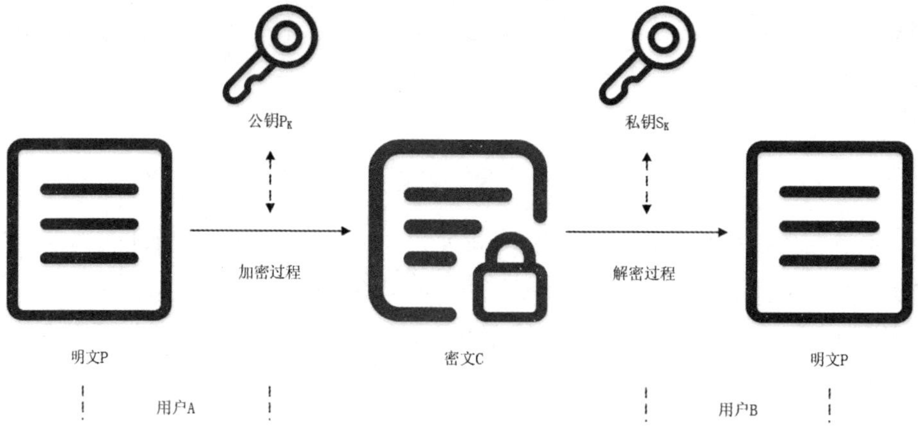

图 3-2

非对称密码体制将加密和解密能力分开：多用户加密的结果由一个用户解密，可用于在公共网络中实现保密通信；单用户签名的信息可由多用户验证，可用于实现对用户的身份认证。

3.2.3　ED25519 算法

ED25519 算法是由科学家、密码学家丹尼尔·朱利叶斯·伯恩斯坦（Daniel Julius Bernstein）在 2006 年设计的与现有的任何椭圆曲线算法都完全不同的椭圆曲线签名算法，可用于区块链签名。签名过程不依赖随机数生成器，不依赖哈希函数的抗碰撞性，没有时间通道攻击的问题。

ED25519 算法属于 EDDSA 算法家族，使用 Curve25519 椭圆曲线参数，其签名和验证的性能都极高。在比特币和以太坊系统中，签名算法使用的是 ECDSA 家族的 Secp256k1 椭圆曲线参数，表 3-2 为这两个椭圆曲线算法的特点对比。

表 3-2

椭圆曲线算法	Secp256k1（ECDSA 算法）	Curve25519（ED25519 算法）
私钥长度（字节）	32	32
公钥长度（字节）	33	32
签名数据长度（字节）	约 70	64
参数输入范围（比特）	2^{128}	2^{128}

从表 3-2 基本数据的对比中可以看出，使用 Secp256k1 实现的 ECDSA 算法和使用 Curve25519 实现的 ED25519 算法的差别比较小。不同之处在于，ED25519 算法的重点放在了安全性上，其签名的过程不依赖随机函数，具备防哈希碰撞特性，也没有时间通道攻击的危险。

3.3　国密算法

区块链是一种以密码技术为基础，以去中心化的方式对大量数据进行组织和维护的数据结构。然而，现有的区块链技术完全使用国际加密算法，无法适应国内的密码安全要求，同时不支持对算法进行选择，不利于国产化等特定要求。要解决上述现有技术的问题，需要将国密算法应用于区块链系统。本节主要介绍经典的国密非对称密码算法 SM2 和哈希算法 SM3。

3.3.1 非对称密码算法 SM2

非对称密码算法 SM2 是国家密码管理局于 2010 年 12 月 17 日发布的，是基于椭圆曲线上点群离散对数难题而设计的算法，相关标准为 GM/T 0003—2012《SM2 椭圆曲线公钥密码算法》，2016 年被纳入中国国家密码标准，标准编号为 GB/T 32918—2016。

SM2 算法是公开的，替换了商用密码中相对比较老旧的 RSA 算法。256 比特 SM2 密码强度已经超过了 2048 比特的 RSA 密码，在签名的速度上 SM2 算法要比 RSA 算法快得多，但是在验证签名的时候正好相反，SM2 算法不及 RSA 算法。SM2 算法主要用于数字签名的签名和验证过程。

SM2 算法与 RSA 算法的简单特点对比见表 3-3。

表 3-3

算法	RSA	SM2
原理	特殊的可逆模幂运算	椭圆曲线
破解难度	亚指数级	完全指数级
安全性	依赖极大整数的因数分解	离散对数问题
签名速度	慢	快
验证签名速度	快	慢
私钥长度	推荐 2048 比特	推荐 256 比特

在完成相同的安全要求情况下，SM2 算法比 RSA 算法更加有优势。256 比特 SM2 算法的安全等级其实是高于 2048 比特 RSA 算法的，约为 3072 比特 RSA 算法。由于 RSA 算法设计较早，所以 SM2 算法理所当然地要比 RSA 算法性能更优。

3.3.2 哈希算法 SM3

哈希算法 SM3 也是由国家密码管理局于 2010 年 12 月 17 日发布的，是从哈希算法 SCH4 演进而来的，相关的标准为 GM/T 0004—2012《SM3 密码杂凑算法》，2016 年正式标准化为中国国家密码标准（GB/T 32905—2016）。

在算法上，SM3 算法同样是公开的，其输出值的长度是 256 比特。国家密码管理局表示，SM3 算法的特性与 SHA256 算法相当。SM3 算法主要应用在数字签名的签名数据准备过程、随机数的生成和消息的校验等场景。

SM3 算法的支持度在不断提高。在加密和解密功能里面广泛使用的 OpenSSL 库在 1.1.1 版本中支持了 SM2、SM3、SM4 算法，支持除了来自软件层面，还有硬件层面。国内一些处理器公司在其生产的处理器中加入了对 SM3、SM4 算法的硬件支持，这些支持都将对 SM3 算法的逐步普及提供很大的帮助。

3.4　数字证书

数字证书主要应用于互联网通信中的身份认证，当用户 B 验证用户 A 的身份时，用户 B 可以计算数字签名的验证公式，但无法确认用于验证签名的公钥真的是 A 的公钥，而不是来源于一个黑客。数字证书并不是数字身份证，而只是可信中心盖在用户 A 的公钥上的一个“数字印章”。它通常是由 CA 发行的，人们可以在网上借助它来辅助识别对方的身份。区块链系统也通过数字证书来验证用户身份，以此来实现用户操作的不可抵赖性。

3.4.1　数字证书的基本介绍

数字证书采用非对称密码体制，任意一个用户 A 均需设定一个不公开的私钥，可用它对消息进行签名，同时设定一个对外公开的公钥，用于其他用户对他的签名进行验证。当用户 A 的公钥对外公开时，敌手可能伪造一个假的公钥，谎称是用户 A 的公钥并实施行骗。因而，每个合法用户的公钥在使用前，均需由 CA 用 CA 的私钥进行签名。被 CA 签名的消息通常包含用户 ID、用户的公钥、当前时间戳、使用周期、使用场景等必要信息，上述消息连同 CA 的签名一起被定义成数字证书，以文件的形式存放在用户的终端设备中。

当用户 A 需要对某个消息 M 进行签名时，用户 A 会将消息 M、用户 A 对消息 M 的签名 S、用户 A 的公钥、CA 向用户 A 颁发的数字证书一起发送给验签者 B。验签者 B 首先用 CA 的公钥（每个用户的终端设备中均已预先安全植入了 CA 的公钥）验证数字证书的正确性，从而确信用户 A 的公钥是正确的，随后使用用户 A 的公钥验证签名 S 的正确性，从而确信 S 是用户 A 对消息 M 的签名。

数字证书通常由独立的证书发行机构发布，不同机构发布的数字证书各不相同，各种数字证书可提供不同级别的可信度。我国的 CA 认证授权是由中华人民共和国工业和信息化部所颁发的，在全国范围内只有几十家企业具有数字认证的资质。

3.4.2 数字证书的应用

在最早的比特币网络中，对于每个账户地址来说，只要在经过其私钥签名之后，就能验证通过然后顺利地花费掉比特币，忽略或者不检查用户的真实身份。然而在实际的商业环境中，对节点或者用户的接入有着较为严格的审核机制，不能允许任何节点随意接入网络，否则会造成商业机密泄露或者其他不可预知的问题，所以在区块链系统中，对于节点的接入需要引入数字证书来确定用户或者节点的身份。

在区块链系统中，节点的接入按照接入权限的不同可以分为许可型网络和非许可型网络。例如，在实际的商业联盟链区块链系统中，系统不可能允许其他节点随意接入系统，否则将会造成商业数据丢失。因此，在 P2P 组网的过程中，我们可以通过数字证书来解决该接入权限的问题。节点首先需要向联盟机构申请一个数字证书，并保存到本地，当需要与其他节点连接时，使用数字证书做签名和验证，以保证节点连接的目标机器为已认证许可的机器。这样，一旦有作恶节点接入，当前节点就可以立即阻止其接入，以防止其非法接入和窃取数据。

3.5 默克尔树

默克尔树（Merkle Tree）是比特币和大多数主流区块链系统的数据组织方式，是由拉尔夫·默克尔提出并以其名字命名的。1979 年，拉尔夫·默克尔获得了默克尔树的专利权（于 2002 年过期），“该发明包含了一种提供信息验证的数字签名的方法，该方法利用单向的认证树对密码数字进行校验”。维基百科对默克尔树的定义为：在密码学和计算机科学中，默克尔树是一种树型数据结构，其中每个叶子节点用数据块的哈希值标记，并且每个非叶子节点用其子节点的标签的加密哈希值标记。默克尔树能快速和安全地验证大型数据结构的内容。默克尔树被递归地定义为哈希值列表的二叉树，其中父节点是其子节点的哈希值，并且叶子节点是原始数据块的哈希值。

3.5.1　原理与实现

默克尔树是哈希树的一个子类——哈希二叉树，其特点是可以针对大量的数据生成较小的校验数据，可以利用校验数据快速地从大量数据中校验单个数据存在与否。在区块链上，默克尔树典型的使用场景就是对区块交易的处理。

默克尔树的生成过程是从叶子节点开始的，两两哈希运算生成上一层节点，每一层的节点也都按照同样的方式两两哈希运算继续生成上一层节点，直到计算至一个根节点。

图 3-3 为默克尔树的生成示意图。首先对 Tx_1、Tx_2、Tx_3、Tx_4 排序，假定索引分别为 0、1、2、3，转换成二进制数分别为 00、01、10、11。定义哈希二叉树的左分支的值为 0，右分支的值为 1，按照二进制的 0 和 1 构造默克尔树，在第一层深度下，H_5 左分支的值为 0，H_5 右分支的值为 1；H_6 左分支的值为 0，H_6 右分支的值为 1。在第二层深度下，H_1 路径为 00（Tx_1），H_2 路径为 01（Tx_2），H_3 路径为 10（Tx_3），H_4 路径为 11（Tx_4）。然后，需要对这个默克尔树进行哈希运算，首先对 4 笔交易 Tx_1、Tx_2、Tx_3、Tx_4 分别进行哈希运算（具体的哈希算法可以根据具体的应用场景来设计），生成叶子节点 H_1、H_2、H_3、H_4，然后对叶子节点（H_1、H_2）、（H_3、H_4）分别进行哈希运算，生成节点 H_5、H_6，对（H_5、H_6）继续进行哈希运算，得到默克尔树的根哈希值，即 H_7。

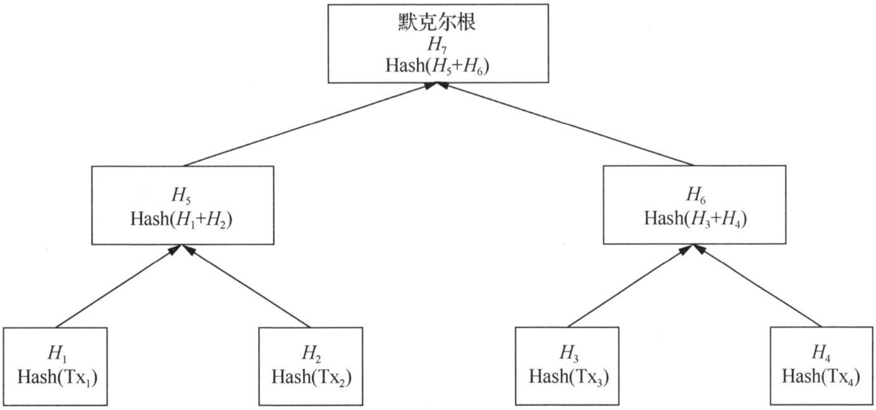

图 3-3

接下来，介绍默克尔树的验证过程。如图 3-4 所示，以一棵高度为 4 的默克尔树来介绍验证过程，这棵树是 16 笔交易生成的默克尔树。例如，要证明第 6 笔交易存在，就需要提供一个默克尔路径，即 4 个节点的哈希值，如图 3-5 所示。

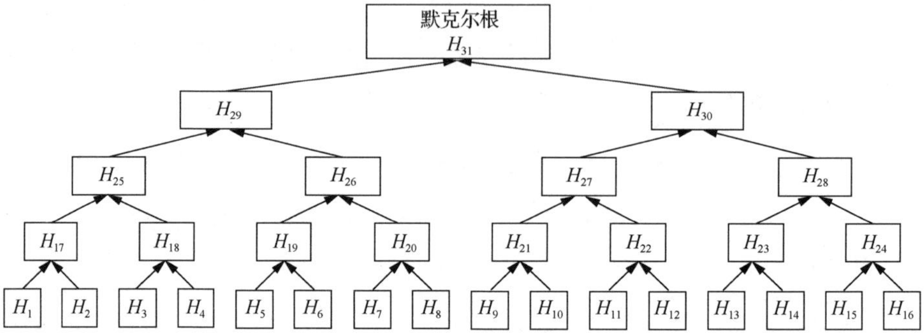

图 3-4

第 6 笔交易的哈希值标记为灰色块。由于 H_5、H_6 可以计算得到 H_{19}，H_{19} 与 H_{20} 可以计算得到 H_{26}，H_{26} 与 H_{25} 可以计算得到 H_{29}，H_{29} 与 H_{30} 可以计算得到最终的默克尔根，所以第 6 笔交易的默克尔路径为（H_5、H_{20}、H_{25}、H_{30}），在图 3-5 中标记为阴影块。

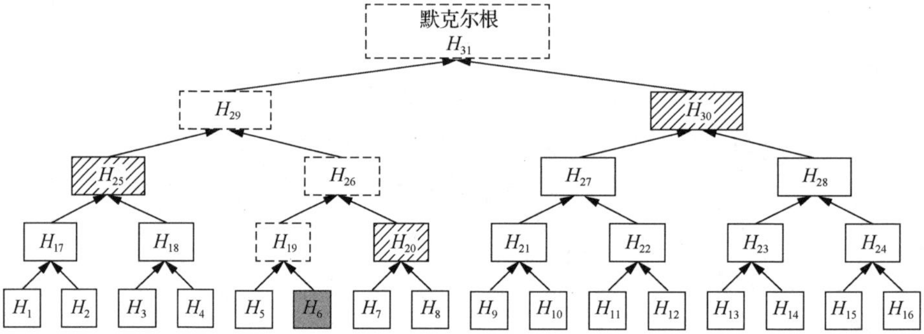

图 3-5

在了解了默克尔树的结构和算法特点后，我们可以知道默克尔树的算法优势很明显。只需要很短的默克尔路径，就可以从成千上万条记录中，快速地验证记录是否存在。当有 N 条记录的时候，默克尔路径的长度是 $\log_2 N$ 个哈希值的大小，验证过程中需要计算 $\log_2 N$ 次哈希值，也就是说，记录数每增加一倍，默克尔路径只增加一个哈希值的大小，验证过程也就只增加一次哈希运算，这在处理区块链上大量交易的过程中，提供了强有力的算法支持。

3.5.2　简单支付证明

现在区块链的终端设备类型非常多，这给区块链系统带来了新的挑战。通常来说，区块链系统中的每个节点都保存了整条区块链的所有区块数据，也就是所有交易记录。随着区块链系统运行，这些区块数据在不断快速增加，节点对设备存储空间的需求越来越大。为了降低对设备的存储要求，结合默克尔树算法的优势，只需要同步区块头和简单支付证明（Simplified Payment Verification，SPV）的节点就应运而生了。

区块链系统的区块头信息，包含了区块交易的默克尔根，所以，在同步了所有区块头信息之后，只需要提供默克尔路径就可以证明一笔交易是否存在。SPV 节点向完整的区块链节点获取关注账户地址的相关交易，就可以证明并处理这些交易的数据。但是，由于 SPV 节点只能证明收到的交易是否有效，并不能保证完整地获取到关注账户地址的所有交易。所以，节点间的网络问题，或者完整节点的恶意行为，都可能导致 SPV 节点接收到的相关交易不完整。如果区块链是基于 UTXO 的账户模型的，那么在这种情况下通过 SPV 节点发送交易，就可能会因为“双花”（双重花费）问题而导致交易失败。

轻量级的SPV节点目前只能靠连接多个完整节点来避免相关交易被漏掉的问题，在运行的区块链系统上，这种情况不太容易遇到。要彻底解决这个问题，就只能运行完整的区块链节点，这就是给区块链节点“瘦身”的弊端。

3.6　本章小结

密码学是区块链技术体系的重要组成部分，密码学与安全技术保证了区块链数据的保密性、完整性和不可抵赖性等。本章主要介绍密码学与安全技术在区块链系统中的主要应用，先后介绍了哈希算法、加密和解密算法、国密算法、数字证书、默克尔树。

第 4 章 区块链账本

区块链从本质上来说是一个去中心化的、公开透明的、不可被篡改的分布式账本，其底层架构包含较多的技术内容，本章将围绕一条商用区块链，着重介绍区块链底层技术的基本概念，如区块、账户、交易、资产等。

基本概念的介绍将不聚焦于某个区块链系统，而是通过技术凝练抽象出各个基本技术的关键内容与核心特征，并给出适当的代码示例。通过学习和熟悉这些内容，你会对一个商用区块链系统的基础部件和底层框架的构建有较为直观的认识。

传统意义的账本是指由若干账页组成，每张账页有固定条目，按照顺序记录企业或者个人经济业务的本子。每个条目包含以下内容：实体（参与者）、时间（记录账目的时间）、业务（经济业务记录），这一系列的条目构成了一张账页，账页最终构成了账本。

传统的账本有以下几个问题：第一，记账权限中心化，传统的账本往往由单一的记账者维护。第二，账本非公开透明，普通交易者无法查看账本内容。第三，容易被篡改，如果记账者随意篡改账本的内容，如时间、金额等，那么其他人很难发现。第四，数据没有冗余备份，账本一旦损坏或者遗失，就无法找回。传统的账本仍然有其他更多的问题，这里将不一一列出，这些问题的根本原因在于传统的账本使用了一个中心化的记账模式，而区块链账本将彻底解决这些问题。

本节将围绕一个通用的区块链系统阐述区块链账本的内容。区块链账本是指在分布式系统中，每个节点都存储一个完全相同的账本，这个账本由区块按照时间顺序前后连接形成，每个区块都记录着在某个时间周期内所有的交易记录，区块和区块连接形成的一条链称为区块链，其形成的整个账本称为区块链账本。

如图 4-1 所示，一个区块包含两个部分，区块头（Block Head）和区块体（Block Body）。其中，区块头记录当前区块的关键属性和状态信息，区块体记录当前区块周期内所有的交易，这些交易是由用户在区块链上发起的业务操作，这些业务操作同时改变了单个区块和整条区块链的状态，这些交易包含用户的签名。

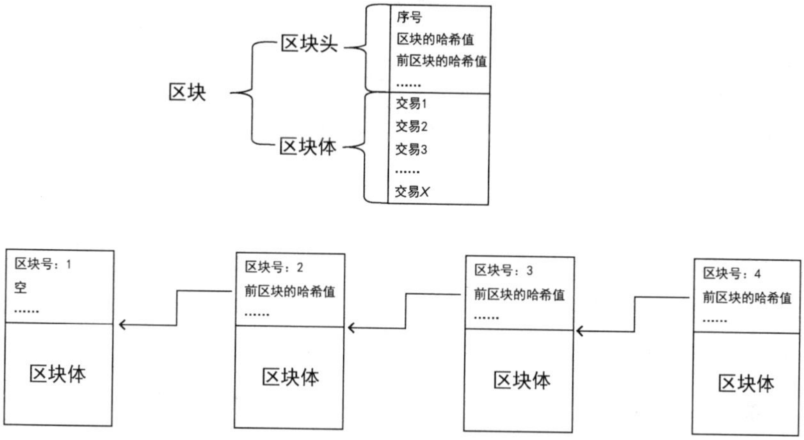

图 4-1

每个区块头都含有两个关键的字段——“区块的哈希值”和“前区块的哈希值”。区块的哈希值是指自己区块头的哈希值，而前区块的哈希值则指向前一个区块的哈希值。区块之间前后连接，形成了一条“区块链”。

在区块体内，保存用户发起的签名交易，打包区块即类似于传统账本中的一页。这些交易的内容记录了区块链上的业务操作关系，可以通过交易来改变区块链的状态，如 A 转移资产给 B，A 账户的资产减少，B 账户的资产增加。这些因交易引起的状态变化都将记录在区块头里，用以查询和回溯。

和传统的账本有较大区别的是，区块链账本是分布式的，即网络中的参与节点都会保存全账本数据，数据冗余备份，每个区块都是全网共识产生的结果。区块链账本如图 4-2 所示。

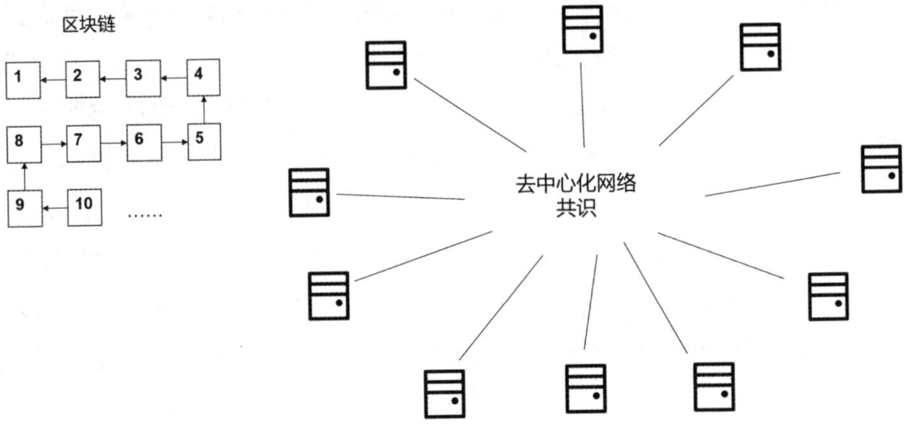

图 4-2

区块链通过不可逆的哈希运算，将区块前后关联，区块内容不能被恶意修改，否则将会导致两个区块无法关联、无法继续形成区块链账本。所有的网络节点（Node）同步执行同样的共识，共识内容中包含同样的交易记录，这些交易记录在经过验签、计算之后其执行结果一致，在不同的节点中它们生成的区块一致。如果某个节点作恶，计算出与别人不一致的区块，那么当前区块的哈希值将会与其他节点不一致，而在生成下一个区块的时候，将无法与下一个区块共识的“前区块的哈希值”关联，导致其不会继续生成和同步区块。而其他正常的节点由于“诚实”地执行了共识，将能继续关联下一个区块。

与传统的账本相比，区块链账本有以下优点：①去中心化，每个人都可以参与记账；②公开透明，人人都能同步账本并进行校验和计算；③不可被篡改，由不可逆的哈希算法保证，一旦被篡改就能被立即发现。

4.1 区块

区块链账本是由多个区块通过前后连接构成的，即分布式账本。那么区块的结构是怎样的，包含哪些字段，为什么要定义这些字段？区块是怎样生成的？一个新的节点在新加入一个区块链网络中，是怎样与第一个区块开始同步，然后同步所有的区块，并构建最终的区块链账本的？区块和区块之间的关联只依赖区块哈希算法吗？后一个区块怎样证明前一个区块是合法的？本节将阐述与区块相关的内容。

4.1.1 区块的结构

区块的结构如图 4-1 所示。

如图 4-1 所示，区块主要包含区块头和区块体两个部分，本节将着重介绍这两个部分。在区块链系统中，我们可以使用 Google Protobuf 定义区块链的结构体，目的是保证数据的高效与持久化存储、序列化、远程传输等。Google Protobuf 是一种序列化数据结构的协议编码和解析工具，这套工具包含一个用于定义数据结构体的描述语言，并提供序列化和反序列化数据的功能。例如，使用 Google Protobuf 来定义一个区块头结构体，描述如下：

```
message Ledger
{
   LedgerHeader header = 1;
   repeated TransactionEnv transaction_envs = 2;
}
```

其中，Ledger 为区块的结构体，LedgerHeader 为区块头，TransactionEnv 为交易数组（即区块体，由于区块体内只包含交易数组，所以这里直接使用交易数组）。在 Google Protobuf 语法中，message 声明一个结构体，repeated 声明该字段是一个数组。

1. 区块头

下面介绍区块头的各个参数的详细定义。

（1）seq。区块的序号，从 1 开始递增。创世区块（第一个区块）由配置文件产生，后续每产生一个区块序号加 1，序号 seq 是区块的唯一标识。

（2）hash。区块的哈希值。将该字段设置为空后，序列化区块头结构体，通过哈希算法计算得出一个哈希值，并设置到该字段。伪代码示意如下：

```
Ledger.header.hash = "";
Ledger.header.hash = HASH(Ledger.SerializeAsString())
```

这里需要注意的是，区块的哈希值校验方式是将当前区块头结构体的哈希值置空，然后在序列化结构体后做哈希运算，否则将无法计算出正确的值。

（3）previous_hash。前区块的哈希值。因为创世区块没有前一个区块，所以创世区块的该字段为空。

（4）account_tree_hash。账户树的根哈希值。当前区块的交易被执行后，所有账户组成默克尔帕特里夏树（Merkel Patricia Tree，MPT）的根哈希值。对于一个账户地址 A 来说，其账户结构可以序列化，定义如下：

```
K = A
V = A.SerializeAsString()
```

所有的账户地址以（K，V）形式构建一个默克尔树 AccountsMPT。

```
account_tree_hash = MerkelRootHash(AccountsMPT)
```

account_tree_hash 是使用 MPT 算法构建的账户树的根哈希值，该账户树上任意字节的数据发生更改，再次通过 MPT 算法构建该账户树后，都会造成根哈希值不一致，不同的节点之间可以通过账户树根哈希值快速校验所有账户的状态值与其他节点保存的状态值在当前的区块中是否一致。

（5）tx_tree_hash。交易树的哈希值。对于区块体内所有交易 Txs 来说，每笔交易 Tx 的索引为 i，并且每笔交易 Tx 的结构体可以序列化，定义如下：

```
K = i
V = Tx. SerializeAsString()
```

当前区块内所有的交易 Txs 以（K，V）形式构建一个默克尔树 TxsMPT。

```
tx_tree_hash = MerkelRootHash(TxsMPT)
```

不同的节点之间，可以通过 tx_tree_hash 快速校验当前区块的所有交易内容是否一致。

（6）receipt_tree_hash。收据树的哈希值。单笔交易在计算完成后，都会存储执行的结果，这个结果被称为收据（Receipt）。当前区块体内的所有交易 Txs 在执行完成后，都会生成收据列表 Receipts，每个 Receipt 的索引为 i，与其对应的交易 Tx 的索引 i 顺序一致，Receipt 结构体可以序列化，定义如下：

```
K = i
V = Receipt. SerializeAsString()
```

所有的收据 Receipts 以（K，V）形式构建一个默克尔树 ReceiptsMPT。

```
receipt_tree_hash = MerkelRootHash(ReceiptsMPT)
```

不同的节点之间可以通过 receipt_tree_hash 快速校验当前区块内的所有收据，即交易执行结果是否一致。

（7）close_time。区块形成时间。在创世区块中该值为 0，在其余区块中该值由共识算法得到。

（8）consensus_value_hash。在生成每个区块之前，提案验证节点（Validator Leader）打包一部分交易，并形成一个共识值（Consensus Value）。验证节点（Validator）对该共识值达成共识，生成区块。其中，consensus_value_hash 就是该共识值经过哈希运算后得到的哈希值。在创世区块中此值为空。

（9）version。区块结构的版本号，用于实现版本向下兼容。若区块生成的设计有变更，区块结构的版本号则可以作为识别的依据，在不同的区块中采取不同的规则。

（10）tx_count。截止到当前区块（包含当前区块），区块链网络中所有打包的交易数量。

（11）validators_hash。所有参与共识的验证节点列表的哈希值。区块链系统支持动态增、删验证节点，它的意义是确定本区块生成时的验证节点列表。假设当前验证节点集合如下：

```
A = { x | x是验证节点的账户地址之一}
```

那么

```
validators_hash = HASH(A)
```

（12）fees_hash。当前区块费用配置的哈希值，在计算该值的过程中，包含两个参数：含燃料价格（gas_price，在区块链上写入 1 字节的费用）和账户最低预留费（base_reserve）。假设 fees 为费用，定义如下：

```
fees = { gas_price , base_reserve }
```

那么

```
fees_hash = HASH(fees)
```

（13）reserve。保留字段。

2. 区块体

区块体主要包含交易列表，其中交易包含交易信息和签名。关于交易的具体定义参考 4.4 节。

4.1.2 区块的生成

1. 创世区块的生成

区块链的第一个区块称为创世区块。创世区块不是由共识验证节点提案生成的，而是根据配置文件参数创建的。当每个节点程序启动时，节点程序检测到数据库中没有任何区块信息，就会根据配置参数自动创建创世区块。

同一个区块链网络系统的创世区块配置文件必须保持一致，目的是生成同样的创世区块以及区块头哈希值。创世区块的作用有两个：一是保证所有的共识验证节点在第一次提案时，根据相同的创世区块达成共识，并生成下一个区块；二是保证普通节点在同步区块时，能根据相同的创世区块，顺利同步剩余区块。

如表 4-1 所示，创世区块的参数应该包含以下几个：chain_id、account、slogan、fees、validators。

表 4-1

创世区块的参数	描述信息
chain_id	链的 ID
account	创世账户地址
slogan	标语与口号
fees	初始的费用配置
validators	验证节点列表

（1）chain_id。用于标识两条同构区块链，如主网为 0，测试网为 1。chain_id 可以避免同构区块链之间共识紊乱、交易重放攻击等问题。

（2）account。在构造创世区块时，程序赋予该账户 N 个单位（默认为 10 亿）的原生资产。这个账户地址即创世账户地址。

（3）slogan。可以编写任意一段话，该字段将会被记录在创世区块头的保留字段中。

（4）fees。创世区块的费用配置参数，其内容是一个结构体，包含两个参数：燃料价格和账户最低预留费。

（5）validators。设定区块链系统采用改进的 BFT 共识算法，每个区块的产生都是由所有验证节点（参与共识的节点）共识完成的。在创世区块里需要配置初始验证节点列表，第二个区块的共识内容必须由这些账户参与共识并签名。

任意一个节点如果要加入一个已知的区块链网络，那么必须首先将自己的配置文件与目标区块链网络的配置文件保持一致，否则生成的创世区块哈希值与目标网络不一致，将无法同步剩余区块。

2. 普通区块的生成

参与区块链打包交易提案、提案共识消息的节点被称为验证节点。普通区块的生成是由验证节点参与共识并达成一致后，最终由共识消息（区块信息、交易等）生成的。打包交易并生成区块的过程如图 4-3 所示。

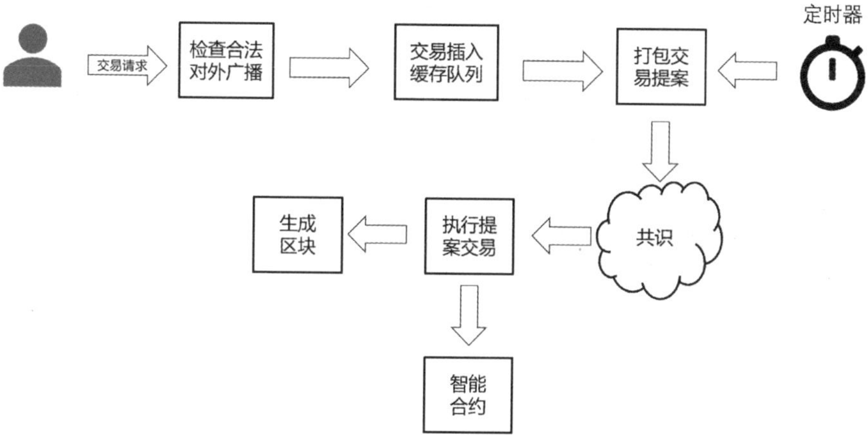

图 4-3

下面以一个简单的例子来描述用户的交易是怎样被打包到区块内的：

（1）用户使用私钥签名交易 Tx 并发送给任意连接到区块链网络的节点上，该节点检查交易是否合法，如果合法那么广播到区块链网络里。

（2）经过有效的网络广播消息后，区块链网络中的每个节点都收到这笔交易 Tx，并将其插入节点内部的交易缓存队列里。

（3）验证节点的提案者在指定的打包周期间隔之后，从交易池中取出交易并打包提案，发起共识。

（4）所有的验证节点接收到该共识消息，校验共识消息的合法性。

（5）验证节点在共识完成后，将会执行该交易，如果遇到智能合约那么触发智能合约执行。

（6）节点在执行完交易后，将所有的状态变化写入链内，并生成新的区块，此时区块生成完成。

4.1.3 区块的同步

当区块链网络中有一个新节点想要接入并参与记账时，它首先需要同步区块链网络中已经存在的区块并校验其合法性，这种只存储所有区块信息但不参与提案和共识的节点，称为同步节点。

区块的同步过程如图 4-4 所示。

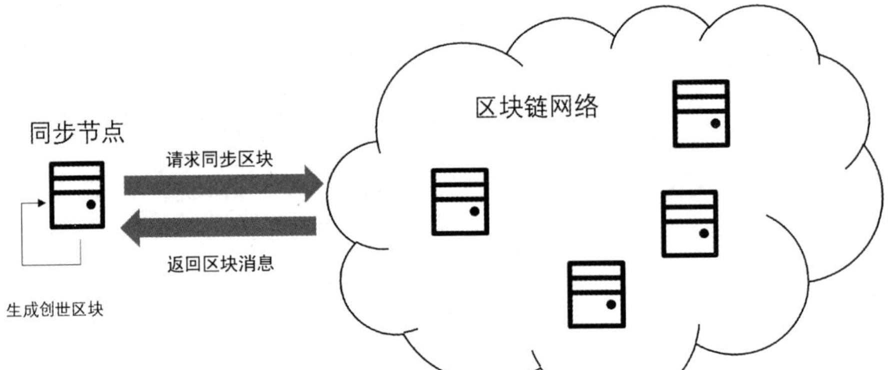

图 4-4

（1）同步节点初次启动并检查本地是否存在区块，如果不存在那么根据配置文件生成创世区块。详见 4.1.2 节。

（2）节点通过 P2P 消息发现并连接到区块链网络的一个或者多个节点，这些节点可以是验证节点，也可以是同步节点。

（3）该节点检查本地节点里存储的节点序号，生成 P2P 网络请求同步区块消息，向所有连接的节点发送请求。

（4）接收端的节点在收到请求消息后，检查本地节点是否存在对应的区块，如果存在，那么生成相应的区块消息，并通过 P2P 消息返回给同步节点。

（5）同步节点在收到很多节点同时反馈的消息之后，选择一个节点的消息检查，并校验区块消息的合法性，如果合法那么在本地生成区块并持久化存储，同时将暂时舍弃其他节点，仅与当前节点通信，继续请求同步剩余的区块，从而避免不必要的网络开销。关于 P2P 消息的定义，如请求获取区块消息和接收区块消息等，请参考 4.8 节。

4.1.4　区块的前后关联

前面在描述区块结构时，提到了区块的关联是由当前区块的“previous_hash”字段指向上一个区块的“hash”字段。如果仅使用这种方式，那么仍会存在问题。例如，恶意节点可以持续伪造一条分叉链，当前区块的“previous_hash”字段指向了前一个区块的“hash”字段，但当前区块完全是任意篡改的内容，并严格按照哈希运算方式计算区块的哈希值，后续的区块仍按照这个“规则”持续伪造假的区块。因此，我们还需要其他手段来保证区块的前后关联具有合法性。最有效的方法就是校验证据，证据即验证节点对当前共识消息哈希值的签名，包含一组验证节点签名，具体参考 5.3 节。

区块是由验证节点 Ledger 提案共识消息，并达成共识后产生的。在每个出块周期的起始阶段，提案验证节点会首先生成一个共识消息，定义该消息的结构体如下：

```
message ConsensusValue{
    TransactionEnvSet txset = 1;
    int64 close_time = 2;
    bytes previous_proof = 3;
    int64 ledger_seq = 4;
    bytes previous_ledger_hash = 5;
    LedgerUpgrade ledger_upgrade = 6;
    ConsensusValueValidation validation = 7;
}
```

这些结构体的参数解释如下。

1. txset

txset 是交易列表，在节点生成本地区块时，将构成区块体。

2. close_time

close_time 是区块产生的时间。假设提案验证节点的当前时间为 cur_time，出块周期为 interval_time，那么计算方法如下：

```
close_time = cur_time + interval_time
```

3. previous_proof

previous_proof 是上一次共识的节点签名信息列表，是一个序列化的字节码。

4. ledger_seq

ledger_seq 是在本次共识后产生的区块序号。

5. previous_ledger_hash

previous_ledger_hash 是上一个区块的哈希值。

6. ledger_upgrade

ledger_upgrade 是区块升级信息。

7. validation

validation 是对异常交易的共识结果。定义如下：

```
message ConsensusValueValidation {
    repeated int32 expire_tx_ids = 1;
    repeated int32 error_tx_ids = 2;
}
```

其中，expire_tx_ids 定义为交易列表 txset 执行超时的索引序号列表；error_tx_ids 定义为交易列表 txset 执行错误的索引序号列表。

验证节点对共识消息 ConsensusValue 达成共识后，会对该共识消息签名，签名之后的消息为 PbftProof，在 ConsensusValue 消息中，previous_proof 字段为上一次共识 ConsensusValue 结构体的序列化字节码。以下是验证节点在共识过程中需要用到的相关结构体，主要包含 PbftProof（PBFT 证据）、PbftEnv（PBFT 环境）、Signature（签名）、PbftCommit（PBFT 承诺），如下所示：

```
message PbftProof
{
    repeated PbftEnv commits = 1;
}

message PbftEnv
{
 Pbft pbft = 1;
 Signature signature = 2;
}

message Signature {
    string public_key = 1;
    bytes sign_data = 2;
}

message Pbft
{
    PbftCommit commit = 1;
    …
}
message PbftCommit
{
    bytes consensus_value_hash = 1;
}
```

在 PbftProof 中有一个较为重要的消息为 PbftCommit，其中的 consensus_value_hash 字段是本次节点共识消息 ConsensusValue 的哈希值，Signature 为验证节点对该共识消息的签名。

如图 4-5 所示，第 *N* 个区块的签名证据是由第 *N* 个区块的共识消息产生的，其共识消息内证明的是第 *N*−1 个区块的区块哈希值，同时它也提交上一个区块的证据（验证节点签名列表），用于证明上一个共识内容是合法的，即第 *N*−1 个区块的所有消息都是合法的。但是由于第 *N* 个区块本次没有提交自己的证据，所以还需要后续的第 *N*+1 个区块来提交第 *N* 个区块的证据。之所以不在本次提交自己的证据是因为区块链系统采用的是 BFT 算法，收到 2/3 个节点的承诺签名后，即可认为达成共识，但由于每个节点收到的签名消息不一定一致，所以无法在本次区块内提交和存储证据，需要由下一轮的提案者提交一个一致的证据。

在第 N 个共识消息提交完成后，本地节点会验证这些关键字段，如使用 consensus_value_hash 字段判断共识消息是否被篡改，使用 signatures 字段验证当前的共识消息是否被篡改，使用 previous_ledger_hash 字段校验区块是否连续，使用 previous_proof 字段的节点签名判断第 N−1 个区块的共识和区块是否合法。

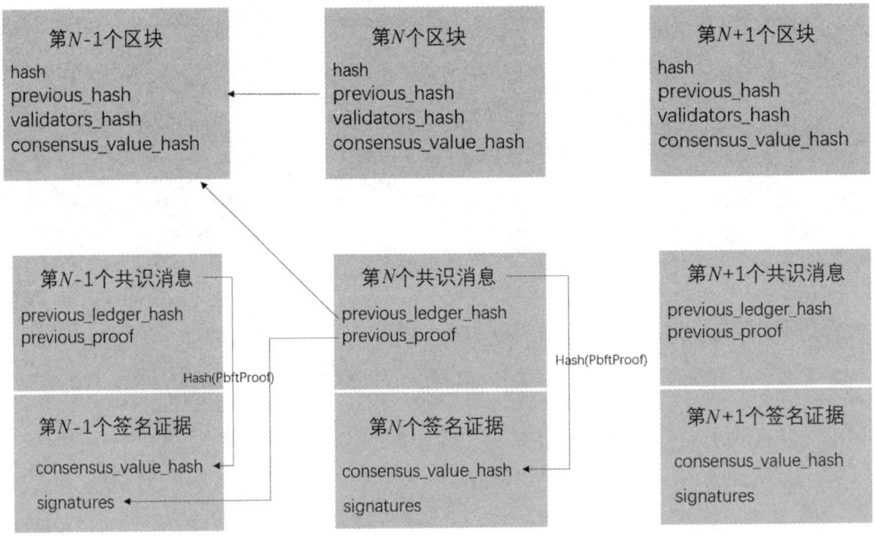

图 4-5

区块之间这种下一个区块签名证明上一个区块合法的方式，让区块承认合法性，同时区块体内的指向关系保证了前后的关联性。

4.2 账户

在传统的系统中，账户是用来核算和反映资产变动情况的载体，例如常见的银行账户，它拥有明确的归属权，具备唯一性，同时记载账户拥有者的余额的变动情况。在去中心化的分布式区块链账本中，账户也具备同样的功能。用户如果想要与其他人进行转账交易，那么首先要在区块链上创建自己的账户，并且要保证账户的资产余额满足转账条件。

4.2.1 账户模型

在区块链技术中，对账户的表示方式分为两种类型：一是 Account 模型（账户模型）；二是 UTXO 模型。其中，UTXO 模型是中本聪在比特币中提出和使用的，更适用于简单转账或带有简单的脚本判断的转账，对于复杂的业务模型则不适用。相比较而言，Account 模型更符合商用场景，可以引入图灵完备的智能合约，用于描述复杂的业务场景，同时在同一个账户的碎片化交易后，不会像 UTXO 模型那样引入太多输入值（Input）而导致验签效率降低。

在账户模型中，对账户结构的定义如下：

```
message Account{
    string address = 1;
    int64 nonce = 2;
    AccountPrivilege priv = 3;
    bytes metadatas_hash = 4;
    bytes assets_hash = 5;
    Contract contract = 6;
    int64 balance = 7;
}
```

Account 结构体的参数解释如下。

1. address

address 是账户的地址，是账户主体的唯一标识。

2. nonce

nonce 是该账户的交易序号，从 0 开始，代表该账户在区块链上发起过的交易数量。它的另外的作用是防止重放攻击。每当该账户执行一笔交易后，该账户的交易序号就会加 1。当使用账户发起交易时，要在交易中指定一个 nonce 值，这个值要比交易中的 nonce 值大 1。新建的账户默认 nonce 值为 0。

3. priv

priv 是该账户的权限（包括权重和门限）。在正常情况下，一个账户发起交易需要其私钥的签名。我们允许账户将其签名的权限分化，并将其分配给其他账户。在校验权限时，如果将合法签名者的权重相加，得出的权重值不小于设定的目标权重，那么认为交易签名有效。

```
message AccountPrivilege
{
    int64 master_weight = 1;
    repeated Signer signers = 2;
    AccountThreshold thresholds = 3;
}

message Signer
{
    enum Limit
    {
        SIGNER_NONE = 0;
        SIGNER = 100;
    };

    string address = 1;
    int64 weight = 2;
}

message AccountThreshold
{
    int64 tx_threshold = 1;
    repeated OperationTypeThreshold type_thresholds = 2;
}

message OperationTypeThreshold
{
    Operation.Type type = 1;
    int64 threshold = 2;
}
```

这些结构体的参数如下：

（1）AccountPrivilege.master_weight 是该账户私钥的权重。

（2）AccountPrivilege.signers 是对各个账户地址及其权重的描述。

（3）AccountThreshold.tx_threshold 是发起交易的门限，当发起交易账户的权重超过该门限时才可以执行该交易。

（4）OperationTypeThreshold 是各种操作的门限，当发起交易账户的权重超过该门限时才可以执行该类操作。其中，type 为操作码，threshold 为操作门限。在默认情况下，AccountThreshold.type_ thresholds 是空的，即所有的操作所需的权重都和 AccountThreshold.tx_threshold 一样。

4. metadatas_hash

每个账户都有一个属于自己的小型“版本化 KV 数据”库，用来存储用户自定义的内容。每一条数据都称为元数据（metadata），有三个元素：key（键）、value（值）和 version（版本号）。每当修改这条数据时，它的版本号会自动加 1，示例代码如下：

```
message KeyPair
{
    string key = 1;
    string value = 2;
    int64 version = 3;
}
```

对于每个账户的每条元数据，都要设置键 *K* 和值 *V*，计算如下：

```
K = KeyPair.key
V = KeyPair.SerializeAsString()
```

将（*K*，*V*）作为一个元素，所有这样的（*K*，*V*）元素组成的集合记为 metadatas。

```
metadatas_hash = MerkelRootHash(metadatas)
```

其中，MerkelRootHash 是对这个集合进行默克尔树计算后得到的根哈希值。

5. assets_hash

每个账户名下可以拥有很多资产。assets_hash 是该账户的所有资产组成默克尔树后计算的根哈希值。对于每个资产数据，都要设置键 *K* 和值 *V*，计算如下：

```
K = asset.property.SerializeAsString()
V = asset.SerializeAsString()
```

将这个账户的所有资产生成的（*K*,*V*）组成集合，记为 assets。

```
assets_hash = MerkelRootHash (assets)
```

6. contract

contract 是智能合约的代码或者字节码。如果参数 contract 不为空，那么此账户为智能合约账户。

7. balance

balance 是账户的原始资产余额。当账户打包并请求执行一笔交易的时候，支付的交易费用将从 balance 中扣除。如果支付的费用超过交易执行实际需要的费用，那么多余的部分将返回 balance。注意：账户至少要保留一定的基础费用，如果扣除交易费用后 balance 低于该值，那么区块链系统将拒绝执行该交易请求。

4.2.2 账户地址

公钥和私钥对的签名体系包含私钥 skey 和公钥 pkey，公钥和私钥对比较好地解决了签名和验证签名过程中的数据分离问题，即签名过程只需要私钥，而验证签名就只需用到公钥就可以了，这样既能保证私钥的安全，又不会影响其他人对签名数据的校验。但是，有个比较棘手的问题就是，根据不同的非对称加密算法，考虑到安全因素，其公钥和私钥的长度一般是很长的，这样就造成了对区块链系统用户的不友好体验，出于对这种情况的考虑，就提出了区块链账户地址的概念。账户地址其实是公钥的摘要信息，即简化版的公钥。这样一来，账户就能有一个长度适合的唯一标识，增加了系统的用户友好度。下面是账户地址的计算过程以及解释：

```
hp = HASH(pkey)
str = 0xF8 + 0xE1 + type + hp.substr(12)
hash = HASH(HASH(str))
address = BASE58(str + hash.substr(4))
```

对该过程的解释如下：

（1）0xF8 和 0xE1 经过 Base58 计算后得到一组字符串，该字符串的前 3 字节是固定字符‘a’、‘d’、‘x’，合在一起组成地址的固定前缀“adx”。

（2）type 的长度是 1 字节，它的值表示不同的签名算法，支持的签名算法有 ED25519 和 CFCA 版国标 SM2。

（3）HASH 是哈希运算函数，依据 type 使用不同的哈希算法，支持国密算法

SM3 和普通的哈希算法 SHA256。

（4）hp 是公钥的哈希值。在计算 HASH(pkey)时，pkey 是指原始的公钥字符串。对于 ED25519 算法来说，pkey 是一个长度为 32 比特的字符串；对国密算法 SM2 来说，pkey 是长度为 65 比特的字符串（未压缩）。

（5）hp.substr(12)是指从 hp 上第 13 个字符起，截取到结尾的字符串。

（6）hash 是对多元素拼接的字符串 str 进行两次哈希运算后的结果。

（7）address 是将 str 和 hash 从第 5 个字符起到结尾的字符串拼接后，再进行 Base58 计算的结果。

4.3 资产

4.3.1 原始数字资产

原始数字资产是区块链系统内置的原生资产，用于支付网络交易费用和区块链网络的运营维护。区块链节点在启动时，在创世账户被创建时内置生成 *N* 个（如 10 亿个）单位的 Gas（燃料）。

4.3.2 基于账户的资产

基于账户的资产是由账户发行出来的数字凭证。定义如下：

```
message Asset
{
    AssetKey key = 1;
    int64 amount = 2;
}
message AssetKey
{
    string issuer = 1;
    string code = 2;
    int32 type = 3;
}
```

上述结构体的资产有两个关键元素，资产标识（key）和数量（amount）。其中，key 由发行方（issuer）、代码（code）、发行方式（type）组成。注意：只有当两种资产的发行方和代码都相同时，才认为它们是同一类资产，它们的数量才可以相加。资产是不会凭空消失和产生的，当一个账户发行资产时，资产会被创建，代码和数量都由本次发行的动作指定，发行方就是该账户。当资产转移时，转出方相应的资产数量会减少，接收方的该资产数量会增加，减少的量等于增加的量。在转移过程中，发行方和代码属性不会变化。

4.4 交易

4.4.1 交易的定义

交易的广义定义是对账户进行一系列操作的组合，具有创建账户、管理资产、转移原生资产等功能。

```
message TransactionEnv
{
    Transaction transaction = 1;
    repeated Signature signatures = 2;
    Trigger trigger = 3;
}
```

TransactionEnv 结构体的参数如下：

（1）transaction。交易的主体，定义交易的基本信息，如源账户、费用限制和具体的操作行为等。

（2）signatures。交易的签名。

（3）trigger。这笔交易的触发者，如果不为空，那么记录触发者的交易哈希值。

transaction 的主体定义如下：

```
message Transaction
{
    enum Limit
    {
        UNKNOWN = 0;
        OPERATIONS = 1000;
    };
```

```
    string source_address = 1;
    int64 nonce = 2;
    int64 fee_limit = 3;
    int64 gas_price = 4;
    int64 ceil_ledger_seq = 5;
    bytes metadata = 6;
    repeated Operation operations = 7;
}
message Signature
{
     string public_key = 1;
     bytes sign_data = 2;
}
```

对于这些交易结构体的参数解释如下：

（1）source_address。这笔交易的发起账户，必须是区块链系统中已经存在的一个账户。

（2）nonce。发起账户的当前 nonce 值+1，用来防止重放攻击。

（3）fee_limit。交易提供的费用上限。

（4）gas_price。燃料的价格。燃料可被理解为交易消耗的能量，每字节消耗一个单位的燃料，交易消耗的燃料量和燃料价格的乘积就是实际费用。

（5）ceil_ledger_seq。交易的区块高度限制。如果大于 0，那么交易只有在该区块高度之下才有效。

（6）metadata。交易用户自定义的备注。

（7）operations。交易的有效负载，包含一个或多个操作，指定了这笔交易具体的执行内容。

区块链系统在共识过程中，会初步判断交易的合法性、参数的合法性和签名的合法性。只有参数和签名合法的交易才可能达成共识。例如，交易的长度限制、nonce 值是否连续、发起账户是否存在、签名是否合法等。

4.4.2 操作

交易可以由一个或者多个操作组成，操作枚举类型定义见表 4-2。

表 4-2

操作类型	枚举定义	描述
1	CREATE_ACCOUNT	创建账户
2	ISSUE_ASSET	发行资产
3	PAYMENT	转移资产
4	SET_METADATA	设置元数据
5	SET_SIGNER_WEIGHT	设置权重
6	SET_THRESHOLD	设置门限
7	PAYCOIN	支付原生资产
8	LOG	输出日志
9	SET_PRIVILEDGE	设置权限

1. 创建账户

账户为交易的主体，所有的交易必须通过账户发起执行。因此，在执行其他操作之前必须创建账户。创建账户操作由其他已存在的账户申请执行。第一个账户是在区块链节点程序启动时内置生成的，也被称为创世账户。创建账户的结构体定义如下：

```
message OperationCreateAccount
{
    string dest_address = 1;
    Contract contract = 2;
    AccountPrivilege priv = 3;
    repeated KeyPair metadatas = 4;
    int64 init_balance = 5;
    string init_input = 6;
}

message Contract
{
    enum ContractType
    {
```

```
        JAVASCRIPT = 0;
    }
    ContractType type = 1;
    string payload = 2;
}
```

对于该操作参数的解释如下：

（1）dest_address。要创建的账户地址。

（2）contract。是否是合约账户，非合约账户可以不填写。

（3）priv。该账户的权限配置，参考 4.2.1 节中 priv 字段介绍。

（4）metadatas。在创建账户的同时设置该账户的元数据。

（5）init_balance。在创建账户时赋予的初始原生资产数量，从创建该账户的源账户的 balance 内扣取。

（6）init_input。合约的初始化参数，可根据 contract 选填。

（7）type。合约所用语言，如 JavaScript、Solidity、C++等。

（8）payload。合约代码或字节码。

在区块链中成功地创建一个新账户的条件有以下几个：各项参数合法；要创建的账户在区块链中不存在，即不能创建已有的账户；如果在创建时指定了合约代码，那么合约语法或字节码必须正确。

2. 发行资产

任意一个账户都可以通过执行发行资产操作创建属于自己的资产（参考 4.3.2 节）。发行资产的结构体定义如下：

```
message OperationIssueAsset
{
    string code = 1;
    int64 amount = 2;
}
```

OperationIssueAsset 结构体的参数如下：

（1）code。资产代码，和资产发行方一起构成资产的唯一标识。

（2）amount。发行的资产数量。

成功地发行一笔资产的条件是各项参数合法、本账户的该资产数量不超过 64 位有符号整数（int64）的最大值。

3. 转移资产

通过转移资产操作，可以将源账户下的指定资产（参考 4.3.2 节）转移给目的账户的地址。转移资产的结构体定义如下：

```
message OperationPayAsset
{
    string dest_address = 1;
    Asset asset = 2;
    string input = 3;
}
```

OperationPayAsset 结构体的参数如下：

（1）dest_address。目的账户的地址。

（2）asset。转移的资产信息。

（3）input。合约参数，若资产接收方为合约账户，则 input 为传给该合约的参数。

成功地将资产转移给其他账户的条件有以下几个：各项参数合法；本账户拥有该类型资产，且数量足够；目的账户存在；目的账户在收到该类型资产后，其资产数量不超过 64 位有符号整数（int64）的最大值。

4. 转移原生资产

转移原生资产（参考 4.3.1 节）的结构体定义如下：

```
message OperationPayCoin
{
    string dest_address = 1;
    int64 amount = 2;
    string input = 3;
}
```

OperationPayCoin 结构体的参数如下：

（1）dest_address。目的账户的地址。

（2）amount。转账数量。

（3）input。合约参数，选填，若收款账户为合约账户，则 input 为传给该合约的参数。

成功地将原生资产转给其他账户的条件如下：各项参数合法；本账户的原生资产数量足够；目的账户存在；目的账户在收到原生资产后，其资产数量不超过 64 位有符号整数（int64）的最大值。

5. 设置元数据

metadata 是一个带版本的键值对。它的每一个键值对都有一个版本号。在每次修改这条数据后，版本号就会自动加 1。设置元数据的结构体定义如下：

```
message OperationSetMetadata
{
    string key = 1;
    string value = 2;
    int64 version = 3;
}
```

OperationSetMetadata 结构体的参数如下：

（1）key。数据库的键，长度范围为（0,1024]。

（2）value。要设置的值，长度范围为 [0, 262144]。

（3）version。版本号。每条数据都有版本号，从初始的 0 开始，每修改一次版本号会递增 1。这里的 version 可以不填写，如果填写了大于 0 的数，那么要表达的意思是在此版本的基础上修改。这可以达到并发控制的目的。比如，一条数据的当前版本号是 3，用户想要在版本号 3 的基础上设置，就可以填写 OperationSetMetadata.version 为 3。当交易执行时，若这条数据的版本号不是 3（有人改过），则本次修改失败。该字段适合多用户共同操作一个账户需要并发控制的情况。

成功地设置元数据的条件如下：各项参数合法；源账户存在；版本号为 0 或版本号等于该数据的当前版本号。

6. 设置权重

该操作用于设置账户拥有者和签名者在源账户下的权重。设置权重的结构体定义如下：

```
message OperationSetSignerWeight
{
    int64 master_weight = 1;
    repeated Signer signers = 2;
}
```

OperationSetSignerWeight 结构体的参数如下：

（1）master_weight。账户拥有者的权重。若值为-1，则表示不设置。

（2）signers。签名者列表。如果某个签名者的 weight 值为 0，那么表示删除此签名者。

成功地设置权重的条件如下：各项参数合法；当前操作的签名权重超过设置权重操作的门限；源账户存在。

7. 设置门限

该操作用于设置源账户下各项操作的门限，如果在交易中某项操作的权重没有达到该操作的门限值，那么该操作将被拒绝。设置门限的结构体定义如下：

```
message OperationSetThreshold
{
    int64 tx_threshold = 1;
    repeated OperationTypeThreshold type_thresholds = 4;
}
```

OperationSetThreshold 结构体的参数如下：

（1）tx_threshold。交易的门限。

（2）type_thresholds。各类操作的具体门限。如果值为 0，那么表示删除这个类型的门限。

成功地设置门限的条件如下：各项参数合法；当前操作的签名权重超过设置门限操作的门限；源账户存在。

4.4.3　交易事务处理

在同一笔交易中的所有操作要么同时成功，要么同时失败，这被称为交易的原子性或者事务性。假设现在有三笔交易，每笔交易内分别有 3、3、2 个操作，交易事务的计算过程如图 4-6 所示。在交易队列里，交易 1 有三个操作，都执行成功；交易 2 的第二个操作执行失败，则第三个操作不会执行；交易 3 的两个操作执行成功。那么最终执行的结果为交易 2 将会完全被回退撤回。区块链系统保证单笔交易事务的原子性，此时只提交交易 1、交易 3。

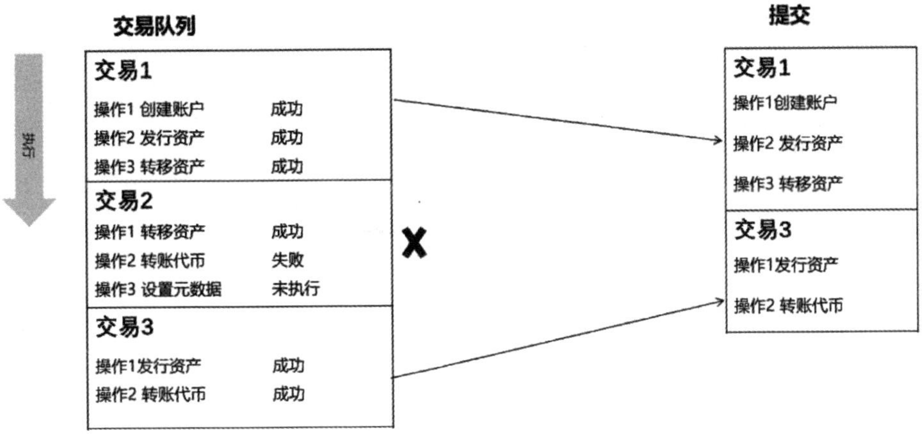

图 4-6

区块链系统需要提供交易事务处理来保证交易的原子性。每一笔交易在执行过程中，都会将所有操作的数据写到交易事务处理的执行缓存中。如果在执行过程中有一个操作失败了，那么该笔交易内剩余的操作将不再执行，并将整个缓存丢弃，以回滚到整笔交易执行之前的数据状态。如果此交易内的所有操作都执行成功，那么将整个缓存更新到数据库中。以上机制可以保证交易内的所有操作要么全部成功，要么全部失败。其实现的伪代码示例如下：

```
class Environment
{
    //执行缓存
    Data m_dataCache
    //实际数据
    Data m_realData

    //把交易中每个操作的数据写入缓存
```

```
    void set(data)
    {
        m_dataCache.set(data)
    }

    //如果交易中有一个操作失败，就清空整个缓存
    void discard()
    {
        m_dataCache.clear()
    }

    //如果交易中的所有操作全部成功，那么将缓存更新到数据库中
    void commit()
    {
        m_realData.update(m_dataCache)
    }
}
```

4.4.4 交易缓存队列

区块链网络的任意一个节点在收到一笔交易请求后，首先会对交易进行合法性检查。比如，检查交易源账户的 nonce 值是否合法、交易请求是否超过字节大小限制、交易的相关账户地址是否合法、交易内操作的权限是否达到门限值、提供的交易费用是否足够或扣除交易费用后源账户的 balance 是否低于最小预留费用（参见交易费用）等。如果合法，那么将此交易请求广播给其他节点，并将此请求加入交易缓存队列中。

1. 缓存队列大小的上限

交易缓存队列的缓存有两个限制，第一个是整个缓存队列可容纳交易个数的上限，第二个是每个源账户在交易缓存队列中可缓存的交易个数上限，超过任何一项上限的交易都会被直接丢弃。这两个限制可以通过配置文件配置，如果没有配置，那么采用默认值，默认缓存队列的交易个数为 10240 个，单账户地址的交易缓存队列中可缓存的交易个数为 64 个。伪代码示例如下：

```
sourceAddress = transaction.getSourceAddress()
if(transactionQueue.lenth() > 10240 || transactionQueue.
getTransactionAmountOfAccount(sourceAddress) > 64)
```

```
{
    return "transaction cache queue already full."
}
else
{
    transactionQueue.insert(transaction)
}
```

2. 交易缓存超时处理

交易在缓存队列中的存续时间也有限制，每个区块链节点内维护了一个交易时间和交易在缓存队列中位置的索引。节点依靠定时器做超时检查，每隔一段时间就遍历索引，将超过 60s 仍留在缓存队列中而未被打包的交易从时间索引和队列中同时删除。伪代码示例如下：

```
function OnTimer()
{
    for(element in timeIndexTable)
    {
        if(element.requestTime - now() > 60s)
        {
            transactionQueue.Delete(element.transactionPointer)
            timeIndexTable.Delete(element)
        }
    }
}
```

3. 交易在队列中的排序

交易缓存队列根据两个条件排序，这两个条件分别为交易源账户的 nonce 偏移值和提供的交易费用。对于源账户 nonce 偏移值相同但费用不同的交易，费用高的优先。伪代码示例如下：

```
function orderBy(transactionL, transactionR)
{
    nonceOffset = transactionL.getNonce() - transactionR.getNonce()
    fee = transactionL.GetGasPrice() - transactionR.GetGasPrice()
    return nonceOffset < 0 || (nonceOffset == 0 && fee > 0);
```

```
}

transactionQueue.sort(orderBy())
```

为了更清晰地解释这个过程，下面以一个场景为示例进行说明，如图 4-7 所示。

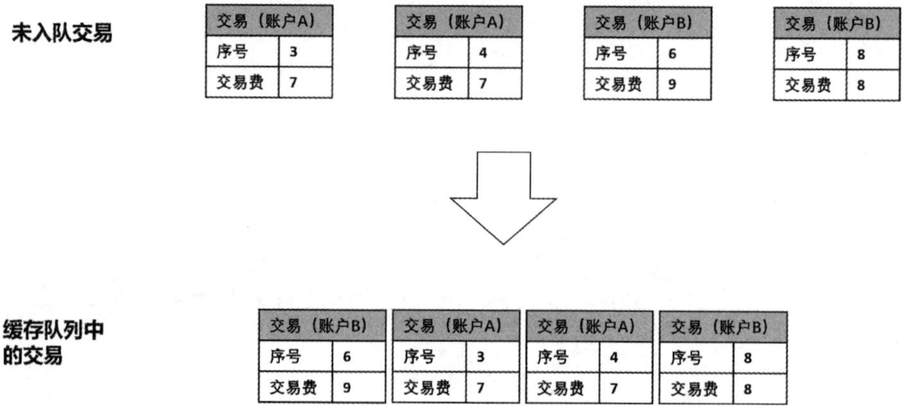

图 4-7

假如现在有两个账户 A 和 B，它们在区块链系统中当前的 nonce 值分别是 2 和 5，现在账户 A 打包了两笔交易 A(nonce3, fee7)、A(nonce4, fee7)，B 也打包了两笔交易 B(nonce6, fee9)、B(nonce8, fee8)，那么交易 A(nonce3, fee7)和 B(nonce6, fee9)相对区块链系统内当前的 nonce 值偏移都是 1，但是交易 B(nonc6, fee9)的交易费更高，所以交易 B(nonce6, fee9)排在前面，而交易 B(nonce8, fee8)的费用虽然比交易 A(nonce4, fee7)高，但是相对区块链系统内 nonce 值的偏移更大，所以交易 A(nonce4, fee7)排在交易 B(nonce8, fee8)前面。所以，这四笔交易在队列中的排序如下：

```
B(nonce6, fee9)
A(nonce3, fee7)
A(nonce4, fee7)
B(nonce8, fee8)
```

4. 交易在队列中的插入和删除

交易缓存队列维护了 3 套索引，除了前面提到的时间索引，还有账户地址+nonce 值索引和交易哈希值索引，索引的值都是交易在缓存队列中的位置。这样，当交易缓存队列插入或删除交易时，可以根据需要从 3 种索引中找到指定交易的位置。无论是插入还是删除，都要同时更新这 3 种索引和消息缓存队列。如果在插入某笔交易时发现队列中已存在相同源账户和 nonce 值的交易，那么首先删除队列内的该交易，然后再有序地插入新的交易。因为缓存队列有大小限制，所以如果插入时超过了队列上限，那么将根据交易在队列中的排序规则挤出队列尾部的交易。伪代码示例如下：

```
function deleteTransactioFromQueue(addressAndNonce)
{
    transactionPointer = ddressNonceIndexTable.find(addressAndNonce)
    if(transactionPointer != null)
    {
        transactionQueue.Delete(transactionPointer)
        timeIndexTable.Delete(transactionPointer)
        addressNonceIndexTable.Delete(transactionPointer)
        hashIndexTable.Delete(transactionPointer)
    }
}

function insertTransactionToQueue(transaction)
{
    addressAndNonce=transaction.getSourceAddress()+transaction.getNonce()
    deleteTransactioFromQueue(addressAndNonce)
    transactionQueue.sortedInsert(transaction)
    transactionPointer = transactionQueue.find(transaction)
    timeIndexTable[now()] = transactionPointer
    addressNonceIndexTable[addressAndNonce] = transactionPointer
    hashIndexTable[transaction.getSelfHash()] = transactionPointer
}
```

5. 交易的打包

区块链系统依靠定时器每 10s 发起一轮共识来打包用于生成新区块的交易。在打包时，共识节点从交易缓存队列的头部开始有序抓取不超过 4MB 的交易。如果遇到交易源账户序号断号的情况，那么将会从断号位置跳过该源账户请求的所有交易，并标记该源账户断号的位置，在断号补齐之前后续的区块也不会打包该源账户的交易，直到补齐断号或者在交易缓存队列缓存超时被删除。伪代码示例如下：

```
arrayObject transactionPackage
```

```
arrayObject breakAccount
for(transaction in transactionQueue)
{
    if(breakAccount.find(transaction.getSourceAddress()) == true)
    {
        continue
    }
    else
    {
        if(transactionPackage.find(transaction.getSourceAddress()) ==
            true)
        {
            lastSequenceTransation = transactionPackage.
            getTransactionReversed(transaction.getSourceAddress())
            if(lastSequenceTransation.getNonce() + 1 < transaction.
                getNonce())
            {
                breakAccount.insert(transaction.getSourceAddress())
                countinue
            }
        }
    }

    if(transactionPackage.serialize().size() > 16M)
    {
        break
    }

    transactionPackage.insert(transaction)
}
```

仍举一个具体的场景来说明，代码如下：

```
B(nonce1, fee9)
A(nonce1, fee7)
C(nonce1, fee6)
B(nonce2, fee8)
C(nonce2, fee5)
A(nonce3, fee9)
C(nonce3, fee8)
B(nonce3, fee4)
A(nonce4, fee7)
```

假如缓存队列中存在以上 9 笔交易，那么在打包交易的时候，在抓取到交易 A(nonce3, fee9)的时候，发现交易源账户 A 的交易存在断号，没有 nonce 值为 2 的交易，就会跳过交易 A(nonce3, fee9)和 A(nonce4, fee7)，打包其他 7 笔交易，并标记交易 A(nonce3, fee9)的位置，让后续的区块也不打包账户 A 请求的交易，直到在账户 A 的剩余交易缓存超时之前有 nonce 值为 2 的 A 账户的交易请求插入进来。

4.5　费用

4.5.1　交易费用简介

产生费用可以防止分布式拒绝服务（Distribution Denial of Service，DDOS）攻击，让攻击有成本。交易费用有两个基本概念：gas_price（Gas 价格）和 fee_limit（费用上限）。用户在交易请求中必须提供 gas_price 和 fee_limit，否则无法计算和扣除交易费用。在区块链系统中，如果用户想让自己提交的交易请求有更高的处理优先级，那么可以提供比默认值更高的 gas_price 和 fee_limit，但 gas_price 不能低于默认值。在交易中，每字节消耗 1 个单位的 Gas，如果在交易中有创建合约或发行资产操作，那么需要额外支付 Gas。每个创建合约操作需要 100 万个单位的 Gas，每个发行资产操作需要 500 万个单位的 Gas。

4.5.2　费用的计算

费用的计算公式为 fee = gas_price × (gas + fixed_opt_gas)，包括合约在执行过程中产生的费用。伪代码示例如下：

```
function ExecuteTransaction(transaction)
{
    realFee = calculateFee(transaction)
    for(operation in transaction)
    {
        //执行交易操作
        //……
        //……

        if(operation.type == TypePayAsset || operation.type ==
```

```
            TypePayCoin)
        {
            destAccount = getAccount(operation.destAddress())
            if(destAccount.hasContract() == true)
            {
                contractTransaction = destAccount.Contranct().
                  triggeredTransaction()
                realFee += ExecuteTransaction(contractTransaction)
            }
        }
    }

    return realFee
}
```

4.5.3 费用的配置

在区块链网络实际运行过程中，可能需要根据实际情况调节交易费用。比如，在共识节点运维成本固定的情况下，全网交易量不断增加，就摊薄了每笔交易的成本，这时候就需要有一种全网共识机制来调低交易费用。所以，区块链系统需要提供费用变更机制。在区块链启动之初，系统要创建一个费用选举合约账户。账户的代码逻辑如下：

```
function main(input)
{
    if(validatorList.find(sender) == false)
    {
        return "sender is not validator, can't voting."
    }

    if(input.type == TypeProposal)
    {
        array ballot.push(sender)
        saveProposal(key = input.new_gas_price, value = ballot)
    }
    else if(input.type === TypeVote)
    {
```

```
        ballot = getProposal(key = input.new_gas_price)
        ballot.push(sender)

        if(ballot.size() < (validatorSize * 0.7) + 0.5)
        {
            saveProposal(key = input.new_gas_price, value = ballot)
        }
        else
        {
            //智能合约调用区块链提供的接口设置新费用
            setToBlockChain(input.new_gas_price)
            deleteProposal(key = input.new_gas_price)
        }
    }
}
```

下面举例来阐述验证节点投票更改费用，如图 4-8 所示。如果某个验证节点认为当前的费用需要更新，那么就向费用合约（Fee Contract）账户转移一些原生资产，数额可以为 0，并提供新费用值作为合约的参数。费用合约账户在收到转账后，触发费用合约执行。费用合约检查支付方（Sender）是否为验证节点，如果不是那么拒绝执行，如果是，那么将新的费用生成提案保存到区块链上，供其他验证节点投票。其他验证节点如果投支持票，那么向费用选举账户转移一些原生资产，数额同样可以为 0，提供新费用值。费用合约的新费用值为 key，并将投票节点的账户地址写入投票列表，然后检查投票个数是否超过了提案通过率（同共识节点选举），如果没有超过，那么将包括投票列表在内的提案重新保存。如果超过了，那么调用区块链系统提供的合约接口，将交易费用设置为提案的新费用，并删除提案，完成投票。另外，每个

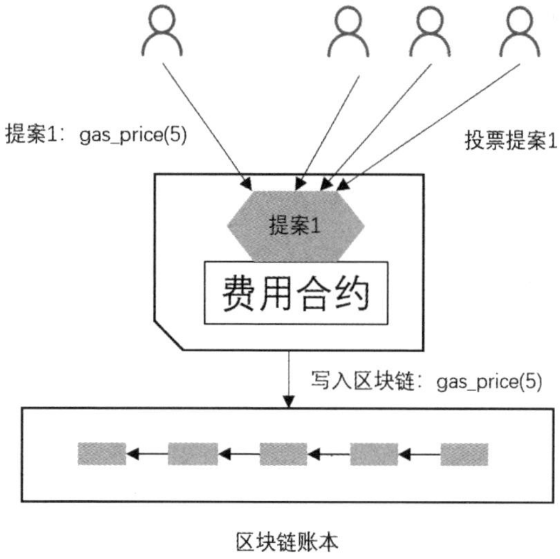

图 4-8

提案有投票时间限制，默认为 15 天，在 15 天内如果投票额不满足投票通过率，那么删除提案。

4.6 激励

原始资产除了初始化内置的 M（通过文件配置）个单位的 Gas，在每次有新的区块生成时，区块链系统也会产生一定数额的原生资产奖励，用来奖励参与区块打包的共识节点。打包区块的原生资产奖励和该区块内所有的交易费用，将被均匀分给所有此次参与区块打包的共识节点，取模的余额将随机奖励给某个参与共识的节点。在区块奖励的初始阶段，每个区块奖励 N 个单位的 Gas，以后每 m 年每个区块奖励的原生资产个数衰减 $1/n$，这些参数的初始化需要使用配置文件配置。

4.7 账本的升级

4.7.1 简介

任何计算机系统都需要不断地开发新功能或者修复漏洞。同样，区块链系统的升级也是必然的。与传统的系统升级不同的是，区块链系统的部署是分布式的、去中心化的，因此其升级也具有特殊性：不可能同时停止所有机器运行并升级；新老版本的节点可能共存，需保证共识且不分叉。所以，为了能够实现分布式系统的升级，保证共识且不会分叉，需要做到以下几点：

- 通过共识消息升级系统账本。
- 先升级验证节点，验证节点之间相互共识升级。
- 后升级同步节点，在验证节点共识完成后，同步节点如果不升级就无法继续生成区块，必须升级后才能继续同步。

4.7.2 消息定义

要想定义账本升级消息，首先要定义账本升级的标志，用于检查账本是否升级，代码如下：

```
message LedgerUpgrade{
    int64 new_ledger_version = 1;
}
```

其次，定义升级消息，用于消息传递、签名校验消息合法性，代码如下：

```
message LedgerUpgradeNotify
{
    int64 nonce = 1;   //for broadcast
    LedgerUpgrade upgrade = 2;
    Signature signature = 3;   //consensus sig
};
```

4.7.3 升级过程

1. 启动检测

在节点程序启动后，如果检测到程序的区块版本号高于本地数据库里存储的区块版本号，那么节点重置程序内部状态，以供后续升级使用。伪代码如下：

```
if(local_ledger.version < program.version)
{
    set_new_ledger_version(program.version);
}
```

2. 广播消息

节点程序启动定时器，向全网广播自己已经升级的消息。伪代码如下：

```
 LedgerUpgradeNotify message;
 send_broadcast(protocol::OVERLAY_MSGTYPE_LEDGER_UPGRADE_NOTIFY
, message)
```

3. 接收消息

当前节点接收到其他节点发送的升级消息后，会记录该信息到一个 MAP 列表中，供后续使用。伪代码如下：

```
LedgerUpgradeFrmMap map;
map[enc_address] = recv_upgrade_msg;
```

4. 发起共识

验证节点在发起共识时，会主动判断当前所有验证节点是否有 2/3 已经升级成功，如果升级成功了，那么在本次共识时，输入共识升级消息。伪代码如下：

```
    protocol::ConsensusValue propose_value;
    total_nums = total_validator_set.size();
    cur_upgrade_nums = recv_validator_set.size();
    if( cur_upgrade_nums >= 2/3 * total_nums )
    {
       propose_value.mutable_ledger_upgrade.set_new_ledger_version
(new_version);
    }
```

5. 接收共识

其他节点在收到共识消息后，会判断是否需要升级，如果当前节点程序已经升级，那么生成新的区块，如果当前节点程序不是新版本，那么停止生成区块。伪代码如下：

```
    protocol::ConsensusValue propose_value;
    if(propose_value.has_upgrade)
    {
        if( propose_value.ledger_upgrade() > my_ledger_version)
        {
            //不再生成区块
            return;
        }
    }

    handle_propose(propose_value);
```

4.8 P2P网络

P2P 网络是一种在对等者（Peer）之间分配任务和工作负载的分布式应用架构，是对等计算模型在应用层形成的一种组网或网络形式。在此网络中，参与者既是资源、服务和内容的提供者，又是资源、服务和内容的获取者。

4.8.1　P2P 网络设计

P2P 网络设计的目的是让所有数据共享、同步。对于区块链系统同步而言，有几种类型的消息需要传输。

（1）握手消息。

（2）获取节点列表消息。

（3）获取区块消息。

（4）交易消息。

（5）共识消息。

（6）区块升级消息。

区块链系统的 P2P 网络使用 TCP 连接，在此基础上通过 Protocol Buffer 封装了各种消息。消息类型的定义如下：

```
//握手消息
message Hello {
    int64 network_id = 1;
    int64 ledger_version = 2;
    int64 overlay_version = 3;
    string chain_version = 4;
    int64 listening_port = 5;
    string node_address = 6;
    string node_rand = 7;
}
//获取节点列表消息
message Peer {
        string ip = 1;
        int64 port = 2;
        int64 num_failures = 3;
        int64 next_attempt_time = 4;
        int64 active_time = 5;
        int64 connection_id = 6;
}

message Peers {
    repeated Peer peers = 1;
}
```

```
//获取区块消息
message Ledgers
{
    enum SyncCode{
        OK = 0;
        OUT_OF_SYNC = 1;
        OUT_OF_LEDGERS = 2;
        BUSY = 3;
        REFUSE = 4;
        INTERNAL = 5;
    }
    repeated ConsensusValue values = 1;
    SyncCode sync_code = 2;
    int64   max_seq = 3;
    bytes   proof = 4;
}
//区块升级消息
message LedgerUpgrade{
    int64 new_ledger_version = 1;
    string new_validator = 2;
}
message LedgerUpgradeNotify
{
    int64 nonce = 1;
    LedgerUpgrade upgrade = 2;
    Signature signature = 3;
};
```

交易消息的定义参考 4.4.1 节 TransactionEnv 的定义；共识消息的定义参考 4.1.4 节中 PbftProof 的定义。

4.8.2 广播消息

在定义消息类型的时候，根据消息的传播方式，这些消息可以分为广播消息和单播消息。广播（Broadcasting）是多点投递的方式，向每一个目的站投递一个分组的拷贝。单播（Unicasting）是指只有一个目的地的数据包传递。

如图 4-9 所示，在区块链系统的 P2P 网络中，假设有四个节点，单播消息是指节点 B 收到节点 A 的消息，不会再次传播给节点 C 和节点 D。

```
//单播消息
A->B
```

如图4-10所示，广播消息是指节点B发送消息给节点A，同时发送消息给节点C和节点D。

```
//广播消息
B->A
B->C
B->D
```

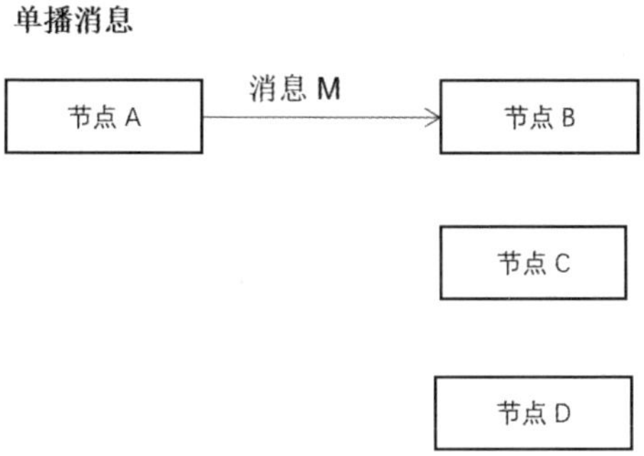

图4-9

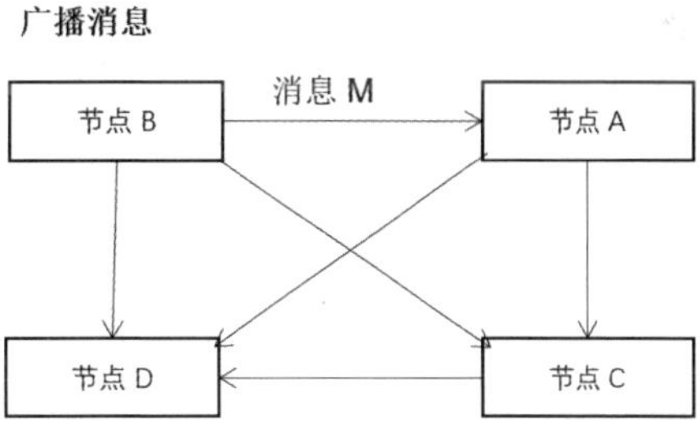

图4-10

节点A、节点C、节点D在收到消息后也会做同样的广播消息处理，但不会广播给曾发给自己消息的节点。即在B→A之后，节点A不会把消息重新传输给节点B，所以就不存在通常意义上的广播风暴。

在区块链系统中，单播消息包含以下几种类型：

（1）握手消息。

（2）获取节点列表消息。

（3）获取区块消息。

广播消息包含以下几种类型：

（1）交易消息。

（2）共识消息。

（3）区块升级消息。

4.8.3 连接数

在 P2P 网络中，由于网络资源和计算机资源的限制，TCP 的连接数不可能无限多。例如，在节点 A、B、C、D 的环境中，理论上 4 个节点的 TCP 连接数是 6 个，在区块链系统的 P2P 网络中，假设有 4 个节点，那么 TCP 连接数可以按照下面的公式计算：

$$X = N \times (N - 1) / 2$$

如果有 1 万个客户端，且都互联，那么其连接数是非常多的，连接数已经达到了 49 995 000 个。为此，在 P2P 网络的设计中，需要考虑单个节点的最大连接数。没有必要让所有节点互联互通。如果定义单个节点可以主动连接 10 个节点，那么就可以将连接数降到 100 000 个。这对系统的同步和稳定性影响不大，但使网络资源和计算机资源的量约为原来的 1/500。

因此，需要做节点主动连接数的限制，这样才能做到网络性能和系统稳定性之间的平衡。区块链系统的做法是节点（源节点）在启动后，主动连接多个公网已知节点（目标节点），在连接到已知目标节点并且握手通过后，目标节点会回复 OVERLAY_MSGTYPE_PEERS 消息，并把自身存储的节点列表发送给源节点，源节点得到节点列表，随机地连接这些节点，可以配置如下：

（1）最大主动连接数：10 个。

（2）最大被动连接数：2000 个。

（3）最大获取节点数：50 个。

4.9 本章小结

一个商用区块链系统需要被设计得更简洁和更高效，这样才能满足商业应用领域的复杂业务要求，后续也能在使用过程中更容易扩展与升级。本章首先介绍了一个 Google Protobuf 数据封装协议，并基于该协议定义了区块链的底层数据结构体，如区块、账户、资产、交易、操作、费用、激励，同时也设计了如何升级一个区块链账本系统，最后还介绍了区块链系统的 P2P 网络结构，以及定义了节点之间如何发送消息、消息类型及消息内容。

第 5 章 共识算法

5.1 共识算法概要

区块链系统采用去中心化的设计，网络节点分散且相互独立，所以由不同节点组成的系统之间必须依赖一个制度来维护系统的数据一致性，并奖励提供区块链服务的节点，以及惩罚恶意节点。这个制度的建立需要依赖一套方法和规则，即由谁取得一个区块的打包权（或称记账权），并获取该区块的奖励或者怎样界定谁是作恶者，让他受到怎样的惩罚，这套方法和规则便是共识机制。

现在有多种共识算法在区块链中使用，较为常用的有工作量证明（Proof of Work，PoW）算法、权益证明（Proof of Stake，PoS）算法、股份授权证明（Delegated Proof of Stake，DPoS）算法、实用拜占庭容错（Practical Byzantine Fault Tolerance，PBFT）算法。

本节将简单介绍这些常用的共识算法。

5.1.1 PoW 算法

PoW 算法是一种防止分布式服务资源被滥用、拒绝服务攻击的机制。PoW 算法要求节点进行适量消耗时间和资源的复杂运算，并且其运算结果能被其他节点快速验算，以耗用时间、能源做担保，以确保服务与资源被真正的需求所使用。

比特币首次利用 PoW 算法来验证交易并向网络广播区块，现在很多区块链也采用 PoW 算法。PoW 算法已经成为广泛使用的共识算法。

图 5-1 所示为节点“挖矿”的过程。矿工进行哈希运算，此过程消耗算力，算出“正确的结果”，并向全网广播，其他矿工或者普通节点同步区块并校验是否正确。

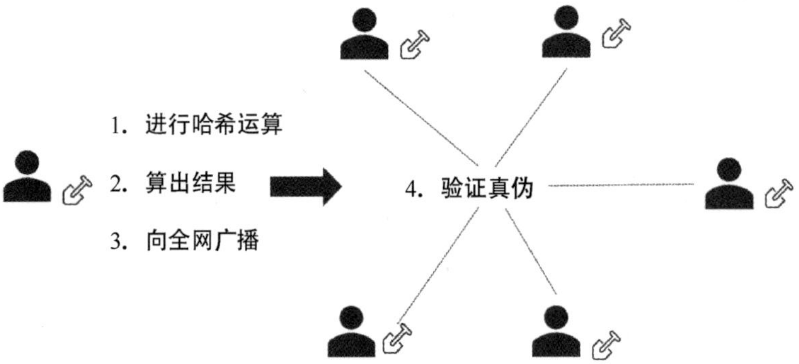

图 5-1

PoW 算法中最基本的技术原理是使用哈希算法。假设求哈希值 Hash(r)，若原始数据为 r（raw），则运算结果为 R（Result）。

```
R = Hash(r)
```

哈希函数 Hash()的特性是，对于任意输入值 r，得出结果 R，并且无法从 R 反推回 r。当输入的原始数据 r 变动 1 比特时，其结果 R 值完全改变。在比特币的 PoW 算法中，引入算法难度 d 和随机值 n，得到以下公式：

```
Rd = Hash(r+n)
```

该公式要求在填入随机值 n 的情况下，计算结果 R_d 的前 d 字节必须为 0。由于哈希函数结果的未知性，每个矿工都要做大量运算之后，才能得出正确结果，而算出结果广播给全网之后，其他节点只需要进行一次哈希运算即可校验。PoW 算法就是采用这种方式让计算消耗资源，而校验仅需一次。

5.1.2 PoS算法

PoS 算法要求节点验证者必须质押一定的资金才有挖矿打包资格，并且区域链系统在选定打包节点时使用随机的方式，当节点质押的资金越多时，其被选定打包区块的概率越大。例如，某个节点拥有整个区块链系统5%的股份，则这个节点在下一个出块周期里，将有5%的概率打包出块。

如图5-2所示，节点通过PoS算法出块的过程如下：普通的节点要成为出块节点，首先要进行资产的质押，当轮到自己出块时，打包区块，然后向全网广播，其他验证节点将会校验区块的合法性。

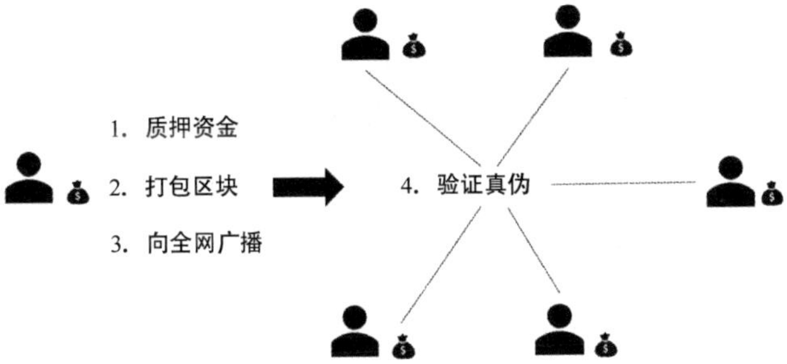

图5-2

5.1.3 DPoS算法

DPoS 算法和 PoS 算法相似，也采用股份和权益质押。但不同的是，DPoS 算法采用委托质押的方式，类似于用全民选举代表的方式选出 N 个超级节点记账出块。

如图5-3所示，选民把自己的选票投给某个节点，如果某个节点当选记账节点，那么该记账节点往往在获取出块奖励后，可以采用任意方式来回报自己的选民。这 N 个记账节点将轮流出块，并且节点之间相互监督，如果其作恶，那么会被扣除质押金。

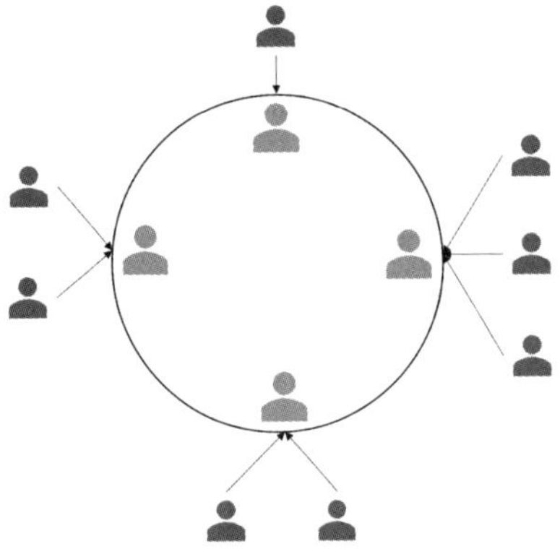

图5-3

5.1.4 PBFT 算法

PBFT 算法解决了拜占庭将军问题。拜占庭是古代东罗马帝国的首都，为了防御在每块封地都驻扎一支由单个将军带领的军队，将军之间只能靠信差传递消息。在战争时，所有将军必须达成共识，决定是否共同开战。但是，在军队内可能有叛徒，这些人将影响将军们达成共识。拜占庭将军问题是指在已知有将军是叛徒的情况下，剩余的将军如何达成一致决策的问题。

1982 年，莱利斯·兰波特（Leslie Lamport）等在论文 *The Byzantine Generals Problem* 中证明当将军总数大于 $3f$，背叛者数为 f 或者更少时，忠诚的将军可以达成命令上的一致，即 $3f+1 \leqslant n$，算法复杂度为 $O(n^{f+1})$。

米格尔·卡斯特罗（Miguel Castro）和芭芭拉·利斯科夫（Barbara Liskov）在 1999 年发表论文 *Practical Byzantine Fault Tolerance* 提出 PBFT 算法。该算法的容错数量也满足 $3f+1 \leqslant n$，算法复杂度为 $O(n^2)$。该算法能提供高性能的运算，使系统可以每秒处理上千次请求，这比旧系统快了一些。

如图 5-4 所示，PBFT 算法的共识过程如下：客户端（Client）发起消息请求（request），并广播转发至每一个副本节点（Replica），由其中一个主节点（Leader）发起提案消息 pre-prepare，并广播。其他节点获取原始消息，在校验完成后发送 prepare 消息。每个节点收到 $2f+1$ 个 prepare 消息，即认为已经准备完毕，并发送 commit 消息。当节点收到 $2f+1$ 个 commit 消息时，我们就认为该消息已经被确认完成（reply）。

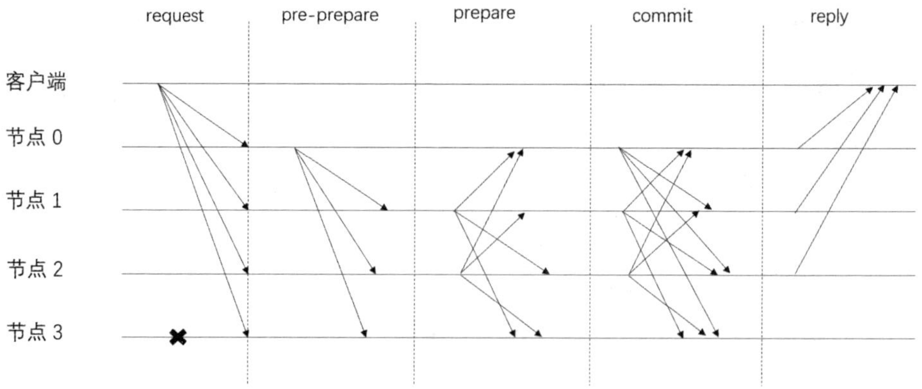

图 5-4

5.2 Firework共识算法介绍

区块链能够解决价值流通过程中的信任难题，让参与者之间的信任变得简单。这关键在于区块链的参与者能记录相同的数据，并且数据不可篡改。共识算法能保证所有节点执行一致的操作，确保参与者记录相同的数据，使得参与者无须通过一个中心化的第三方来协同工作，只需信任区块链上的数据。

随着商业应用不断落地，区块链的用户数与交易数剧增，对区块链共识算法的可靠性、安全性与性能的要求越来越高。现有的典型共识算法已经无法满足需求，主要体现在以下几个方面。

（1）PoW 算法：以比特币为代表的经典“挖矿算法”，通过哈希运算进行区块生产，全网进行统一记账验证，算力是该算法的核心。优点是去中心化的程度高、安全性高，但面临着高能耗、交易高延时和低吞吐量等缺点。比特币是最典型的 PoW 共识系统，交易性能最高为 7TPS。

（2）PoS、DPoS 算法：出块速度较快，但是安全性有待考验。

（3）PBFT 算法：有较低的延时和较高的吞吐量，是一种传统的基于消息传递的分布式一致性算法，并不是为区块链而生的，不能动态更新记账节点，主节点不能基于某种规则动态改变，并且随着节点数量增多，共识效率急剧降低。

商用区块链系统要求在满足去中心化的基础上，提供低延时、高吞吐量，以及强一致性。这对共识算法提出了更高的要求，本章介绍一种 Firework 共识算法，其具有去中心化和高性能的特性。

5.2.1 概述

在区块链共识算法中，去中心化、高性能和安全性通常无法同时达到最优，现有的共识算法往往都在某一个方面做了权衡，单独优化一种特性容易，但如何在保证安全性的前提下，同时满足去中心化和高性能的需求，一直是共识算法的研究难点。本节提出一种创新的双层共识算法 Firework，它在实现高性能、强一致性的同时，融合了去中心化的特性，适用于各种商业应用场景。

Firework 共识算法的整体架构如图 5-5 所示。区块链系统的 Firework 共识算法分为验证节点池选取和拜占庭容错（BFT）算法两个部分。用户通过验证节点池选取协议投票产生记账节点集合，随后再由被选出来的验证节点通过改进后的拜占庭容错算法共识产生区块，从而能够同时兼顾去中心化、高性能及安全性。

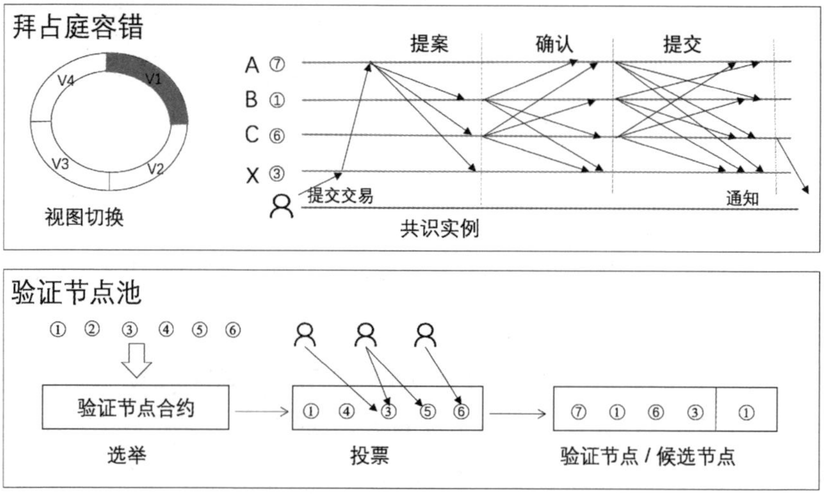

图 5-5

Firework 共识算法结合区块链和商业应用需求，优化拜占庭容错算法的流程，设计出了适用于区块链的共识算法，该共识算法具备以下 3 个特性：

（1）去中心化。

（2）高性能。

（3）安全可靠。

下面将深入探讨 Firework 共识算法是如何同时提供去中心化和高性能特性的。

5.2.2 结合验证节点池选取协议的 BFT 算法

在分布式系统中，节点故障、网络故障、恶意攻击很常见，它们会造成消息没有发送、发送不及时，甚至发送错误，使得不同节点执行不同的操作，从而破坏了系统的一致性。如何在这种异常情况下达成一致，执行相同操作的问题被称为拜占庭将军问题，该问题由莱斯利 • 兰波特（Leslie Lamport）、罗伯特 • 肖斯塔克（Robert Shostak）和马歇尔 • 皮斯（Marshall Pease）在 1982 年提出。解决该类问题的算法通常被称为拜占庭容错算法，这类算法具有容忍通信故障、节点失效，甚至恶意攻击的能力。区块链作为一种分布式记账系统，所有节点都需要记录相同的数据才能确保记录可靠，因此，非常需要一种可以容忍拜占庭错误的共识算法。

PBFT 算法是一种实用拜占庭容错算法，由米格尔·卡斯特罗（Miguel Castro）和芭芭拉·利斯科夫（Barbara Liskov）在 1999 年提出，在保证安全性和可用性的前提下，提供 $(N-1)/3$ 的容错性（N 为参与共识的节点总个数），其性能远超 PoW 算法，安全性也非 PoS 算法可比。但 PBFT 算法并非专为区块链系统而设计，它存在通信效率低、数据冗余、去中心化较弱等问题，无法满足区块链系统的要求。如果能针对区块链系统的应用场景，通过优化算法流程去芜存菁，并且动态选取验证池解决上述问题，就能在获得 PBFT 算法的高性能、安全可靠、强一致性等特性的同时满足去中心化的要求。Firework 共识算法针对上述问题提出了以下解决方案：

（1）通信效率低、数据冗余的问题可以通过优化算法流程和消息存储等解决。

（2）去中心化弱的问题来源于共识集合固定及主节点在正常情况下维持不变，可以通过动态选取共识集合和主节点来避免。

通过对 PBFT 算法做一系列改进，我们可以设计出高性能的算法 BFT。

5.3 高性能算法BFT

5.3.1 系统模型

区块链系统是一种分布式系统，共识算法运行的环境类似于分布式系统的执行环境，要保证共识算法的安全性和可靠性，不可避免地要解决拜占庭将军问题。BFT 算法是一种拜占庭容错算法，在拜占庭容错系统模型下实现，拥有 N 个节点的拜占庭容错系统模型可以定义为：

（1）所有诚实的参与者使用相同的输入信息，产生一致的结果。

（2）如果输入的信息正确，那么所有诚实的参与者必须接受这个信息，并计算相应的结果。

（3）在拜占庭容错系统的实际运行过程中，一般假设整个系统中发生故障的

服务器不超过 f 台，并且每个请求还需满足以下两个指标：

① 安全性（Safety）：任何已经完成的请求不会被更改。

② 活跃性（Liveness）：可以接受并执行诚实的参与者的请求，不会被任何因素影响而导致请求不能被执行。

系统假设条件包括以下几个：

（1）节点的行为是任意的。

（2）节点错误是不相关的，节点可以安装不同的操作系统，部署不同的软件版本。

（3）节点之间通过异步网络连接，节点的网络消息可能丢失、乱序到达、延时到达。

（4）第三方可以知晓节点之间传递的消息，但不能更改、伪造消息的内容或从摘要中计算原始信息。

5.3.2 状态机副本协议

在分布式系统中，实现可容错服务的方法通常是实现一个状态机副本（State Machine Replication）协议，复制单机状态下的服务到多个副本节点，并协调多个副本为用户提供统一请求响应。传统的状态机副本协议主要包含以下 3 个协议。

（1）一致性（Agreement）协议。

（2）检查点（Checkpoint）协议。

（3）视图变更（View-Change）协议。

在实现区块链系统的状态机副本协议时，针对上述的内容可以做出如下优化：主节点在正常情况下执行一致性协议；在主节点故障或者主节点正常轮换的时候执行视图变更协议，删除检查点协议机制，因为每轮共识后节点的状态是稳定状态，没有数据库或存储系统中快速恢复的需求，所以没有必要再加入专门针对稳定状态的检查点协议流程。

下面将对一致性协议和视图变更协议分别进行阐述。

1. 一致性协议

一致性协议的目标是使来自普通用户的请求在每个服务器上都按照一个确定

的顺序执行。一致性协议通常至少包含 3 个阶段：提案（Propose）阶段、确认（Confirm）阶段、提交（Commit）阶段。与其他分布式系统中的一致性协议不同的是，在拜占庭容错算法中加入了二次确认的提交阶段，以确保每个节点的操作一致，不会出现只有部分节点提交造成整体不一致的情况。

实现一致性的方法是节点之间通过协议传播自己获得的消息，并根据自己收集的消息判断是否发送确认或者提交消息。系统状态将在 3 个阶段中迁移，节点只需判断收到的消息是否足够，就可以自动进入下一个阶段，3 个阶段完成代表着共识成功。

区块链系统的共识一般涉及 4 种角色：

（1）区块链的使用者，即普通用户。

（2）在共识过程中打包区块的主节点。

（3）参与共识过程的副本节点。

（4）在共识过程中出现的故障或作恶（Fault）节点。

在普通用户提交交易后，这些节点通过 3 个阶段对交易集合达成一致。如果在共识过程中，副本节点发现主节点不作为或作恶，那么发起视图变更流程选举下一个主节点。当大多数节点投票选举了下一个主节点时，视图变更成功。假设区块链系统的节点总数为 N，那么 BFT 算法能容忍的作恶节点个数为 $f=(N-1)/3$，大多数节点的个数为 $N-f=2f+1$。

共识节点如何通过 3 个阶段达成一致呢？

在 BFT 共识过程中，对符号表达式和专业名词定义如下。

（1）<>：表示有多个属性的对象。

（2）σ：表示对消息的签名，其下标 c 表示客户端（Client），$\sigma_{1\ldots n}$ 表示有 n 个节点的消息签名列表。

（3）Q_{size}：表示法定集合数，size 表示总的共识节点数，共识状态机收到该数量的消息后即可进入下一个状态。

（4）Func(x)：表示对 x 进行 Func 功能的操作，比如 Hash(Tx) 表示对序列化的交易值进行哈希运算。

下面描述具体的流程。

（1）用户签名交易，通过钱包客户端广播交易请求。定义交易 $Tx = < REQUEST > \sigma_c$，REQUEST 为用户请求内容。

（2）附带签名的完整交易数据，通过 P2P 网络广播，网络中的节点在收到交易，并判断满足以下条件后对交易进行转发：

① 节点之前没有收到过这笔交易。

② 判断交易的各个参数是合法的。

③ 交易发起人有足够的余额支付手续费。

④ 目前，缓存队列还有空闲，并且该交易发起人在缓存队列中的交易数没有超出阈值。

（3）主节点把交易加入缓存队列，在新一轮共识开始后做以下处理：

① 创建 CONSENSU-VALUE 对象：

<CloseTime,BlockSeq,TxSet,LastBlockHash,LastBlockProof>

- CloseTime：区块生成时间。
- BlockSeq：区块高度。
- TxSet：本轮共识将要打包的交易集合。
- LastBlockHash：最新区块的哈希值。
- LastBlockProof：生成最新区块的证据，主要包括各个共识节点的签名消息。

② 按照交易在缓存队列中的优先级，依次取出交易加入 TxSet。

③ 判断 TxSet 的大小是否超出阈值，超出后则跳出本次处理流程，进入下一步。

（4）主节点预执行交易集合。

① 如果其中的交易执行超时或者失败，那么把交易剔出 TxSet。

② 如果 TxSet 执行的总时间超过 5s，那么对 TxSet 减半处理，并且再次预执行该 TxSet。

（5）主节点封装 PROPOSE 消息并签名<ProposE, v, BlockSeq, TxSet, Hash(Tx), Round>σ_i，接着广播消息。Round 的初始值为 0，当主节点发现在 5s 内共识未达成时，递增 Round 值并广播。共识超时时间设定为 30s，超过 30s，未达到共识最终状态 Commited 的节点会发起视图变更流程。

（6）副本节点（共识算法的副本节点）监听网络并接收 PROPOSE 消息，在发出 PRE-COMMIT（预确认）消息前，先判断该消息是否符合以下条件：

① 签名正确，对应的共识节点在列表之中。

② 消息视图序号 v 与当前状态的视图序号一致。

③ 预执行 TxSet，且执行成功。

④ 在此之前，副本节点没有收到过其他的 PROPOSE 消息，视图序号 v 和 BlockSeq 的值与这条 PROPOSE 消息里相对应的值相同，而与 TxSet 的值不同。

⑤ BlockSeq 在一定范围之内。

（7）当副本节点判断 PROPOSE 消息满足以上条件后，封装 COMMIT 消息并签名< CONFIRM,v, BlockSeq,Hash(TxSet)>σ_i，随后发送该消息。

（8）副本节点监听网络并接收 CONFIRM 消息，在发出 COMMIT 消息前，先判断 CONFIRM 消息的有效性：

① 签名正确，对应的共识节点在列表之中。

② 消息视图序号 v 与当前状态的视图序号一致。

③ 在此之前，副本节点没有收到过与该消息冲突的 CONFIRM 消息，判断冲突的条件是：视图序号 v 和 BlockSeq 的值与这条 CONFIRM 消息里相对应的值相同，而与 TxSet 的值不同。

④ BlockSeq 在预设的范围之内。

（9）在满足以上条件后，当前节点会把消息加入 CONFRIM 缓存队列。在消息视图序号 v 下，当 BlockSeq 的缓存已经有 $Q_{size}-1$ 的节点签名 CONFRIM 消息后，该节点发出 Commit 消息<COMMIT,v,BlockSeq,Hash(TxSet)>σ_i。

（10）副本节点监听网络并接收 COMMIT 消息，先判断 COMMIT 消息的有效性，其过程参考步骤（8）中对 CONFIRM 消息有效性的判断。

（11）在副本节点判断 COMMIT 消息有效后，当前节点把消息加入 COMMIT 缓存队列，在 COMMIT 消息的个数达到了 Q_{size} 后，本轮共识完成。

（12）下一轮共识进入序号为 v+1 的视图。

在每个区块打包完成后视图都会变更一次，即主节点会按预设规则变更一次。这确保了不会有某一个节点长期担任主节点，同时为了提高可用性，BFT 算法在正常共识流程中加入了超时重发机制，提高了网络层面的消息传达率。

2. 视图变更协议

在主节点故障的情况下，区块可能并没有在规定的时间内生成，此时需要更换主节点以继续共识，更换主节点的协议即视图变更协议。视图变更协议与一致性协议执行流程类似，新的主节点按照预定的规则接管提案权，如果存在已经确认好而未提交的提案，那么将该提案继续执行提交流程，否则构造新的提案，在新的视图下执行一致性协议。

在 BFT 算法中，为了避免某个节点长期占有出块权利，除了在主节点故障的情况下会执行视图变更协议，在正常情况下也会进行视图变更以平均分配打包权利。

在主节点故障的情况下的视图变更步骤如下：

（1）节点设置当前共识为不活跃状态，如果当前有 Confirmed 状态的 TxSet，那么把该 TxSet 加入新视图的第一个 TxSet。

（2）节点创建 VIEW-CHANGE 消息<VIEW-CHANGE,<v,BlockSeq, Hash (TxSet), ReplicaId> σ_i , ConfirmedSet> σ_i 。

（3）副本节点监听网络并接收 VIEW-CHANGE 消息，判断该消息的有效性，过程如下：

① 签名正确，对应的共识节点在列表之中。

② 接收的视图序号 v 比节点状态保存的视图序号大 1。

③ 当 Hash(TxSet)不为空时，ConfirmedSet 是该 TxSet 达成 Confirmed 状态的证据。此处与 PBFT 算法不同的是，使用的是 Hash(TxSet)，而不是包含整个 TxSet

的 REQUEST 消息。原因是当上一轮的共识达到了 Confirmed 状态时，每个节点都会包含完整的 REQUEST 消息，而接下来当前节点将打包 Q_{size} 个 VIEW-CHANGE 消息，消息尺寸会急剧增大。针对这个过程，BFT 共识算法重新优化了 VIEW-CHANGE 消息，把 REQUEST 消息分离出 VIEW-CHANGE 消息，这样 NEW-VIEW 既可以保证消息的有效性，又可以减少消息的尺寸。

（4）BFT 算法为了简化视图变更协议，提高效率，主节点的选取是根据固定规则自动选择的，如 ReplicaId = v % N，ReplicaId 表示新的主节点。当新的主节点接收到 $2f+1$ 个 VIEW-CHANGE 消息后，创建 NEW-VIEW 消息<NEW-VIEW, v+1, ViewChangeSet, ConfirmedSet>σ_i, ViewChangeSet=<<v+1, BlockSeq, Hash(TxSet), ReplicaId>$\sigma_{1...n}$>。

（5）在广播 NEW-VIEW 消息后，节点状态的视图序号变成 $v+1$。

（6）副本节点监听网络并接收 NEW-VIEW 消息，同样判断该消息的有效性，过程如下：

① 参照步骤（4）中 VIEW-CHANGE 消息检查流程对 ViewChangeSet 集合中的每个元素进行校验。

② 视图序号 v 比节点状态保存的视图序号大。

③ 在 ViewChangeSet 集合中元素个数必须大于或等于 $2f+1$。

④ 在满足上述条件后，副本节点状态的视图序号变成 v。

在主节点故障时的 VIEW-CHANGE 流程属于故障处理流程，共识将暂时停止。为了提高可用性，可以在正常的 VIEW-CHANGE 流程中加入多个超时重发机制，这样提高了网络层面的消息传达率。

正常情况下的视图变更不涉及故障，无须执行视图变更的投票和确认流程，只需在区块打包完成时自动增加视图序号，变成 v+1，主节点角色将会自动轮转到新的共识节点。

5.3.3 Quorum 机制

Quorum 机制是一种分布式系统中常用的，用来保证数据冗余和一致性的投票算法。在拥有 N 个节点的拜占庭容错系统中，需要同时满足安全性（Safey）和活跃性（Liveness）以确保系统的正确性。假设 f 为容错节点数，Q_{size} 为 Quorum 机制中所需的投票数。

（1）对于安全性来说，要求 $2Q_{size} - N > f$，即如果一个提案形成了两种不同的共识结果，那么肯定存在超过 f 个故障节点。也就是说，在容错节点数为 f 的情况下，系统不会同时对两个提案达成共识。

（2）对于活跃性来说，要求 $Q_{size} < N - f$，即达成共识所需的参与者数少于诚实的节点数。

消去上述两式中的 N，可得 $Q_{size} > 2f$，Q_{size} 的最小值为 $2f+1$，即拜占庭容错系统达成一致所需的最小投票数为 $2f+1$，即 $Q_{size} = 2f + 1$。

由于系统节点数 N 不一定满足 $N\%3 = 1$，当 $N\%3 = 0$，$N = 3f + 3$ 时，为了确保没有超过 f 个故障节点，Q_{size} 必须满足 $Q_{size} = 2f + 3$，而达成共识所需的人数越多，通信消息的内容将越多，延迟也越高。为了尽量提高区块链网络的可用性和性能，BFT 算法对 Q_{size} 的定义如下：

（1）当 $N = 3f + 1$ 时，$Q_{size} = 2f + 1$。

（2）当 $N = 3f + 2$ 时，$Q_{size} = 2f + 2$。

（3）当 $N = 3f + 3$ 时，$Q_{size} = 2f + 2$。

5.3.4 超时处理

在拜占庭容错算法中，信息都是通过广播的方式来确保传递给所有节点的，而区块链底层使用 P2P 协议进行通信，消息的传递可能经过了多次转发，确保消息的可达性和时效性得到满足是拜占庭容错算法能够提供高性能的关键。

BFT 算法优化了 P2P 通信层以及共识层的消息传递方式，同时在正常的共识流程和视图变更流程中添加了多个超时处理机制，提高了网络层面的消息传达率。

5.4 安全、高效的验证池选取算法

拜占庭容错算法需要进行多轮投票，并且信息是以广播的方式在网络中传播

的，所以随着参与者数量的增加，网络带宽和延时将成为性能瓶颈。同时，参与者的节点性能如果差异太大，就将造成整体性能不理想。达到最优性能的方式是限制参与者的数量，同时给系统添加准入门槛，以避免低性能的节点参与到系统中造成整体性能下降。这种方法虽然能确保拜占庭容错算法性能达到最优，但同时意味着系统中记账节点参与者的数量是受限的，不具备去中心化的特性。如何让拜占庭容错算法既提供高性能，又具有去中心化的特性呢？

如果能动态地变更参与共识的节点集合，确保系统中所有参与者都能有相同的权利参与记账，那么拜占庭容错算法的中心化问题将得到解决。动态选取记账节点需要确保足够随机，要保证公平性，使得每个节点被选中的概率近似相同。动态选取记账节点主要有两种方法：

（1）随机选取。

（2）投票选取。

随机选取可以保证公平性，如何选取随机种子是关键，一些区块链系统往往设计了复杂的机制来保证验证池选取的随机性和公平性；投票选取需要足够的参与者才能代表大多数人的意见，许多实行超级节点机制的区块链系统投票率低下，中心化特性明显。Firework 共识算法设计了一种通用的验证池选取算法，在提供公平性的基础上，确保了系统运行可靠。

5.4.1 动态选取模型

一个良好的运行机制首先应该构造一个模型，标识所有的参与者，以及参与者之间的操作关系。

记账节点的选取并非一次性的工作，区块链系统的参与者是动态变化的，意味着选取机制的运行环境是变化的，所以记账节点需要动态选取。此外，选取机制运行在拜占庭系统模型下，意味着参与者的行为是任意的，所以必须设定准入门槛。

Firework 共识算法通过准入门槛进入候选节点（候选记账节点或者候选生态节点）列表后，应当有一种保证公开并且公平的方式来进行记账节点的选取，通常有链上选取或者链下选取两种方式：

（1）链上选取可以通过智能合约执行预设的规则完成，但缺乏逻辑变更的简便性，如果选取机制或合约代码有漏洞，那么将无法处理。

（2）链下选取意味着需要有人来维护选取机制的运行，不易于管理维护，并且无法确保完全公正。

智能合约自动执行的特性非常适合实现公平的在线选取，Firework 共识算法通过智能合约实现了链上选取，同时分离了智能合约的逻辑部分和数据部分，使用委托调用的方式使得选取逻辑能够动态更新，因此避免了选取机制或合约代码的漏洞问题。

记账节点在区块链系统中代表着记账的权利，对是否打包区块有着投票权，是核心参与者，但同时也要付出硬件成本、能源消耗以及验证交易等代价。如果付出的代价与获得的权利不相等，那么参与者没有成为共识节点的动机，所以通常需要一个激励机制来弥补权利和义务的不对等。

总的来说，动态的验证池选取模型应该包含以下部分：

（1）角色划分。

（2）准入和退出机制。

（3）选取机制。

5.4.2 角色划分

要选取出拜占庭容错算法中的节点，首先应该有记账节点和普通节点两种角色；其次在选取过程中需要有角色负责审核申请者的进入和退出，以及恶意节点的废除操作，所以需要有一个不涉及利益的机构，这种机构称为委员会。为了鼓励没有独立服务器，但也为整个区块链系统做出贡献的群体，Firework 共识算法提出了生态节点的角色。记账节点与生态节点统称为共识节点。总的来说，Firework 共识算法在选取模型中划分了 4 类参与者：

（1）普通节点。在区块链上拥有账户，拥有选取权和被选取权。

（2）记账节点。Firework 共识算法中参与共识、打包区块的节点，需要独立的服务器参与记账。

（3）生态节点。Firework 共识算法中完善商用区块链生态，促进区块链良性发展的节点。

（4）委员会。负责审核候选记账节点和候选生态节点的加入和退出，更改共识相关配置，维护共识网络和社区治理的公平和公正，并且无利益相关。

5.4.3 准入和退出机制

共识节点的选取需要设定门槛，可以使用质押金的方式，也可以使用其他信用保证方式。一旦有了质押或者信用保证，作恶将不再没有代价。

准入流程如下：

（1）申请成为候选节点。

（2）委员会审核节点的服务器、质押金、信用记录等。

（3）委员会根据审核结果各自投票，若 2/3 以上同意则审核通过。

退出流程如下：

（1）候选节点申请退出。

（2）所有候选者查看该节点近期是否有作恶行为，如果有作恶行为，那么提出废止申请，执行恶意节点废止流程。

① 候选者申请废止恶意节点。

② 委员会针对废止申请各自审核并投票，如果 2/3 以上同意，那么废止该节点，并扣除全部质押金。

③ 如果在一定时间内废止申请未通过，那么返还质押金。

如果在一定时间内没有人提出恶意节点废止申请，那么自动返还质押金。

5.4.4 选取机制

动态验证池选取离不开一个公平、可靠的选取机制，这个机制是整个动态验证池选取的核心。Firework 共识算法使用智能合约实现了在线动态选取的机制，分离了选取逻辑部分和数据部分，使得选取逻辑可以动态更新。选取方法通常有投票选取和随机选取两种方式，在区块链上实现随机选取较难，因为分布式系统从验证节点池集合中随机选取一部分验证节点本身就是一种共识的实现方式，而投票选取相对来说易于操作实现。下面以投票选取为例来分析选取机制如何实现。

投票选取的大致流程分为质押申请、委员会审核、用户投票、打包区块，如图 5-6 所示。

（1）用户通过质押申请成为候选人。

（2）委员会审核候选人是否符合准入条件，若 2/3 的委员会成员同意，则表示通过。

（3）用户对候选人进行投票。

（4）投票排名靠前的候选人成为共识节点。

（5）记账节点参与打包区块，生态节点为区块链做其他贡献。

投票选取机制是实时动态的，某一个节点可能当前是共识节点，在下一个区块打包时可能因为票数落后而退出共识节点集合。质押申请、委员会审核、用户投票 3 者保证了选取机制公平和可靠。然而，投票选取需要足够多的参与者才能确保共识节点的选取代表大多数人的意志，并确保整个机制去中心化。

Firework 共识算法设计了一个激励模型来确保用户积极参与共识节点的投票选取，确保所有参与者都能通过选取过程获得一定的利益。不论是联盟链还是公共区块链，一个有效的激励模型都能让区块链系统更加完善。激励可以来源于区块奖励，也可以来源于参与者共同设立的公益基金。激励是按比例分配给积极参与、促进系统稳定运行的参与者的。图 5-7 为一个公共区块链系统中的激励模型。

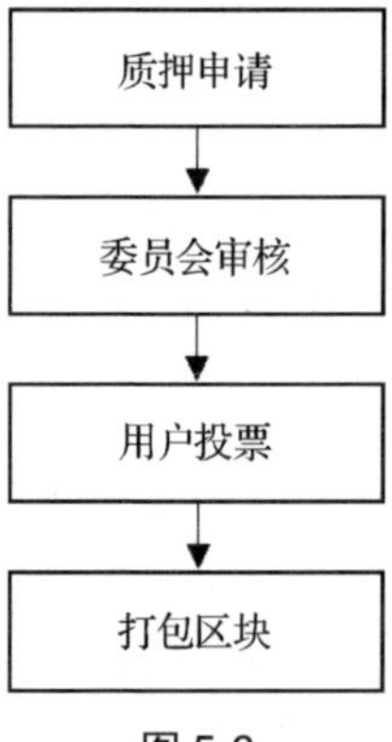

图 5-6

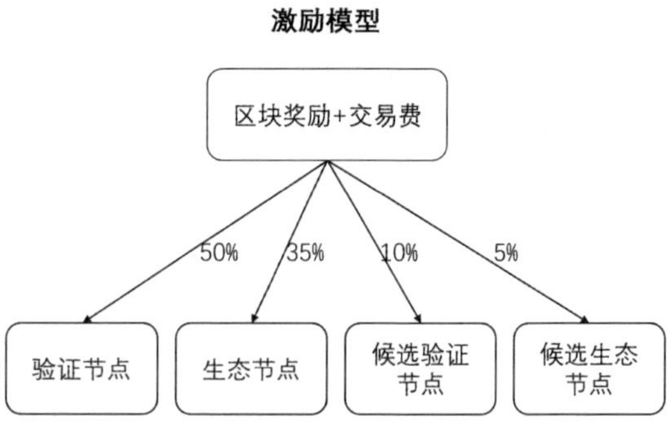

图 5-7

在区块链的激励模型中，对用户来说，用户投票的节点当选之后，当选节点会给用户一部分奖励。对参选者来说，不论是候选人还是当选者都能获取到一定的收益。区块奖励按角色的重要程度分配，比如把50%分配给验证节点集合，为了避免每类角色内部进行无效的竞争，集合内部将平分收益，比如验证节点集合将平分50%的区块奖励。

总的来说，Firework 共识算法的动态选取机制具有以下特点：

（1）低耦合、模块化，通过智能合约实现动态选取机制的主体逻辑。

（2）分层设计，通过智能合约动态选取共识节点，选取的记账节点实时更新到 BFT 算法模块，新的记账节点立即参与下一个区块的共识。

（3）保证资金安全，记账节点的资金账户地址与签名共识消息的物理地址分开，节点服务器上不保存与资金账户相关的私密信息，资金账户的密钥无泄露风险。

（4）逻辑功能可在线更新，通过智能合约委托调用方式实现，更新逻辑合约地址即可实现动态选取逻辑的在线升级，这种方式易于维护和升级。

5.4.5 配置更新

前面提到，Firework 共识算法使用智能合约实现了在线动态选取节点的机制，并且分离了选取逻辑部分和数据部分，使得选取逻辑可以动态更新。智能合约确保了整个选取机制的公开，选取过程接受所有用户的监督，质押金或者其他信用保证也由智能合约管理，以免其丢失或被随意使用。

区块链系统的各种配置（如共识节点和候选节点的数目、共识的周期、是否要质押权益以防止作恶以及质押权益的数额等）都需要根据实际情况做出调整。如果各种配置一开始固定，就会让区块链系统丧失灵活性。Firework 共识算法利用智能合约实现了灵活配置的功能，通过触发智能合约，提出配置变更申请，再经过投票表决变更配置。

如图 5-8 所示，配置变更的提案和投票主要在候选节点范围内进行。也就是说，只有候选节点（包括验证节点）有权发起提案和对提案投票。当候选节点向选举合约发起修改某项配置的操作后，选举合约对修改配置操作审查，审查通过后在合约账户的元数据内为修改配置操作并生成一份提案，供其他候选节点查看提案和投票。在验证节点更新时对提案列表进行检查，清理超过一定时间（默认

15天）还没有通过的提案，若支持者的数量超过候选人总数的2/3，则提案通过，下一轮验证节点更新时使用新的配置。

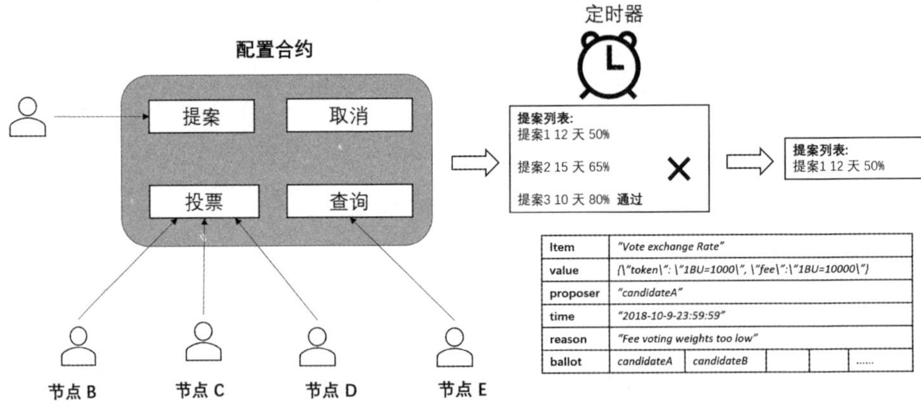

图 5-8

5.5 本章小结

共识算法是区块链系统的核心组成元素，一个优秀的共识算法不仅是去中心化的，而且更加高效、可用。从商用区块链的角度来讲，我们更需要综合考虑这些因素。本章介绍了普通的共识算法（如PoW、PoS、DPoS、PBFT算法），并分析了其不足之处，然后阐述了一种更高效的共识算法Firework。Firework共识算法结合BFT算法和验证节点选取池等思想，让共识机制更加高效、安全、去中心化。

第6章 智能合约

6.1 智能合约概要

智能合约的概念是在 1994 年由计算机科学家和密码学专家尼克·萨博首次提出的，但由于当时缺少可信任的执行环境和系统，智能合约并没有被应用到实际产业中。在 2009 年比特币诞生之时，比特币的交易中带有简单、可执行的脚本，并可以执行简单的逻辑。人们逐渐意识到区块链的底层技术天生可以为智能合约提供可信的执行环境，但是比特币对于智能合约的支持仅仅停留在简易脚本的层面上，不具备图灵完备性，无法实现更复杂的逻辑，所以比特币的脚本只是拉开了基于智能合约的开发应用程序的序幕。以太坊的出现，让智能合约从简单实验到落地应用，对于成熟的区块链技术体系而言，智能合约是一个非常重要的技术特性，也是区块链能够被称为颠覆性技术的主要原因之一。

6.1.1 虚拟机介绍

本节介绍一种区块链智能合约引擎架构 ChainVM（Chain Virtual Machine），其在执行性能、安全性、多语言支持、开发友好、应用扩展等多个方面都有较突出的特性。

ChainVM 的框架如图 6-1 所示，包括去中心化应用（DApp）程序、虚拟机

（VM）、预言机（Oracle）、账本（Bambook）、集成开发环境等。Chrome V8 引擎和 WebAssembly、预言机等多种技术的融合可以实现数据不可被篡改、图灵完备、执行结果一致、数据可交互、合约可交互等特性。ChainVM 不仅对合约调用者、应用部署者友好，而且对合约开发者友好，有利于构建友好型的区块链生态体系。

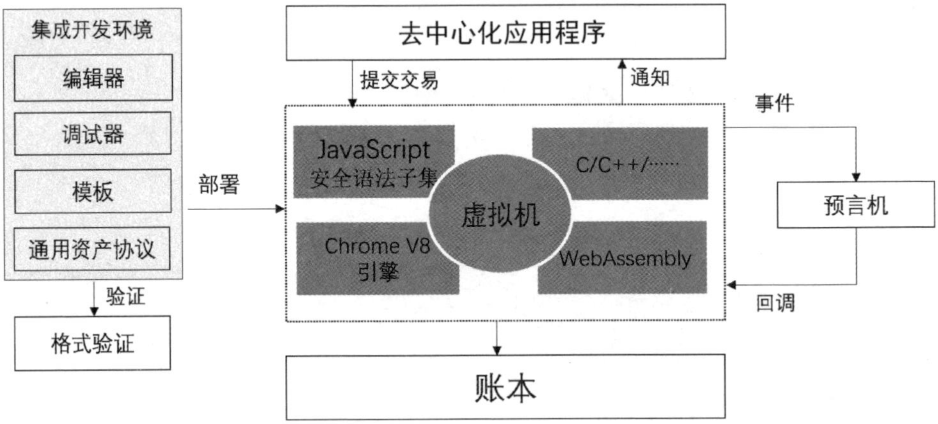

图 6-1

ChainVM 包含以下几个部分：

（1）账本。区块链底层账本的数据存储结构。

（2）预言机。提供了预言机机制，实现了预言机触发合约回调功能，从而建立了合约与外部可信数据的读取通道。

（3）去中心化应用程序。通过去中心化的应用部署，结合区块链系统智能合约实现了丰富的业务逻辑，易于构建一套高效、安全、去中心化的生态友好的去中心化应用程序系统。

（4）虚拟机。集成了 JavaScriptVM、WASMVM 等多种虚拟机引擎，支持 C/C++、JavaScript 等多种语言编写智能合约。

（5）集成开发环境：提供了友好的调试开发环境，让开发者可以便捷地编写和调试智能合约，提供了多样化的合约模板，如资产模板、溯源模板等，让开发者仅填写少量参数，即可快速构建安全、可靠的智能合约。

6.1.2 虚拟机设计的原则

智能合约需要在虚拟机中正确地执行，在设计一台虚拟机时，必须遵循以下几个原则。

1. 图灵完备性

智能合约需要遵循一定的业务规则，如果没有图灵完备性，那么业务将无法实现。

2. 执行结果一致性

智能合约存储在每个节点的区块中，合约也在每个节点上执行，所以需要保证每个节点在同样的输入条件下，得到同样的输出结果。

3. 数据交互性

智能合约需要与区块链数据进行交互。虚拟机需要满足智能合约和区块链的数据交互性或者与其他合约的交互性。

4. 执行可终止

在智能合约执行后，当遇到异常情况时要能及时终止，不能因为用户的合约有问题而导致引擎甚至整个系统崩溃。例如，用户写了一个带有无限循环的语句，虚拟机需要能检测并终止这种异常代码的执行。

6.2 智能合约实现

6.2.1 智能合约介绍

如图 6-2 所示，在区块链系统里，智能合约是存储在区块链上的一段代码，被写在合约的账户里，并且实现特定业务操作，可以被触发执行。智能合约的代码不能被修改，否则将会造成被滥用修改的风险。智能合约使用交易触发执行，并且在每个全节点上都会被执行，如果单个节点作恶，那么该节点的数据失效，不会影响其他节点，这让智能合约的执行具有一致性，且无法作恶，可以利用去中心化的特性保证业务规则的正确性。

如图 6-3 所示，智能合约的执行条件是，当其他账户给这个合约账户转账（BU 原生资产或者 asset 资产）的时候触发执行。智能合约的代码被加载到 ChainVM

中，ChainVM 执行代码，最终将执行的结果写入区块链里，而这个过程将会在所有的节点中执行和存储。

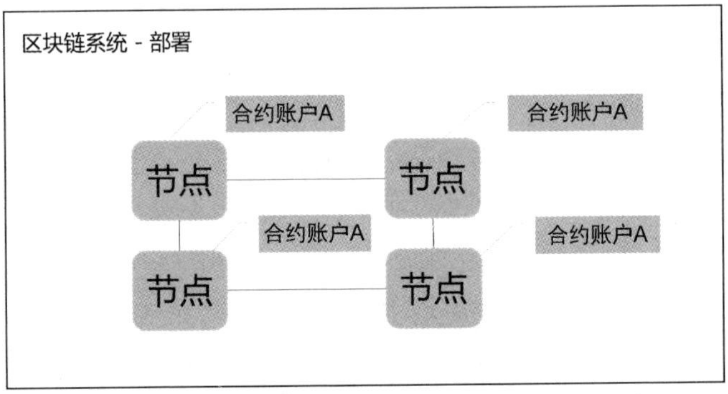

图 6-2

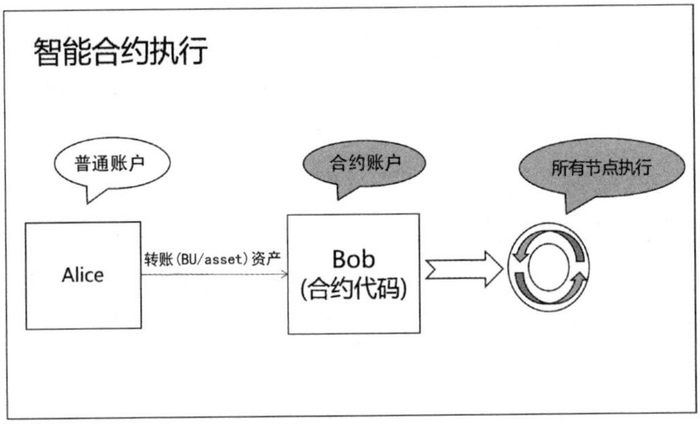

图 6-3

6.2.2　合约执行过程

ChainVM 基于 Chrome V8 引擎和 WebAssembly 技术实现并进行改进和优化，可以更好地满足区块链系统生态友好性的需求。Chrome V8 是由 Google 开发的开源 JavaScript 引擎，可将 JavaScript 代码直接翻译成二进制机器码在物理机上执行，执行效率高；WebAssembly 是一种可移植、加载高效、与平台无关的字节码格式，能在平台上以接近原生的速度执行程序，是一种全新的 Web 标准，由 Google、苹果、微软、Mozilla 等几大公司同时支持和制定。这两项技术可以为 ChainVM 提供良好的基础功能支撑，但是无法直接应用到区块链系统场景，主要应用在合约执行安全、接口权限、合约间交互、异常处理、语法检查等方面。为了便于描述，本节将围绕一个支持 JavaScript 语言的 Chrome V8 引擎来阐述 ChainVM 的实现原理。

如图 6-4 所示，智能合约的执行过程如下：

（1）用户 A 发起签名交易，目标账户为 B，B 为一个智能合约账户，里面存储着智能合约代码。假定此时交易被广播且被打包，节点需要将该交易存储在区块链上，需要对该交易进行回放和演算。

（2）客户端（定义其使用 C++代码实现）调用 Chrome V8 引擎，并把合约代码加载到引擎里执行，在执行的过程中如果遇到内置的接口，就会产生回调函数，调用客户端代码，此时实现了双向交互功能。

（3）合约在执行过程中，有可能产生新的交易，如合约账户 B 在合约内部通过接口对账户 C 进行转账操作，如果账户 C 仅是普通账户，那么只需进行普通转账操作即可；如果账户 C 是一个合约账户，那么将会再次触发新的合约形成一次递归调用。合约调用合约的递归深度为 3 层，超过 3 层将会出错并回退整个交易，这是出于合约实现的复杂度和区块链底层的安全性来考虑与设计的。

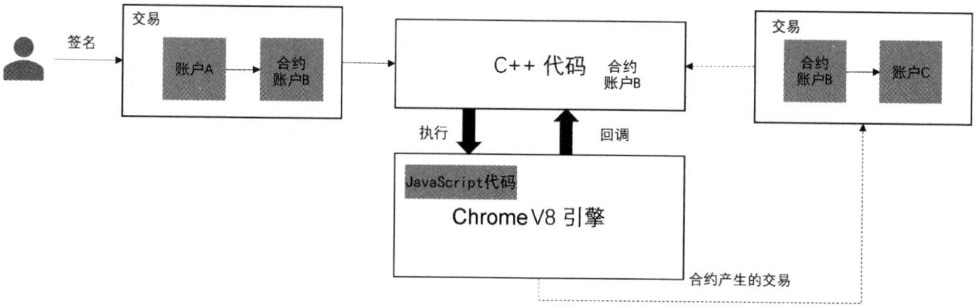

图 6-4

6.2.3 智能合约的安全

智能合约的执行需要考虑更多的安全性，要注意以下几个原则。

1. 增加合约执行的安全性校验

智能合约在执行过程中可能出现安全问题，比如 CPU、内存、堆栈等资源过度消耗和节点执行结果不一致等。为了便于描述，定义如下变量：合约执行步数为 Step，合约栈使用量为 Stack，合约堆使用量为 Heap，合约执行时间为 Time，合约字节数为 Byte，合约间调用深度为 Deep。

（1）如果合约字节数超过 Max(Byte)，那么校验参数失败，无法交易。

（2）如果合约执行步数超过 Max(Step)，那么抛出异常。

（3）如果合约栈使用量超过 Max(Stack)，那么抛出异常。

（4）如果合约堆使用量超过 Max(Heap)，那么抛出异常。

（5）如果合约执行时间超过 Max(Time)，那么抛出异常。

（6）如果合约间调用深度超过 Max(Deep)，那么执行失败。

（7）如果合约抛出异常，那么整个交易失败。

（8）当虚拟机加载智能合约执行环境时，删除不确定因素函数，如随机函数、时间函数。

2. 明确接口权限

智能合约的入口函数需要进行权限限制，目的是防止开发者在入口函数中调用未经授权的内置函数，破坏合约执行内容。ChainVM 优化如下：首先，定义内置函数权限，如只读权限或者可写权限等；然后，定义合约模板的入口函数，包括 main、init、query，三个入口函数拥有不同的权限，同时对入口函数和内置函数进行如下约定：

（1）所有内置函数都拥有固定的只读或者可写权限。

（2）合约入口函数拥有固定的只读和可写权限，main、init 函数拥有可写权限，query 函数拥有只读权限。

（3）只读入口函数只能调用只读的内置函数，否则会执行异常。

（4）可写入口函数可以调用只读和可写的内置函数。

3. 增加合约间的交互操作

实际的应用场景具有合约交互需求，允许合约之间进行相互调用操作，例如，合约 A 调用合约 B 的查询接口，或者合约 A 通过交易的方式触发合约 B 的执行等。

4. 增强异常处理机制

当合约在运行中捕获到异常时，将会进行异常处理，参考 6.3.4 节。

5. 语法安全检查

区块链系统智能合约在编写期间同步进行语法安全检查，以保证代码的质量。如针对 JavaScript 语言有语法约束，参考 6.3.2 节。

此外，ChainVM 提供多语言（如 JavaScript、C、C++、Python、Go 等）支持，可跨平台运行，底层接口丰富、可扩展，同时拥有独立的沙箱环境，确保区块链系统智能合约在隔离环境中安全执行。

6.3 智能合约开发简介

6.3.1 DEMO 介绍

在区块链系统中，合约是账户的属性，定义在 Account 的 contract 字段上，使用 Google Proto Buffer 定义结构体 Contract 如下：

```
message Contract
{
    enum ContractType{
        JAVASCRIPT = 0;
        WASM = 1;
    }
    ContractType type = 1;
    string payload = 2;
}
```

该结构体的参数解释如下：

（1）type 是智能合约引擎的类型，默认为 JavaScript 类型（Chrome V8 引擎）也可以支持 WASM 类型（WebAssembly 引擎）。

（2）payload 是代码内容。

智能合约的编写需要固定的入口函数，否则 ChainVM 将无法找到入口函数。为此，定义了以下几种接口：

（1）init。初始化函数。合约开发者可以在函数内部调用读/写数据的操作，只在智能合约账户被创建时调用一次。

（2）main。执行的入口函数。合约开发者可以在函数内部调用读/写数据的操作，当向该智能合约发起一笔交易时，会触发执行该函数。

（3）query。查询函数。合约开发者可以在函数内部调用读的操作，用于外部查询合约信息使用。

仍以 JavaScript 为例，简化的模板如下：

```
"use strict";
function init(bar)
{
  /*init whatever you want*/
  return;
}

function main(input)
{
  let para = JSON.parse(input);
  if (para.do_foo)
  {
    let x = {
      'hello' : 'world'
    };
  }
}

function query(input)
{
  return input;
}
```

在这份代码里，包含最基本的 3 个入口函数：init、main、query。当然，合约开发者也可以构建自己的函数，并且在这些函数中分别调用，6.3.2 节将介绍合约开发的更为详细的语法规则。

6.3.2 语法介绍

ChainVM 使用 JavaScript 的安全语法子集，禁用以下关键字：

```
"DataView" "decodeURI" "decodeURIComponent" "encodeURI"
```

```
"encodeURIComponent" "Generator" "GeneratorFunction" "Intl"
"Promise" "Proxy" "Reflect" "System" "URIError" "WeakMap"
"WeakSet" "Math" "Date"
```

语法的规则如下：

（1）所有的源代码在开始处必须添加“"use strict";”字段。

（2）在语句块内尽量使用 let 声明变量。

（3）使用“===”代替“==”判断比较；使用“!==”代替“!=”比较。

（4）语句必须以“;”结束。

（5）语句块必须用“{}”括起来，且禁止使用空语句块。

（6）for 的初始变量需在条件语句块之前声明，在每次使用时重新赋值。

（7）禁用“++”和“--”，分别使用“+=”和“-=”替代。

（8）禁止使用“eval”“void”“this”关键字。

（9）禁止使用“new”创建“Number”“String”“Boolean”对象，如果需要使用这些对象，可以直接对其初始化使用。

（10）禁止使用数组 Array 关键字。

（11）禁止使用“try”“catch”关键字，可以使用“throw”手动抛出异常。

6.3.3 内置接口和内置变量

为了便于 ChainVM 和区块链系统内部建立交互关系，需要定义一组接口提供数据的读/写功能，为此，区块链系统需要定义和实现以下功能：

（1）获取账户余额。

（2）写入、删除和获取账户元数据信息。

（3）获取区块信息。

（4）提供一套 64 位数字安全计算的方法。

（5）发起各种类型的交易。

（6）获取当前账户地址、区块高度、调用者账户地址、区块时间戳等。

伪代码接口的示例如下：

（1）getBalance(address);

（2）storageStore(metadata_key, metadata_value);

（3）storageLoad(metadata_key);

（4）storageDel(metadata_key);

（5）getAccountAsset(account_address, asset_key);

（6）getBlockHash(offset_seq);

（7）addressCheck(address);

（8）stoI64Check(str_number);

（9）int64Add(left_value, right_value);

（10）int64Sub(left_value, right_value);

（11）int64Mul(left_value, right_value);

（12）int64Div(left_value, right_value);

（13）int64Mod(left_value, right_value);

（14）int64Compare(left_value, right_value);

（15）toBaseUnit(value);

（16）issueAsset(code, amount);

（17）payAsset(address, issuer, code, amount[, input]);

（18）payCoin(address, amount[, input]);

6.3.4 异常处理

在合约中可以执行多笔交易，只要有一笔交易失败，就会抛出异常，导致整个交易失败。

当合约在运行中出现未捕获的异常时，处理规定如下：

(1）本次合约执行失败，合约中做的所有交易都不会生效。

（2）触发本次合约的这笔交易为失败的交易。

6.3.5 合约创建与执行

智能合约的代码是在创建账户时写入账户的 contract 字段里的，在创建之后不允许修改。

当一个合约账户收到其他账户转移的资产后，该合约账户的代码就会被触发执行（参考 4.4.2 节中转移资产和转移原生资产部分）。定义普通账户 AccountA 和合约账户 AccountB，若 AccountA 想要调用 AccountB 的合约，则执行交易的伪代码如下：

```
Account A(input)->Account B
```

即 A 向 B 发起一笔交易，且填入合约依赖的参数 input。

6.4 智能合约安全开发指南

开发智能合约和开发普通程序有一定的区别，其部署之后无法被修改，甚至很难升级，且数据无法被篡改，因此，开发智能合约需要遵循以下几个原则：

（1）保持合约的简洁。将复杂的逻辑放在外部的应用程序中实现，合约只需要保证基本逻辑正确和重要数据安全。

（2）使用安全计算函数。在对数字的计算上，一定要使用内置接口，以免数字溢出。安全计算函数在遇到溢出问题时，将会通过函数来终止执行，并回退数据。

（3）发布之前一定要充分测试。

（4）对于不可预知的错误，要多使用断言并终止程序。

（5）避免重入攻击。当在合约里调用另外一个合约时，当前合约一定要先改变重要变量的状态，否则另外的合约再次向当前合约发起交易时，会依然使用当前的合约状态。

（6）合约转账尽量由普通用户交易触发。如果用户发起的转账请求失败，那么只会导致当前用户触发的转账无法执行，而不会影响其他人的转账请求或者其他逻辑流程。

6.5 本章小结

智能合约已经成为区块链系统中的基本功能组件，没有智能合约的区块链系统将无法在商用领域中灵活地开展业务。本章介绍了智能合约的基本概念、设计原则和实现原理，结合实际的商业应用领域，介绍了一种区块链智能合约引擎架构 ChainVM，并介绍了其开发流程和编写规范等。

第 7 章

扩容技术方案

7.1 概述

7.1.1 背景

传统区块链难以满足大规模商用的需求，一个重要原因是传统区块链为单链结构，所有的交易和数据信息都在一条单链上进行存储和传输。例如，比特币、以太坊等主流区块链本质上都是单链体系的。随着用户数和交易数剧增，面临的问题日益突出。

1. 单链的吞吐量有限

区块链的吞吐量受限于共识效率、节点性能、传输带宽等多种因素。现有的区块链大都需要按先后顺序处理交易，同时出于安全和去中心化考虑，每个全节点都会执行所有的交易，并存储整棵状态树。如果要提升区块链的性能，就必须要求每个节点都为超级节点。这显然不太现实，所以区块链的吞吐量受限。

2. 单链的存储成本严重制约去中心化程度

规模不断增加的交易和数据块信息使得区块链日益臃肿，它要求每个节点存储所有的数据，随之而来的问题是单个节点的存储成本较高，以至于普通节点难以参与其中，最终导致区块链的去中心化程度较低。

3. 单链体系无法满足业务的多样性

在现实中，商业社会的业务具有多样性，每个领域都有其独立的价值经济体系，单链体系无法满足价值体系多样性的实际需求。比如，有的业务偏于实时，有的业务偏于可靠性需求，显然单链体系无法提供差异性的运行环境。

7.1.2 区块链扩容

为了解决上述问题，亟须提升区块链处理性能和业务灵活性，本质上需要对现有的区块链进行扩容。目前，主流的扩容方案如图 7-1 所示。

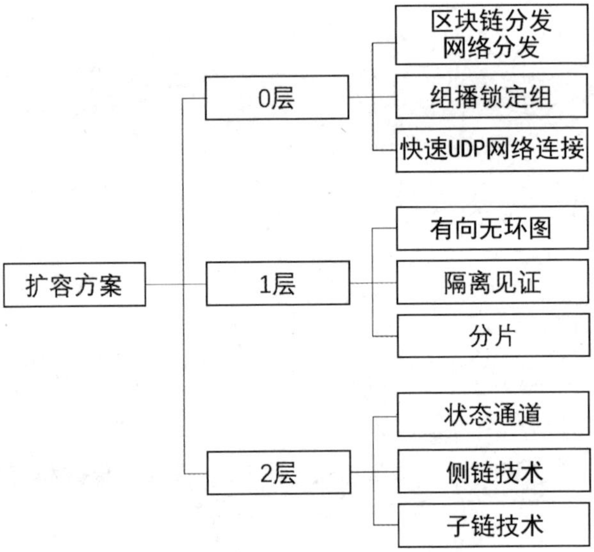

图 7-1

1. 0层扩容方案

这是一种网络优化方案，主要从网络传输方面解决性能问题。例如，区块链分发网络（Blockchain Distribution Network，BDN）分发、组播锁定组、快速 UDP 网络连接（Quick UDP Internet Connections，QUIC）协议等。

2. 1层扩容方案

这是一种对区块链本身的扩容方案，如改变网络、数据、共识等。此类技术包括有向无环图（Directed Acyclic Graph，DAG）、隔离见证、分片等，这种方案能有效地提高单链的性能。

3. 2层扩容方案

这是一种链下扩容方案，这种技术不修改区块链的基本属性，在链下进行运算处理，在链上以智能合约等方式对链下处理结果进行关联。此类解决方案有状态通道、侧链技术、子链技术等，能有效地提高区块链的整体性能。

7.1.3　多链 Orbits 扩容方案

本节介绍一种基于 2 层扩容方案实现的双层多态的主-子链体系 Orbits（多链），让各个业务更加高效地运行在各自的轨道上，业务相互独立且不会受到彼此影响。Orbits 扩容方案不是简单地将一条区块链拆分为多条，而是综合考虑了存储效率、吞吐量、业务差异等因素，为不同业务创建了有差异化特征的子链，并依靠主链进行更高层次的共识验证，在不降低安全性的前提下，提高了区块链的处理性能，并满足了业务的多样性。

7.2　双层多态的主-子链体系Orbits

7.2.1　架构设计

Orbits 扩容方案的设计兼顾区块链处理性能和数据安全两大指标，提出了双层多态的主-子链体系。该体系可以使区块链性能在随着子链及用户规模同步线性增长的同时，不牺牲区块链整体安全性。下面进行详细阐述。

如图 7-2 所示，Orbits 扩容方案采用主-子链体系，让区块链更容易扩展。Orbits 扩容方案将不同业务的交易处理、状态存储、交易下载和广播进行拆分，让不同子链的节点处理各自的业务。Orbits 扩容方案包括两种类型的链：一种是主链（Main Chain），负责子链验证节点选取、子链区块提案人选取、子链状态存储、恶意行为惩罚等；另一种是子链（Child Chain）。在 Orbits 扩容方案中，可以存在多条子链，用户可以根据不同的业务特点搭建不同的子链。不同类型、不同业务的主链与子链体现出多态的特点。

Orbits 扩容方案设计了高可扩展性的账本结构，主链和子链可以共用相同的区块链结构、账户树结构、共识算法体系，以便子链横向扩展。主链和子链是同构链，子链可以不生成原生资产，其链上交易可以进行统一化结算，比如基于主链原生资产进行结算。

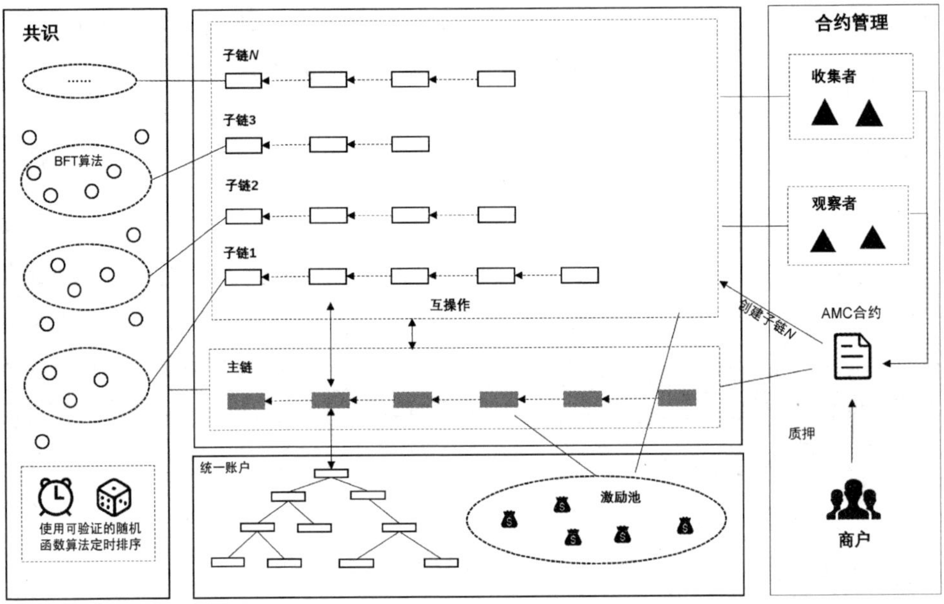

图 7-2

Orbits 扩容方案还设计了多层体系化安全保证机制：在子链验证节点选举过程中采用混洗等机制，使得验证节点在子链上的分布均匀化、随机化；设计了可靠的主-子链的关键数据的关联机制，保证子链数据的安全性与合法性；设计了挑战者机制和子链区块确认机制，有效地抵御了贿赂攻击、恶意提交等攻击行为。

7.2.2 主-子链介绍

Orbits 扩容方案设计了可校验的主-子链关联机制，在无须主链节点存储全部子链数据的情况下仍能正确校验子链数据。

如图 7-3 所示，主链记录子链的区块头关键信息，包括子链的验证节点列表、区块头信息、SPV、跨链收据等。比如，子链区块头信息由角色为提案者（Proposer）的节点提交到主链，主链校验其是否由当前子链验证节点签名，验证合法后将记录在主链，主链保存了从第 1 个区块到第 N 个区块的列表，其中 K 表示待确认区块的个数。

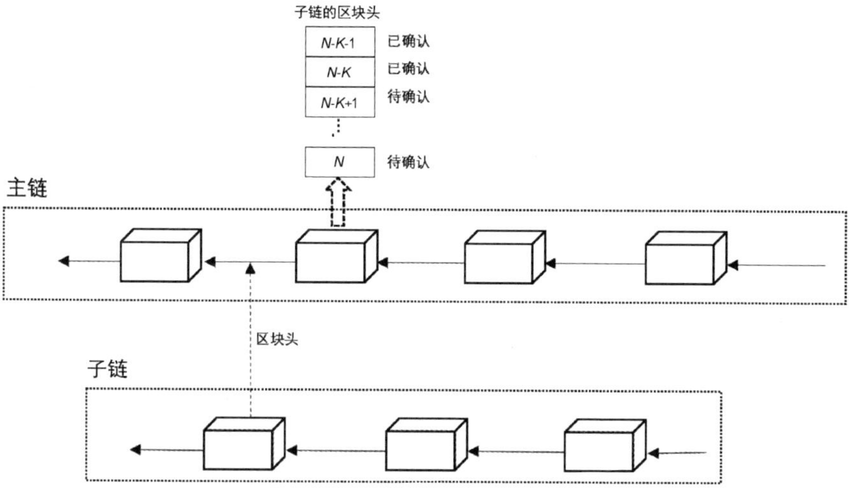

图 7-3

在主链中，子链区块需要被延迟确认。主链在接受子链提案区块后，需要在指定周期内接受挑战者（Challenger）挑战。如果主链没有接受挑战或者挑战失败，那么认为该子链区块合法，并最终完成区块确认；如果主链挑战成功，那么回退至最后一个正确的区块位置。

在双层多态的主-子链体系中，基于统一账本、Firework 共识算法、挑战者等机制，并使用可校验的主-子链关联方式，保证了 Orbits 扩容方案在不降低子链安全性的前提下，提升了区块链整体的性能。

子链在主链上被创建，共有 3 种状态：初始化（Initialized）、运行（Running）、挂起（Pending），如图 7-4 所示。

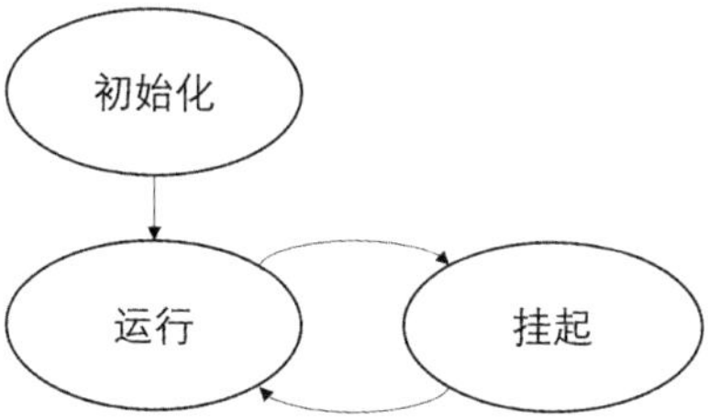

图 7-4

这 3 种状态对应子链的 3 个动作，即子链创建、子链激活、子链挂起。

1. 子链创建

在主链上，用户通过触发交易创建子链，并传递相关的创建参数，如质押金（用于质押）、备付金（用于支付费用）、出块周期等。若创建成功，则被创建的子链进入初始化状态。

2. 子链激活

当主链上的每个 Rotation 周期（子链验证节点变更周期）开始时，如果子链处于初始化或挂起状态并满足激活条件，则被激活，并随机分配验证节点进行子链共识。

3. 子链挂起

当子链在主链上的备付金不足时，子链将会被挂起，其数据将会被存储节点（Archiver）归档。若在下一个 Rotation 周期里激活条件成立，则将重新进入子链激活状态。

7.3 高可扩展性的多链账本

账本是区块链数据存储的关键，随着区块链应用场景的复杂度越来越高，用户对账本结构设计的要求越来越多样化。多链账本结构设计的核心和难点在于，不仅要考虑区块链本身的复杂性，还要考虑多链体系下数据隔离和链间安全等各种因素。在 Orbits 扩容方案中，设计了高可扩展性的多链账本，可以满足复杂的业务场景需求。

7.3.1 多链账本设计

在 Orbits 扩容方案中，多链账本设计融入了以下要素：链间账本隔离、有效防重放攻击的统一账户、链间数据的可审计性。这些要素是适应复杂的业务场景的重要条件。

1. 链间账本隔离

在 Orbits 扩容方案中，主-子链、不同子链间的数据是相互隔离的，从而保证了资源和业务在不同链间相互隔离，避免了单链结构中资源被不同业务抢占的问题。

链与链的交易是相互独立的。参与一笔交易的双方必须属于同一条链，意味着交易记录仅属于一条链，不必在其他链中重复存储。这样独立的存储方式的优点是整个多链体系的存储容量呈线性增长态势。

2. 有效防重放攻击的统一账户

在多链场景下，理论上攻击者可以将同一笔交易分别发送给不同的链以获取不当利益，从而形成多链之间的重放攻击。为了防止重放攻击，Orbits 扩容方案使用统一账户，只需要一个账户就能在多链之间发送交易以及转移资产。用户在查询账户信息时，仅需一个账户地址就能看到所有链的资产信息，使得重放攻击无法开展。

图 7-5 展示了防重放攻击的过程：普通用户 Alice 发送交易，比如交易为 Tx_1，内容为 Alice 转移数量为 10 的资产给 Bob。Alice 对交易 Tx_1 进行签名，随后将交易发送给主链。主链通过统一标识（Unified Identity）0x1000 识别出这是发给自己的交易（因为只有主链的 ID 为 0x1000），然后打包交易 Tx_1。

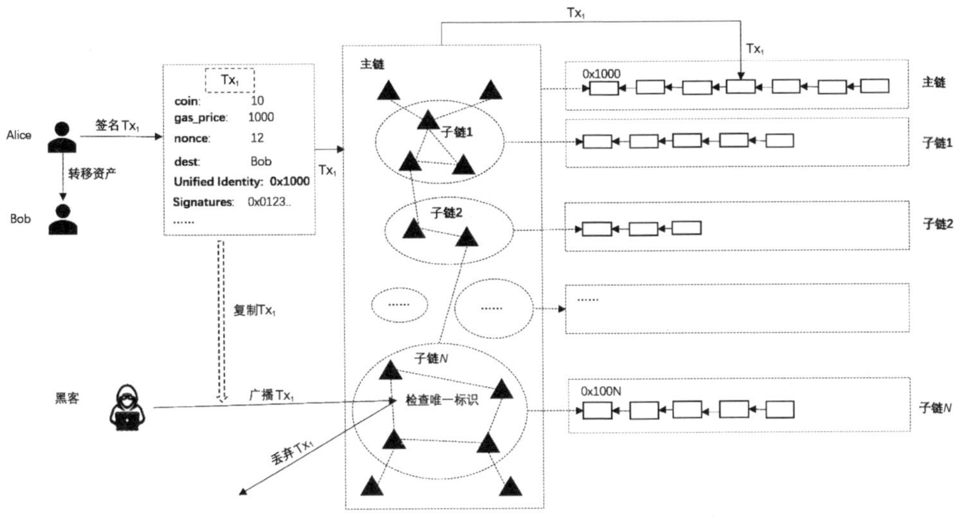

图 7-5

黑客截取该交易并尝试重放攻击，复制 Tx_1 并发送到子链 N，子链 N 的节点通过校验该交易中标识 0x1000 与自身标识不一致，所以判定该交易是无效交易。

3. 链间数据的可审计性

在多链体系下，不同链之间数据的可审计性非常重要。链间数据的可审计性是指审计人员能够在合理的时间和人力范围内，检验交易或收据的有效性。由于不同链之间的数据是相互隔离的，而在一般情况下有效性验证需要依赖全状态数据，这就给数据审计带来了巨大挑战。Orbits 扩容方案的设计理念是增加可扩展性，但不需要每条链都存储全网数据，因此设计了存储节点。任何区块链节点均可以向存储节点请求默克尔审计证明，以校验某条记录是否存在。

7.3.2 多链账本的数据结构

Orbits 账本通过数据结构的优化实现高可扩展性，具体包括全局统一账户结构、区块结构、交易树、收据树等。Orbits 是一个同构链体系，采用全局统一账户结构，目的是让用户在只生成一对公钥和私钥的情况下，即可在所有链上发起交易，且多链之间的交易不会有重放攻击问题存在（参见 7.3.1 节关于重放攻击的描述）。其账户的数据结构与原始设计相同，账户树包括了从账户地址到账户状态之间的映射，保存了与智能合约相关的数据信息。账户树根节点的哈希值由区块保存（在 account_tree_hash 字段中），标示了区块在创建时的状态。每个账户都有一棵账户树。详细内容参见 4.1 节关于区块的描述，不再详述。

7.3.3 多级联动的账本索引设计

Orbits 扩容方案使用了多级联动的账本索引设计，用户无须存储各条子链的全状态数据，仅在主链上就能安全、快速地检索到所有子链的资产和与交易相关的信息。

图 7-6 所示为多级联动的账本索引，详细描述如下：

（1）assets。账户的资产列表信息，包含该账户所有链的资产列表信息。数据结构为[{chain_id,assets_list:[{amount, key:{code,issuer}}]}]。

（2）chain_id。链的 ID 信息。

（3）assets_list。某条链上的所有资产列表。

（4）0…15。表示当前默克尔树为 16 叉树，每个节点下有 16 个叶子节点。

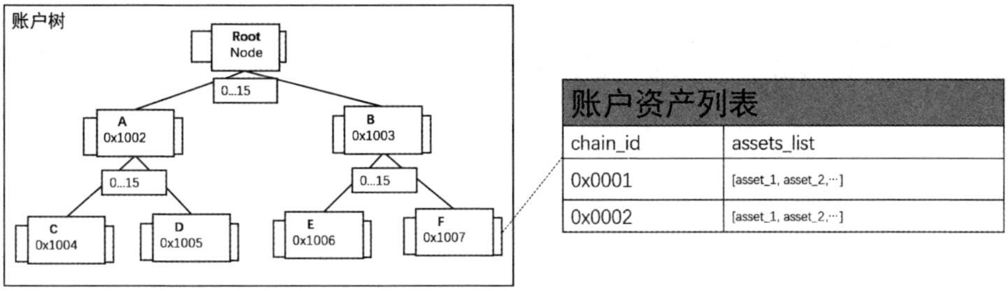

图 7-6

从图 7-6 中可以看出，默克尔路径（Root-B-F）下的账户在链 ID 为 0x0001 的链上有资产 asset_1，如{amount:100,key:{code:'CNY',issuer:'0x123456'}}。

结合账户树的设计在资产字段添加 chain_id 标识不同链的资产，就能通过统一账户去关联不同链的资产信息。使用默克尔帕特里夏树（Merkle Patricia Tree，MPT）的特性快速定位账户的信息和及资产信息为全局统一账户实现快速索引提供了可能，方便了客户端快速查询账户的资产信息。

7.4　共识算法

Orbits 扩容方案采用了一种创新的双层多态共识算法 Firework，通过 DPoS 算法投票产生主链验证节点集合，随后再由被选出来的验证节点通过改进后的 BFT 算法产生区块，从而实现较高的交易吞吐量、可扩展性及安全性。第一层是主链共识：在用户通过 DPoS 算法投票产生主链验证节点集合后，通过改进后的 BFT 算法产生区块。第二层是子链共识：子链的区块由子链验证节点通过 BFT 算法共识出块，并由提案者将区块头提交到主链。

子链的验证节点是主链上产生的，但是与主链的验证节点不属于同一个验证集合，子链的验证节点通过 PoS 质押金机制加入子链的验证节点集合，基于可验证的随机函数（Verifiable Random Function，VRF）算法产生不同的子链验证节点集合，随机产生且动态变化，抗攻击能力强。

7.4.1　主链的共识机制

单一的 DPoS 算法或 BFT 算法无法满足主链复杂的业务需求。在 Orbits 扩容方案中，主链采用 DPoS 算法+BFT 算法的共识方式，DPoS 算法投票产生验证节点集合，通过优化后的 BFT 算法出块。一个区块在产生后通过 BFT 算法确认，解决了 DPoS 算法确认速度慢的问题。详细过程参见第 5 章。

7.4.2 子链的共识机制

Orbits 扩容方案针对子链共识提出了 PoS+VRF+BFT 方案，具体包括 PoS 机制、公平的节点随机分配机制、优化后的 BFT 共识（与主链的 BFT 算法一致，参见 5.3 节）。

1. PoS机制

PoS 机制通过持有资产多少来决定记账权。PoS 机制能有效地防止女巫攻击。女巫攻击是攻击者以极低的代价生成大量用户（或无成本的生成大量影子用户），提高被选中概率在区块链上采取恶意行为的一种攻击。例如，攻击者可以把自身资产拆分成很多份（或不用成本生成多个影子账户），然后成为多个节点角色参选验证节点。Orbits 扩容方案采用质押金机制，想要成为验证节点必须缴纳保证金，且其被选中的概率相同，所以如果用户使用女巫攻击就需要消耗极大的经济代价，得不偿失。

2. 公平的节点随机分配机制

在传统方式中，验证节点被简单地分配到各子链参与共识，但是这种方式仍存在一定风险。假设验证节点的总数恒定，随着子链数量增加，势必会减少分配到单个子链验证节点的数量，而验证节点数量减少会造成区块链的整体安全受到威胁。Orbits 扩容方案采用公平的节点随机分配机制，验证节点随机被选入链，节点并不知道自身被哪条链选中。如果没有验证节点随机分配的功能，那么攻击者便可以共谋，在多条链中展开单链攻击，即攻击者可以专注于攻击某一条子链。在上述过程中，随机数的产生以及验证节点的分配机制都非常重要。Orbits 扩容方案引入了节点随机分配机制，并在 Firework 共识算法中使用 VRF 算法，主要技术要点如下：

（1）随机数产生。

（2）节点混洗算法。

（3）节点分配。

（4）轻量级演算。

随机分配的过程如图 7-7 所示。下文将着重分析这些技术要点和过程。

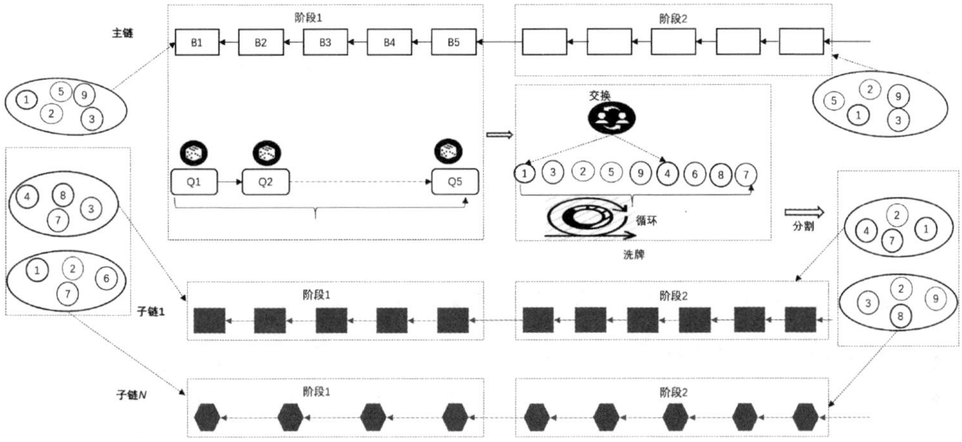

图 7-7

1）随机数产生

Orbits 扩容方案需要在保证公平性的前提下，保证验证节点分配的随机性，具体目标如下。

（1）公平性。每一个有效的验证节点都有相同的概率被选中。

（2）随机性。单次分配结果随机且无法预测。

下面详细描述 Firework 共识算法中可验证的随机数生成原理和生成步骤。

如图 7-8 所示，可验证的随机数生成的过程如下：

（1）产生一对非对称密钥对（P_K,S_K）：验证密钥 P_K（公钥）和 S_K（私钥）。

（2）生成可验证证明（Proof）。使用密钥 S_K 对消息 Entropy 进行签名，生成 Proof，不同的密钥对（P_K,S_K）无法生成一样的 Proof，所以输出的 Proof 是唯一的，并且具有无法伪造和抵赖性。因为每个生成的密钥对不同，所以 Proof 具有一定的随机性。

（3）验证 Proof。在验证函数中输入参数（消息 Entropy、可验证证明 Proof、公钥 P_K），计算输出结果，若结果为 true 则表示验证通过，否则表示失败。以上的验证（Verify）过程证明了 Proof 是否由密钥对（P_K,S_K）对消息 Entropy 生成。

（4）随机数产生。通过 VRF 验证结果为 true 后，依据 Proof 的随机性，随机数 Rand 的产生就仅需对 Proof 进行哈希运算。

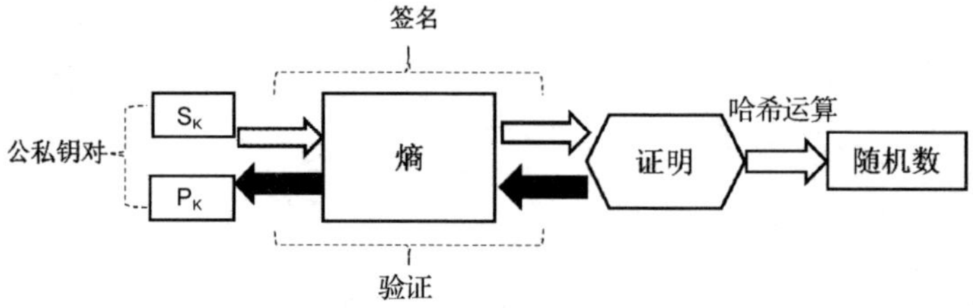

图 7-8

在一般情况下，只有基于所有验证节点签名的随机数才具有唯一性。假设存在验证节点集{1, 2, 3, 4}，则必须要它们共同签名，若节点 4 发生故障，则会导致随机数无法产生。若仅使用其中 3 个节点签名，则无法确保随机数的唯一性，实际签名结果会有以下 4 种组合：{1, 2, 3}、{2, 3, 4}、{1, 3, 4}、{1, 2, 4}。由于私钥（ED25519[20]签名机制）不同，所以这 4 组签名结果也不一样，导致其产生的随机数也不同。

Orbits 扩容方案使用阈值（Boneh-Lynn-Shacham，BLS）签名算法生成随机数，原因如下：

（1）保证签名的唯一性。BLS 签名算法使用上一组签名作为参数再次签名，其中 BLS 签名作为阈值多签签名，有唯一性特性。在 BLS 签名算法中，验证组签名成员数大于阈值，即可生成当前组唯一的签名。比如，验证组有 10 人，其中 6 人签名即超过阈值，可生成这个组唯一的签名。

（2）签名存储空间需求小。假设一个区块中有 1000 笔交易，每笔交易都有独立的公钥、签名以及交易内容。如果想知道区块中的交易签名是否正确，那么传统的方法是对区块中的交易依次验证签名，区块中需要存储所有交易的签名。而使用 BLS 签名算法进行签名的合并后，则只需要存储一个 33 字节的 BLS 签名。

为了增强 Orbits 扩容方案的安全性，BLS 机制采用了附加权益的方式。BLS 服务组属于验证节点集，通过 PoS 算法缴纳质押金，质押金在 BLS 服务存续期间不得转出。如果在 BLS 服务到期之前，用户申请提前退出，则被扣除部分质押金。作恶者如果在 BLS 服务过程中作恶那么被扣除全部质押金。在 BLS 服务没有到期前，不能转走质押金。

Firework 共识算法的可验证随机数生成步骤如下：

一个理想的哈希函数的值域应该呈离散、均匀分布。给定不同的输入值，其输出值应该无规律、随机分布在值域区间内。因此，哈希函数可以实现较好的随机性。在 Orbits 扩容方案中，每一轮选举都会创建一个种子（Seed）作为 VRF 的输入值，随后 VRF 将输出一个随机哈希值（作为下一轮的种子输入值）。创世区块的哈希值是第一次熵源的输入值。每个验证节点的私钥都由各个验证节点进行保管，创世区块的种子通过分布式随机数生成器产生，这保证了每一轮产生的随机数都是安全的。

2）节点混洗算法

节点混洗是有效保证验证节点随机地进入不同子链的关键步骤，要想混洗彻底必须通过算法来保证，具体的混洗过程如下：

（1）如图 7-7 中主链阶段 1 虚线框所示，混洗种子值（Q5）取前 3 字节 mod 32，得到步长 rand_size。

（2）对验证节点列表循环处理，让每个节点在 32 个序列里彻底地与其他节点交换位置，具体的代码如下：

```
for (n = 0; n < validator_list_size; n++)
{
    for (i = 0; i < 32 - (32 % rand_size); i += rand_size) {
        rand_chunk = hash_seed[i: i + rand_size];
        for (j = 0; j < rand_size; j++) {
            value |= rand_chunk[j];
        }
        replace_index = value % (validator_list_size - i) + i;
        exchange(n, replace_index);
    }
}
```

（3）按照以上逻辑处理后，形成新的验证节点列表。

3）节点分配

经过混洗的验证节点列表（validator_list）已经随机且无法预测，现只需将其公平地分配给不同的子链即可。分配过程如图 7-9 所示。

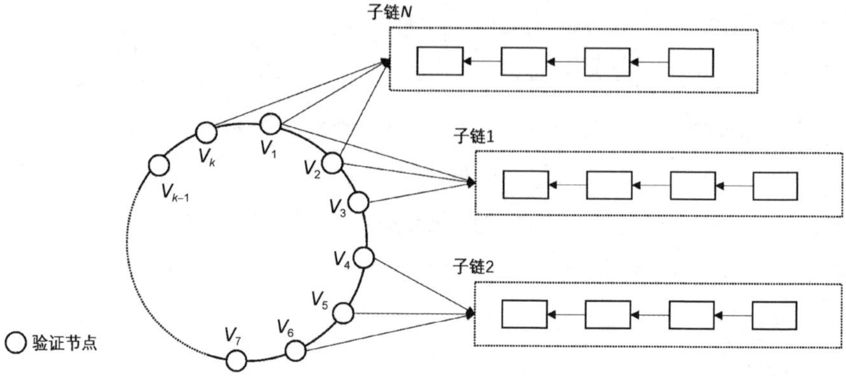

图 7-9

验证节点分配的方法是将验证节点列表形成一个首尾相连的环，然后按照既定顺序，依次将验证节点分配给每条子链。假设每条子链将分配 N 个节点，V 表示验证节点，V_k 表示第 k 个验证节点，分配结果如下：

子链 1：$\{V_1,V_2,V_3\}$。

子链 2：$\{V_4,V_5,V_6\}$。

……

子链 N：$\{V_k,V_1,V_2\}$。

由于区块链的共识使用 BFT 算法，该算法受限于网络、算力等资源，链的验证节点数必须设置在合理的范围内，且在 Orbits 扩容方案中，子链数和验证节点集合是动态变化的，所以设置子链验证节点的个数为 21～50。

在验证节点有限的情况下，即使子链的数量众多，Orbits 扩容方案也可以实现验证节点在每条子链中公平、合理的分配。

4）轻量级演算

在周期性的混洗和节点分配之后，从理论上来说公平性和随机性已经得到保证，但同时产生了新的挑战，验证节点在混洗后同步数据极其耗时。每个验证节点需要下载其对应链的整个状态，才能完成交易验证，这显然无法满足 Orbits 扩容方案快速混洗验证节点的应用场景需求。

首先，回顾一下普通全节点的出块和状态变更过程。假定 S 代表默克尔树的状态（Status），S_n 代表当前状态的默克尔树，S_{n+1} 代表下一个区块状态的默克尔树，C_n代表在第 n 个区块上验证节点的共识内容，默克尔树上的叶子节点用字母 R、A、B、C、D、E、F 等表示。

如图 7-10 所示，C_n 里面包含所有交易和签名，假设 C_n 需要变更 C、D 的状态，会导致分支为（R—A—C）和（R—A—D）变化，将其标识为 $C_n[C,D]$。假定 Gen() 为生成新区块的函数，那么一个新区块的生成过程可以表示为 $S_{n+1}=\text{Gen}\left(S_n+C_n[C,D]\right)$，即新的区块状态是上一个区块状态和共识内容共同演算的结果。普通全节点为了保证支付和交易的有效性，必须保存所有交易数据。

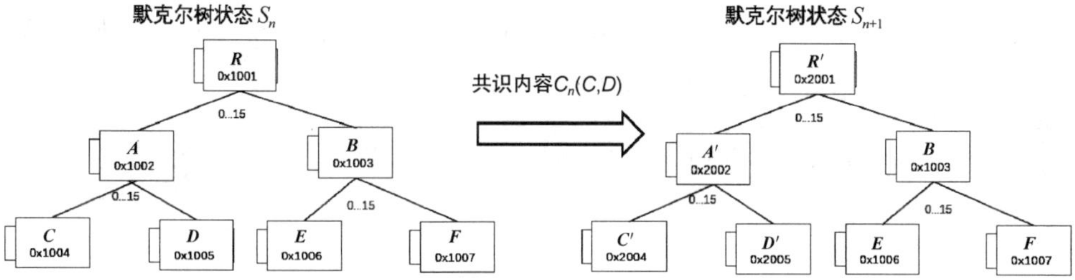

图 7-10

Orbits 扩容方案引入了轻量级演算节点，该类节点能够达到快速同步链状态的目的，在只存储少量数据的情况下也能验证支付和交易的有效性。正如上述的全节点演算原理一样，新的区块状态是由上一个区块状态和共识内容演算的，其中 S_n 是一个全状态数据，是否可以减少 S_n 呢？由于在第 n 个区块上的共识内容 $C_n[C,D]$ 只会影响默克尔树 S_n 中 R—A—C 和 R—A—D 节点内容，那么在计算 $S_{n+1}=\text{Gen}\left(S_n+C_n[C,D]\right)$ 过程中，S_n 里是不需要 R—B—E、R—B—F 节点的，即在减少 S_n 的存储量的前提下，仍然能够通过哈希运算得到正确的 S_{n+1} 的哈希值 R'，如图 7-11 所示。

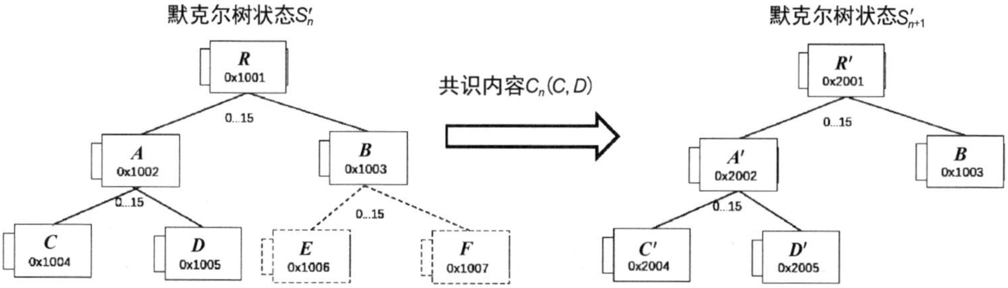

图 7-11

假定去除 $R—B—E$、$R—B—F$ 的默克尔树状态为 S'_n，那么新的计算公式为 $S'_{n+1}=\mathrm{Gen}\left(S'_n+C_n\left[C,D\right]\right)$。其计算的结果和全节点计算结果完全一致，会得到同样的 S'_{n+1} 的 Hash R'。所以，即使在不具备完整默克尔树的前提下，也同样可以对节点和区块进行演算生成下一个区块，这为轻量级演算提供了理论基础。

轻量级演算的实现过程如下：

在轻量级演算的原理基础之上，在 Orbits 扩容方案中，设计了轻量级演算节点（Light Client），节点无须同步和存储全部子链数据，在只同步轻默克尔树数据的前提下即可验证子链交易。下面以验证节点随机分配的场景为例，详细阐述轻量级演算节点执行的过程，如图 7-12 所示。

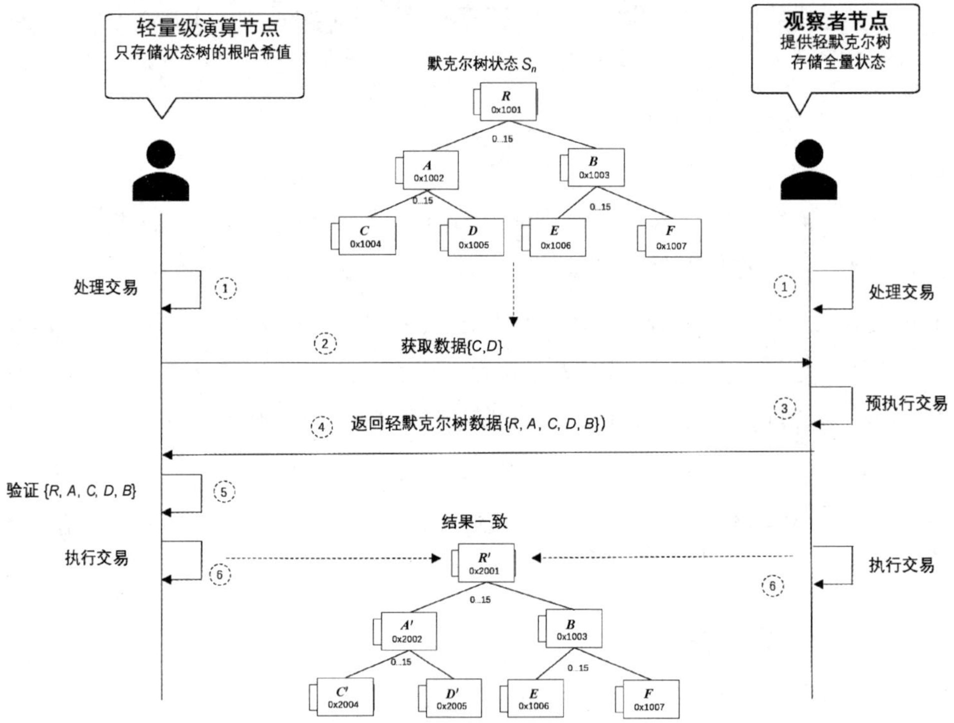

图 7-12

（1）轻量级演算节点无状态，且收到一笔交易 Tx，此时需要处理 Tx；观察者节点为全数据存储节点，也收到一笔交易 Tx。

（2）轻量级演算节点向观察者节点请求依赖的数据，并附带请求参数{C,D}，表示请求基于$\{C,D\}$的轻默克尔树。

（3）观察者节点收到轻量级演算节点的请求之后，进行预执行交易，计算出基于$\{C,D\}$的轻默克尔树数据$\{R,A,C,D,B\}$。

（4）观察者节点回复轻默克尔树数据$\{R,A,C,D,B\}$。

（5）轻量级演算节点验证轻默克尔树数据$\{R,A,C,D,B\}$，使用其根哈希值 R 与主链里存储的子链区块头哈希值对比，用来校验子链区块头数据是否合法。

（6）轻量级演算节点按照 $S_{n+1}=\mathrm{Gen}\left(S_n+C_n\left[C,D\right]\right)$ 演算；观察者节点按照 $S_{n+1}=\mathrm{Gen}\left(S_n'+C_n\left[C,D\right]\right)$ 演算，演算结果与请求的默克尔树根哈希值 R' 一致。

最终的演算结果即默克尔树根哈希值 R' 一致，意味着轻量级演算节点和全节点一样，可以具备校验交易和共识验证的功能。当轻量级演算节点具备这些功能时，便可高效地应用于各种场景。例如，验证节点分配、子链状态快速同步、子链作恶校验等。

7.5　挑战者机制

尽管经过前述 PoS 和节点随机分配等机制，Orbits 节点作恶的可能性已经很低，但仍无法完全避免被攻击，子链的安全性仍存在潜在的威胁。

7.5.1　子链的安全性威胁

1. 贿赂攻击

即使 Firework 共识算法能极大地阻止恶意节点集中分配到单条子链，但是零星恶意节点一旦进入子链体系，在下一个 Rotation 周期到来之前，拥有足够资源的恶意节点仍然可以通过额外丰厚的经济奖励来激励该子链的验证节点采取特定行动开展攻击，这也称为贿赂攻击。

2. 可用性攻击

子链的区块头数据是由提案者节点提交到主链的，提案者节点也有可能作恶，故意停止或错误处理区块头数据，从而让整条子链不可用，形成可用性攻击。

7.5.2 实现方案

在多链体系中，主链通过节点随机分配机制降低了作恶概率，但是只有真正对子链的区块交易数据进行演算和校验才能守护好子链安全的最后一道防线，抵御可能存在的攻击。常用的几个方案如下。

1. 超级节点方案

超级节点同步所有链的区块数据，能够独立校验每条链的交易并实时更新。引入超级节点对每条子链数据的校验演算能及时发现子链的数据安全问题。因为要同步所有链的数据，所以超级节点的 CPU、带宽、存储等负荷巨大，于是出现了一个更大的问题——牺牲了区块链去中心化的特性。

2. 审计节点方案

每一条链至少产生一个审计节点，对该子链的区块数据进行审计。审计节点同步子链区块并提交安全的区块头信息给主链。审计节点无须下载不相关的子链数据，只需关注负责提交区块头的子链。该方案增强了区块头提交的有效性，但是仍存在过于中心化的问题。

3. 挑战者方案

任何一个节点都可以充当挑战者，挑战者可以同步任意子链数据，通过演算方式校验该链是否存在异常，同时也可校验提案者提交的区块头信息。挑战者对存在问题的交易或区块发起挑战，挑战成功后可获得奖励。

为了满足区块链的去中心化、高安全性，Orbits 扩容方案选择使用挑战者方案，即挑战者机制。下面介绍挑战者方案的设计。

挑战者对子链进行监督，一旦发现子链提交的区块数据存在问题，即可向主链发送抵质押金对子链发起挑战，并提交 SPV 用于演算校验。由于子链验证节点抵押了大量质押金，一旦挑战者挑战成功，恶意节点的验证节点质押金就会被奖励给挑战者。挑战者方案通过这种激励方法鼓励所有节点参与对子链的监督。

如果恶意节点通过贿赂攻击的方式攻击子链，那么需要收买该子链的所有验证节点或行贿挑战者，下面分别进行分析。首先介绍收买该子链的所有验证节点的情况，假设总的贿赂金为ε，则ε至少为验证节点的质押金之和，否则验证节点没有作恶动机。其次介绍行贿挑战者的情况，恶意节点需要找到所有挑战者，考虑到任何一个节点都可以充当子链的挑战者角色，并且挑战者的奖励是验证节点的质押金之和，挑战者有足够的动力去挑战，因此恶意节点很难对子链发起贿赂攻击。

如图 7-13 所示，挑战者的工作过程如下：

（1）挑战者发现当前同步的区块出现异常，同时发现主链已经收录了此次区块信息，于是发起对异常区块的挑战。

（2）挑战者将上一个区块的状态数据和此次交易数据打包组成 SPV 发送给主链合约去进行校验。

（3）主链验证节点进行轻量级演算成功后，重新到子链中下载相关的 SPV 进行比对校验。

（4）校验正确表示挑战成功，之后对该子链的验证节点进行惩罚，扣除其质押金并奖励给挑战者。

（5）主链在确定提交的区块数据无效后，启动取消后续区块确认的过程，回退子链区块头直至最后一个合法位置，直到重新提交正确区块信息，保证子链恢复正常运行。

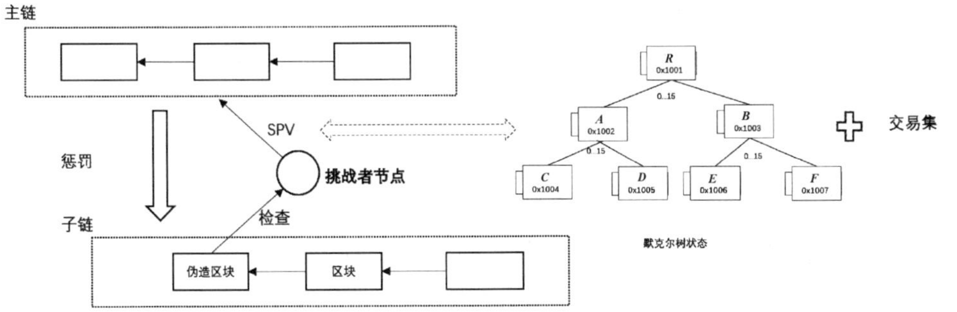

图 7-13

7.6　激励机制

为了更好地建立多链生态，促进区块链体系健康、可持续发展，需要建立一套有效的激励机制，从而调动区块链节点的参与积极性，并保证贡献者受益。Orbits

激励机制主要包括以下 3 种类型：

（1）共识激励。对参与共识的节点进行奖励。

（2）提案激励。提案节点提案子链区块头和 SPV 等到主链，获得对应子链备付金的奖励。

（3）存储激励。针对子链区块的存储问题，设计了一种有效的全民节点激励机制，并对存储节点进行激励。

7.6.1 共识激励

1. 主链共识激励

主链的验证节点参与主链共识，会获得主链的区块奖励。计算单个验证节点奖励的公式如下：

$$R_i = (R_t + F) \times 80\% \times \left(V_i / \sum_{i=1}^{n} V_i \right)$$

式中，R_i 为第 i 个验证节点得到的区块奖励；R_t 为主链区块奖励；F 为交易费用；V_i 为主链验证节点个数；i 为验证节点的索引；t 为区块号；n 为验证节点总个数。

节点只要持续参与共识，那么将会持续得到收益。

2. 子链共识激励

子链的验证节点在每个 Rotation 周期参与共识，主链可以设定子链区块奖励数并灵活调整。子链的验证节点会在一个 Rotation 周期根据子链配置参数计算本周期内需要分配的总共识奖励，共识奖励是从子链的备付金中扣取的。除了子链共识奖励，子链的验证节点还可以获得主链的部分共识奖励。主链的验证节点在共识完成并出块后，将把部分主链共识奖励平均分配给在线的子链验证节点。在主链每一个共识周期（Rotation 周期）中，经历了 n 次主链共识的节点可获得主链总奖励 R。

$$R = \sum_{i=1}^{n} (R_t + F_i) \times 10\%$$

式中，R_t 为主链区块奖励；F 为交易费用；n 为全部的共识次数；i 为当前的共识次数；t 为区块号。

除了主链奖励，子链的验证节点还可以从子链的备付金中获得共识奖励 R_c（可以由主链共识动态调整，c 表示每个周期内恒定值），R 和 R_c 共同组成了此次共识总奖励。奖励都在 Rotation 周期开始前统一发放，主链动态调整总奖励百分比 P，用于鼓励活跃的验证节点，每个子链的所有活跃验证节点可以平均分享活跃奖励。

在 Orbits 扩容方案中，多链体系的子链验证节点可以同时竞选主链验证节点，参与主链共识，获得主链共识的奖励。主链的验证节点和子链的验证节点结合也能增强链的安全性。

7.6.2　提案激励

在 Orbits 扩容方案中，主链会保存子链的区块头信息，以保证子链区块的正确性。子链的区块头和 SPV 等数据通过提案者（Proposer）以交易的方式广播到主链。提案者提交区块信息到主链，主链的验证节点设置子链提案者奖励 R_i。子链区块头校验成功后，区块链系统会从子链的备付金中提取奖励 R_i，发放给提案者账户。

7.6.3　存储激励

在 Firework 共识算法中，存储节点同步存储子链的区块数据，并且可以从备付金中获得存储奖励。存储节点同样也能获得主链的共识奖励，用于子链挂起状态时继续存储子链的全状态数据。

存储区块数据的节点通过抵押一笔质押金到智能合约中，完成存储节点注册。存储节点之间随机检查对方的存储状态，从而判断节点运行状态是否正常。假定存储节点的个数为 M，每个 Rotation 周期分发的奖励将只分给 M 个节点，若每个 Rotation 周期的存储奖励为 R，则其中每个存储节点的奖励为

$$R_i = \left(R + F \times 50\%\right) / M + \sum_{i=1}^{n}(R_t + F_i) \times 10\%$$

式中，F 为交易费用；R_t 为主链区块奖励；F_i 为子链的交易费用；i 为当前子链区块号；n 为最大的子链区块号。

存储节点的奖励由主链区块奖励和子链备付金奖励组成，存储节点稳定地同

步数据或提供更多存储资源即可保持收益。如果存在数据丢失或者作恶行为，那么存储节点将会受到主链的惩罚而产生损失。

7.7 本章小结

商用区块链的扩容尤为重要，传统的区块链性能明显不能满足商用需求。本章综合考虑了实际业务的复杂性场景，设计了一种多层双态的多链分片扩容机制，详细介绍了框架、模块以及实现原理，并介绍了共识算法，引入了挑战者机制和激励机制，保证了多链分片框架更加安全、可靠。

第 8 章 跨链技术方案

8.1 概述

8.1.1 背景

随着区块链技术的快速发展和日益成熟，出现了不同种类的公有链、联盟链、私有链搭载着不同重要业务的区块链场景。链之间就像一座座独立的价值孤岛，资产和价值相互隔离而无法流通。除了公有链广泛透明，联盟链和私有链让不同组织拥有了各自的区块链网络。网络的隔离、价值的孤立在许多业务场景（诸如身份验证、资产数字化等）中导致多条区块链之间无法进行资产转移、资产兑换、数据的互操作等。业务多样和复杂也导致了跨链的场景随处可见。

要想解决资产和数据的自由流通、链与链之间的互通互联问题，首先要在链之间建立一套信任机制，让一条链能够验证并信任另一条链的数据。比如，在以太坊上发生了一笔交易，在关联链上怎么确认这笔交易是否有效呢？同样，对于在关联链上发生的交易，在以太坊上又如何确认？跨链过程需要解决的难题如下。

1. 跨链交易的原子性

跨链交易的结果必须是成功或者失败，不一致和不同的状态会产生巨大的漏洞，给所有相关链的安全性造成巨大的威胁。

2. 确认另一条链的交易

这包括两个方面：①交易已上链，写入账本。②交易获得了足够多的确认。

3. 两条链的资产总量不变

在跨链资产兑换的场景中，因为两条链的资产并没有发生实质性的兑换，所以资产总量不会变化。在跨链资产转移的场景中，需要严格保持跨链交易的原子性，保持流通的资产总量稳定不变。

4. 链的独立安全性

两条链进行数据交互，难免互相影响。每条链的安全隔离问题无法避免，必须保证一条链在受到攻击后，不会影响整个跨链生态中其他链的安全性。

跨链的目的是解决资产流通问题，无论是在同构链还是在异构链的跨链场景中，以上难题都无法避免，如何解决这些难题呢？

8.1.2 跨链的难点

1. 公证人机制

本方案引入一个或多个有信用的第三方组织作为跨链系统的公证人。公证人对链 A 的跨链消息进行监听，在收到跨链消息后进行验证，转发消息到链 B 上执行相应动作，实现对跨链消息的响应。因为只有公证人对跨链消息进行验证和转发，所以存在一定的中心化问题，并且公证人一直监听链上的所有交易也会产生对应的隐私泄露风险。

2. 哈希时间锁定协议

哈希时间锁首次在比特币的闪电网络中被提出来，后来被通用化为哈希时间锁定协议（Hashed-Timelock Agreements，HTLAs），其功能是可以在不同的区块链系统之间进行资产兑换。该协议的优点是对区块链系统的干扰比较小，不需要过多考虑对方链，所以能够高效地在区块链系统之间进行资产兑换。但是该协议的缺点也比较明显，过于简洁的设计限制了其功能的扩展。

3. 侧链、中继链技术

侧链（Side Chain）、中继链（Relays Chain）技术在现行的跨链方案中使用的频率较高，而且也是比较复杂的跨链方案。侧链技术是在两个区块链系统中通过可信的跨链消息转发机制，直接进行链上资产和数据兑换的技术。但是，这个可信的消息转发机制对底层功能或者智能合约的依赖度比较高，这时就体现出中继链技术的优势了。中继链技术是单独运行一个区块链系统来处理跨链消息的技术，这样就把原本放在双方链上的一部分逻辑功能放在了中继链上，从而降低了跨链双方系统的逻辑处理要求。在智能合约的配合下，侧链和中继链技术的跨链方案能够支持复杂的跨链业务，比如资产抵押等，这种方案具备很强的扩展性。

8.2　多态跨链体系Canal

为了打破区块链之间的价值隔离困境、安全地实现链与链之间的价值互通，本章介绍一种可插拔的多态跨链体系：Canal（运河）。这种体系能让各条独立区块链的价值传递到其他区块链上而不失去原有的价值。Canal 融合了公证人机制、哈希时间锁定协议和中继链的核心技术，有效地避免了公证人机制带来的中心化严重、中继链适配性差难以接入等问题。应对不同的场景需要提供不同的 Canal 接入方案，以保证在不同场景中对隐私性、有效性的不同要求。

Canal 使用可插拔组件，灵活地适配于同构链和异构链上，使用跨链协议进行跨链通信，方便链之间互联互通。Canal 的架构如图 8-1 所示。

Canal 使用中继平台+可插拔组件的灵活跨链方式实现不同业务场景的跨链过程。之所以选择中继链模式，是因为其在安全性、扩展性、兼容性、隐私性、去中心化、便捷性等各个方面都具有有力的支撑，业务区块链不用因为添加跨链的业务而做过多修改和支持。业务链可以根据自己的需求和场景选择合适的跨链组件，快速加入 Canal 平台。Canal 的中继平台负责跨链交易的共识，接洽不同类型的同构链、异构链。Canal 包含以下几个特性：

（1）支持同构链或异构链的跨链。

（2）平行链能快速加入 Canal 建立跨链路径。

（3）支持跨链资产的转移和兑换过程。

下面着重分析 Canal 是如何实现这些特性的。

从图 8-1 中可以看出，Canal 的架构主要包括中继链、平行链、可插拔组件。中继链由多个验证节点组成，验证节点负责维护整条区块链安全稳定的运行，使用较大 TPS 的共识算法有效地提高跨链的效率，满足平行链跨链对性能的不同要求。平行链是所有参与接入跨链生态的同构、异构区块链，可以是各种公有链、联盟链、私有链等，需要部署和实现资产管理合约（AMC 合约）。可插拔组件是中继链和平行链之间的桥梁，实现中继链与平行链跨链通信。Canal 是以高性能共识的中继链为核心的跨链网络结构，采用了平行链动态接入机制，使用可插拔组件作为跨链的桥接器，保证了跨链技术的高效性、扩展性和安全性。

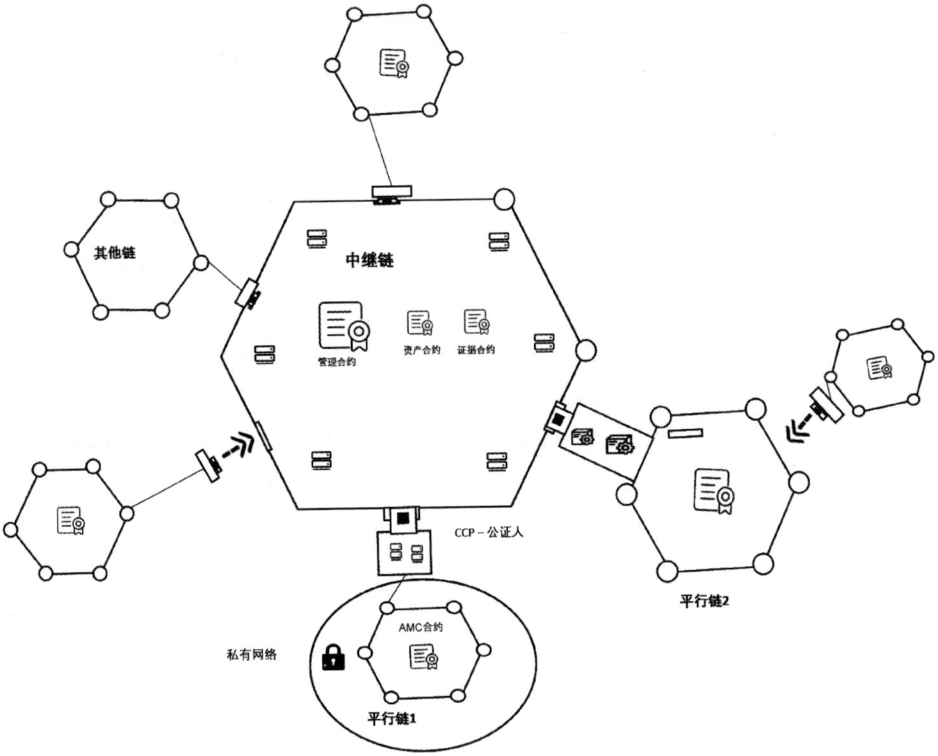

图 8-1

Canal 设计了安全的注册机制，以保证注册的平行链是可控、有效的。首先，任意一条想加入跨链平台接入中继链的平行链，都需要通过抵押的方式在中继链的注册合约（RMC 合约）中发起注册提案，在共识完成后该平行链会被分配唯一的链 ID 标识。中继链也可以通过多个节点投票的方式注销恶意注册的信息，拒绝所有该恶意平行链信息的跨链请求。

基于运河跨链协议（Canal Cross Protocol，CCP），可插拔组件实现了两种跨链方式：公证人模式和可信硬件模式。两条平行链可以通过公证人组件进行跨链操作，如果需要与更多平行链进行跨链操作，那么使用中继平台是最好的选择。使用可信硬件组件+中继链的跨链组件能极大地提高跨链的灵活性、安全性，可信硬件组件包含中继节点程序和基于 SGX 技术的应用程序，负责跨链交易的可信计算签名和链间信息的转发。

8.3　中继链

8.3.1　平行链介绍

平行链需要在中继链里注册后才能进行跨链操作，中继链的 RMC 合约负责平行链注册等管理，平行链的跨链申请者需提供平行链的 AMC 合约账户地址、已在中继链部署的平行链 SPV 合约账户地址、平行链描述信息等。

如图 8-2 所示，平行链注册的过程如下：

（1）申请者在注册之前，需要在中继链里创建平行链的 SPV 合约，获取合约账户地址，申请者在平行链上创建 AMC 合约用于跨链交易处理。

（2）申请者向中继链的 RMC 合约提交注册信息，包括 AMC 合约账户地址信息和 SPV 合约账户地址信息等。

（3）中继链共识完成后生成唯一的链 ID 分配给此平行链。

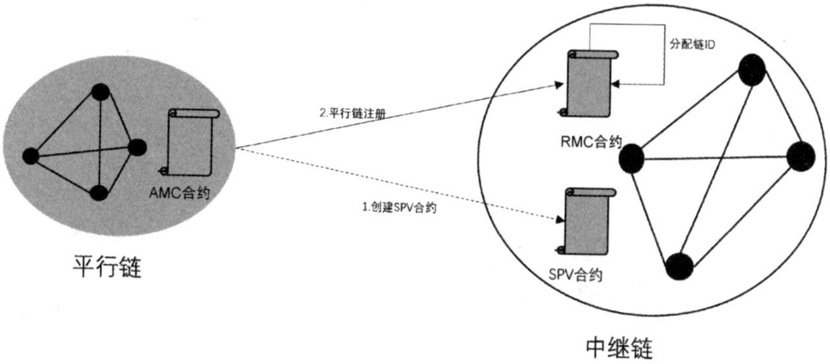

图 8-2

8.3.2 平行链跨链映射

新注册的平行链可以向 RMC 合约输入打算跨链的平行链 ID，申请和对方平行链进行跨链映射，允许双方进行跨链操作。平行链的注册管理账户查询到新平行链的映射请求后，可以向 RMC 合约提交对映射请求的反馈。若同意映射请求，则反馈成功映射的信息，之后跨链组件就能转发跨链交易信息。

8.3.3 跨链证据校验

跨链的证据校验主要包括两个方面：一个是形成平行链区块头部列表链，一个是 SPV 数据验证。可插拔组件连接两条链，同时监听链的出块信息并传递区块头信息等到中继链上形成平行链的区块头连接信息。可插拔组件会实时获取平行链的区块数据，同时提交区块头数据到 Proof 合约中形成一个简化的平行链供中继链进行校验和 SPV。SPV 能够以最小的计算代价判断某笔交易是否已经被验证过。中继链承担平行链交易数据校验的责任，因此在 SPV 合约中需要校验并保存提交上来的平行链区块头和相关交易的 SPV 数据，以此来证明平行链数据的正确性。

8.4 可插拔组件

在以往的中继链跨链方式中，平行链要加入跨链体系，开发者就需要进行大量的适配工作，这种开发带来的复杂度和工作量都将严重影响多种平行链的动态进入过程。平行链和中继链的连接通道必须尽量在平行链端简化使其易加入而又不影响安全性和独立性。Canal 通过使用可插拔组件连接中继链和平行链，负责将平行链的区块头、跨链交易和 SPV 信息等传输到中继链，基于可插拔组件实现的程序也称为网关节点。

8.4.1 网关节点介绍

网关节点通过向平行链的 AMC 合约进行抵押注册，参与平行链和中继链的跨链操作。网关节点可以向任意平行链申请作为平行链和中继链的桥梁，可以使用两种模式来适配不同的平行链对跨链的需求。

基于可插拔组件的网关节点的工作模式分为公证人模式和可信硬件模式。它们承担了两条链间的跨链任务，主要功能如下：

（1）监听平行链的区块生成数据、跨链交易数据。

（2）向中继链提交平行链的区块头数据。

（3）向中继链转发跨链交易数据。

（4）监听中继链的跨链反馈数据。

（5）存储并校验中继链的跨链交易数据。

8.4.2　公证人模式

公证人模式是指第三方机构或节点通过单签名与多签名等方式对跨链交易进行收集、验证和确认的跨链方式。使用这种模式能简单、方便地实现跨链的过程，并且也可以直接实现两条平行链间的跨链功能。在一些封闭的联盟链间的跨链场景中，这种模式更容易部署和使用，同时可以保证整个跨链过程的隐私性和安全性。

基于公证人模式的网关节点，其链间交易消息是通过公证人来监听的。公证人账户首先需要向平行链的 AMC 合约进行注册，平行链合约管理员授权公证人进行跨链消息转发。在跨链交易产生后，所有公证人都会监听并获取相关的跨链信息，分析并验证交易的正确性。之后公证人便将跨链数据进行签名并发送交易到另一条链的相关跨链合约中。在多个公证人转发消息后，合约内部使用 BFT 算法共识跨链提案信息，只有达到一定公证人签名数量后跨链交易的合法性才会被确认。BFT 算法保证了提案的正确性，即使少数公证人被攻击或者作恶也不会影响跨链系统正常运行。基于公证人模式的跨链流程如图 8-3 所示。

（1）用户 Alice 向平行链 A 的 AMC 合约发起一笔跨链交易。

（2）公证人节点监听到符合跨链协议的跨链交易。

（3）公证人经过简单验证后收集区块头等信息在中继链中发送交易到中继链 Proof 合约。

（4）Proof 合约在收到多个公证人提交的跨链提案后，合约内部进行投票统计，当提案成功的票数达到拜占庭容错数时，标示提案成功，否则继续等待或标示失败。

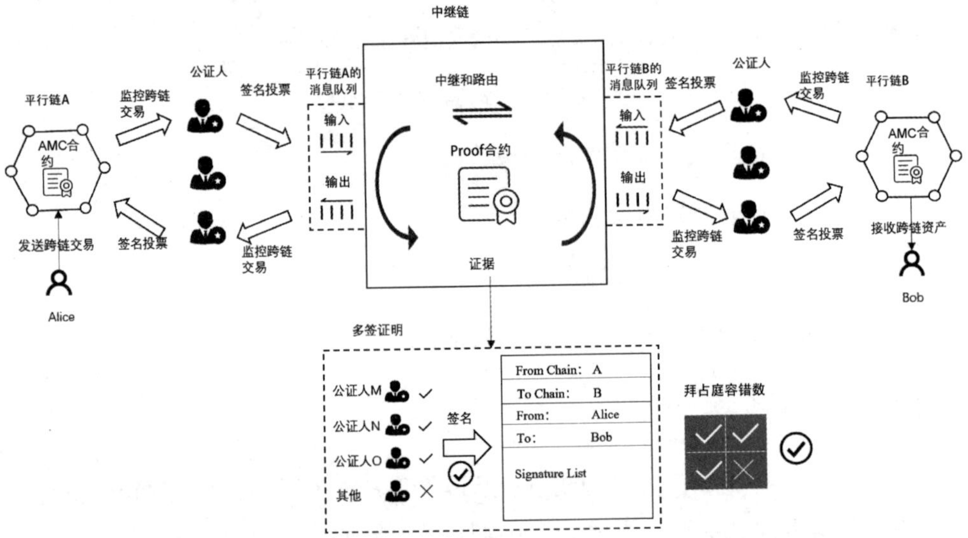

图 8-3

（5）公证人监听到共识成功的跨链交易，并进行校验。

（6）公证人根据跨链交易参数构建跨链交易到平行链 B 的 AMC 合约中。

（7）目的平行链的 AMC 合约在收到多个公证人提交的跨链提案后，进行投票统计，当提案成功的票数达到拜占庭容错数时，标示提案成功，否则继续等待或标示失败。

（8）在跨链提案共识成功后，平行链的 AMC 合约转移资产给用户 Bob。

（9）公证人监听到跨链交易执行成功。

（10）公证人构建跨链反馈的交易，发送到中继链 Proof 合约中。

（11）中继链 Proof 合约进行投票数据统计，当提案成功的票数达到拜占庭容错数时，标示提案成功，否则标示继续等待或失败。

（12）公证人监听到跨链反馈交易成功的数据。

（13）公证人构建跨链反馈的交易，发送到平行链的 AMC 合约中。

（14）源平行链的 AMC 合约进行投票数据统计，当提案成功的票数达到拜占庭容错数时，标示跨链交易流程完成，否则标示继续等待或失败。

8.4.3　可信硬件模式

可信硬件模式的公证人采用 SGX 技术实现。SGX 用于增强英特尔体系软件的安全性。SGX 技术将合法的操作封装在一个飞地（Enclave）中，所有软件都无法访问飞地。这样可以允许应用开发者保护敏感信息，使其不会被运行在更高特权等级下的欺诈软件非法访问和修改，平台能够验证一个应用程序的代码是否可信。基于 SGX 技术实现的公证人，能安全并正确地执行跨链过程，任何用户将无法恶意篡改该程序。

许多公有链或者其他业务场景对跨链过程的安全性和去中心化特性有更高的要求。让网关节点更加安全、可靠，不被恶意的程序或系统侵入和修改跨链数据，使其一直保持逻辑计算和数据不会被随意篡改，是跨链技术需要解决的难题。Canal 针对此难题，将 SGX 技术应用在网关节点上，推出了可信硬件 SGX。SGX 以硬件安全为强制性保障，不依赖于固件和软件的安全状态，提供了用户空间的可信执行环境，通过一组新的指令集扩展与访问控制机制，实现了不同程序间的隔离运行，保障了网关节点的跨链关键代码和数据的机密性与完整性不受恶意软件破坏。可信硬件的框架如图 8-4 所示。

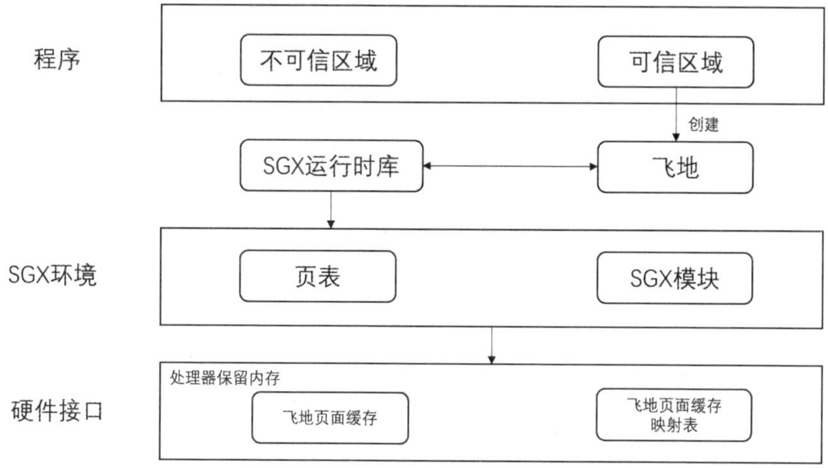

图 8-4

Canal 可插拔组件使用了英特尔处理器的 SGX 技术。SGX 是一组指令，该组指令增强了应用程序代码和数据的安全性，为它们提供了更强的保护，以防泄露或修改。开发人员可以让敏感信息分区进入飞地，飞地是内存中具有更强安全保护的执行区域。

网关节点-可信硬件模式通过远程认证可以验证发布的基于 SGX 技术实现的应用程序正常运行在一个可信硬件平台上，并且保证软件没有经过篡改。这样，我们就可以相信 SGX 应用程序会按照正确的跨链过程执行，犹如一个合约一样。

网关节点需要在平行链的 AMC 合约中抵押资产并进行注册，平行链跨链管理审核完网关节点的注册后一旦抵押资产达到开启跨链的阈值要求，网关节点就开始进行跨链工作。

网关节点分为两个部分：SGX 应用程序和中继程序。其中，SGX 应用程序主要用于平行链 SPV 验证和跨链交易的签名；中继程序用于中继链的数据转发和跨链交易转发。基于可信硬件模式的跨链流程如图 8-5 所示。

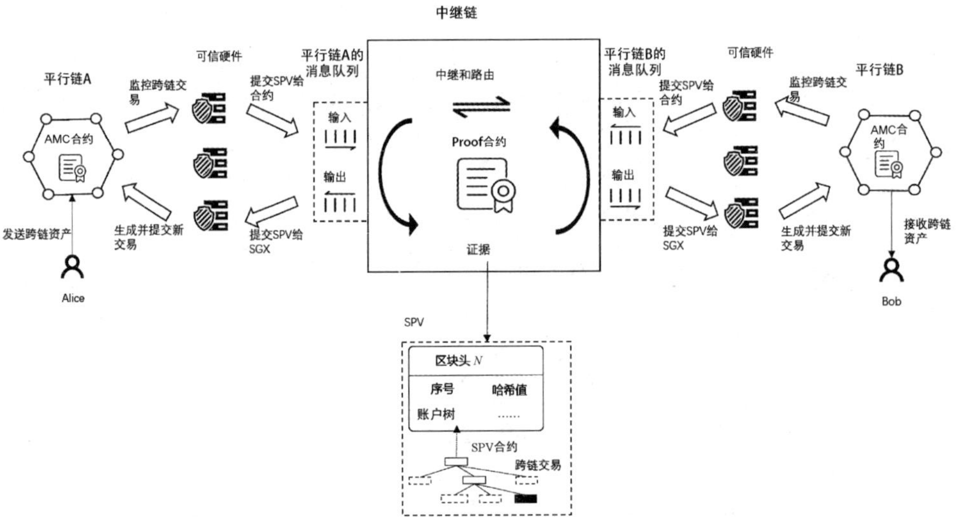

图 8-5

（1）用户 Alice 向平行链 A 的 AMC 合约发起一笔跨链交易。

（2）可信硬件节点监听到跨链交易。

（3）可信硬件节点经过简单验证后收集区块头、SPV 等在中继链里发送交易到中继链 Proof 合约。

（4）Proof 合约收到可信硬件节点提交的跨链提案，对跨链交易数据进行 SPV 验证和区块头校验等。若校验成功，则保存跨链交易提案。

（5）可信硬件节点监听到校验成功的跨链交易，同步区块头数据和 SPV，并进行中继链的交易验证。

（6）可信硬件节点根据跨链交易参数构建跨链交易到平行链 B 的 AMC 合约。

（7）平行链 B 的 AMC 合约收到可信硬件节点提交的跨链提案后，转移资产给用户 Bob。

（8）可信硬件节点监听并等待跨链交易结果，直至执行成功。

（9）可信硬件节点构建跨链反馈的交易，并将该交易发送到中继链。

（10）中继链 Proof 合约对上述交易进行 SPV 验证和区块头校验等。若校验成功，则保存跨链反馈交易提案。

（11）可信硬件节点监听到跨链反馈交易成功的数据。

（12）可信硬件节点构建跨链反馈的交易，发送到平行链 A。

（13）平行链 A 标示跨链交易流程完成。

8.4.4　哈希时间锁定

在跨链的过程中必须要保持状态一致，保持跨链事务的原子性。这是跨链交易的基本要求，也是必须解决的问题。Canal 通过使用哈希时间锁定协议的方式来保证交易的原子性。

如图 8-6 所示，在跨链流程中，在平行链 A 中发生一笔跨链交易，合约通过计算关键跨链数据生成哈希值并保存此次跨链交易，初始化交易状态。中继链转发该跨链交易到平行链 B 后，会触发平行链 B 生成一个资产接收的证据，产生一个关键哈希值存证，并将发送资产给 Bob。网关节点监控到跨链交易成功数据后将跨链交易的反馈数据返回到平行链 A 中，直到跨链交易更新状态为已成功。在一段长固定时间内，若没有收到跨链交易的反馈数据，则用户 Alice 可以向跨链合约申请退回跨链交易发起的资金，避免资金的损失。

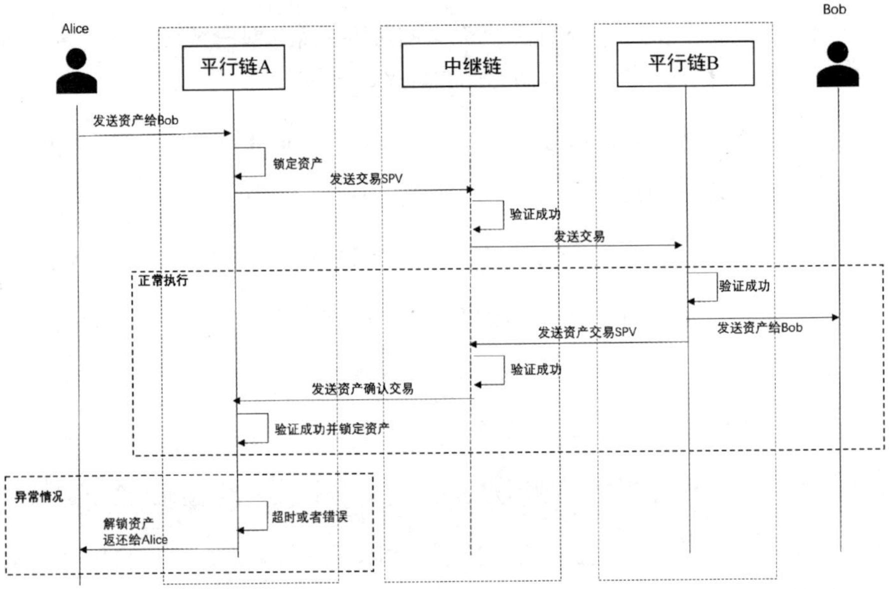

图 8-6

8.5　费用与激励机制

有效的费用与激励机制能维持跨链体系健康持续发展，鼓励并调动网关节点的积极性，使其参与到跨链过程的稳定、安全运行中，这是长期维持跨链体系持续运行的基础。Canal 的激励分配集中在网关节点的奖励上。

跨链交易的整个过程涉及平行链 A、中继链、平行链 B，网关节点在转发交易时将会产生费用，所以需要提供完善的奖励制度以保证网关节点的权益。由此必须设计有效的激励机制来促使跨链交易正常运行，在中继链上的 RMC 合约通过预言机实时、动态地介入平行链 A 和平行链 B 之间的汇率信息，以便平行链动态调整跨链交易的交易费用。

激励主要来源于发起跨链交易的源账户支付的手续费用，在平行链 A 和平行链 B 上各形成一个资金池。每一笔跨链交易都会在平行链 A 和平行链 B 上支付费用 F_A、F_B 填充各条链的资金池。其中，费用是由平行链 AMC 合约的管理者根据中继链的汇率而调整设定的。在固定的间隔周期内，平行链 A 和平行链 B 的合约会自动将奖励平均分配给当前周期里的所有网关节点账户。

8.6　本章小结

商用区块链系统往往都是以联盟链的形式存在的，在不同的区块链之间通过去中心化的方式进行价值传递非常重要，这也是商用区块链的诉求之一。本章介绍了跨链的难点，结合实际需求总结了一套可插拔的多态跨链体系 Canal，融合公证人模式、可信硬件模式、哈希时间锁定、中继链技术等实现了价值跨链传递。

第 9 章 隐私保护方案

9.1 概述

9.1.1 背景

区块链难以大规模商用的一个重要原因是作为一种公开账本，它建立了各个参与方之间的信任，却同时带来了一个新的问题，如何保护用户的隐私数据？因为区块链上所有数据都是公开、透明的，一旦被恶意挖掘及利用，将会给用户带来严重的威胁。

目前，已有的区块链隐私保护方案主要分成 3 大类：基于混合交易的隐私保护方案、基于区块链架构的隐私保护方案、基于密码学的隐私保护方案。

基于混合交易的隐私保护方案，如 Dash（达世）链，其通过混合交易的方式，阻断了发送者与接收者之间的联系。它只实现了资产不可追踪性，并没有隐藏交易的发送者、接收者、金额等关键信息。

基于区块链架构的隐私保护方案有 ChainLedger、状态通道等，从区块链架构出发，对架构进行改造，使得区块链中的节点维护不同的账本信息。虽然它能够有效地避免用户隐私的泄露，但是方案过于中心化。

基于密码学的隐私保护方案使用密码学技术来保护交易参与方的隐私，其中以零知识证明算法对交易信息的保护程度最高。具有代表性的方案有 Mimblewimble 和 ZCash 等。虽然 Mimblewimble 的效率和隐私性都很高，但是每次交易都需要接收者在线，与其发生交互才能完成；虽然 ZCash 能够实现完全隐私和非交互式功能，但是在每签名一笔交易时，都要求较高的内存，且签名交易的时间将近 1min，效率极低。

以上各种隐私保护方案都有自己独特的和适用的场景，都存在一些不足，本章介绍一种简洁、高效、非交互式、可审计的隐私保护方案 Cocoon。

9.1.2 隐私保护方案 Cocoon

Cocoon 实现了链上数据和链外数据的隐私保护，并且满足了监管审计的需求。

链上数据的隐私主要体现在 3 个方面：属性数据、金额、账户地址的隐藏。Cocoon 能实现金额和账户地址的隐藏，采用对称加密存储的方式实现对属性数据的保护。

目前，大部分隐私保护的项目都是基于 Bitcoin 分叉改进得来的，只能对原生资产的隐私进行保护，而 Cocoon 是一种不依赖特定链的隐私保护协议，可以基于区块链的智能合约实现该协议，用户可以通过智能合约发行并转移机密资产。

Cocoon 依托于被大量使用并被验证的加密原语椭圆曲线加密算法 ECC 及数字摘要算法，它的安全性等同于椭圆曲线加密算法 ECC 和数字摘要算法的安全性。该方案能快速生成和校验证据，交易简洁，不需要交互。下面将深入分析 Cocoon 的实现原理和过程。

9.2 隐私保护方案的技术实现

9.2.1 金额隐藏的设计与实现

对于一笔 UTXO 交易来说，如果它要被矿工打包进区块，那么需要校验交易有效。组成交易的元素包括输入值及对应签名、输出值及对应金额，所以要校验以下几项。

（1）输入值对应的上一笔交易的输出资产是否被花费过。

（2）输入值对应的签名是否有效。

（3）输入值之和是否等于输出值之和。

无隐私保护的区块链之所以披露金额，是为了满足第三步交易的需要。其实矿工对交易的具体金额并不关心，只要能验证输入值和输出值相等即可。所以，Cocoon 的初衷是把交易金额变成密文。怎样才能通过加密隐藏交易金额但不影响交易的验证呢？下面将阐述交易中隐藏金额的过程。

1. Cocoon的交易金额隐藏原理

Cocoon 的交易结构采用的是 UTXO 结构，通过佩德森承诺（Pederson Commitment）隐藏交易的金额，通过范围证明（Range Proof）算法确保输出的金额必须大于 0。

1）佩德森承诺

我们定义如下的公式：

$$C = r \times G + v \times H$$

式中，r 为一个大随机数，代表致盲因子；v 为金额；G 和 H 为生成元；C 为该笔输出金额的承诺证据，对交易金额进行盲化处理。G 和 H 是椭圆曲线密码的两个生成元，一个明文数值乘以生成元之后是一个经过椭圆曲线密码简单加密后的密文。这个运算是单向不可逆的，通过明文和生成元可以推出密文，但是通过密文和生成元倒推不出明文，这就是“离散对数问题”。

致盲因子 r 是随机数，由交易的构造者选取。致盲因子相当于非对称加密算法中的私钥，只能自己知道而不能泄露给其他人。为了保持“加法同态性”，需要对每笔交易的金额都进行致盲操作，公式如下：

$$(r_1 \times G + v_1 \times H) + (r_2 \times G + v_2 \times H) = (r_1 + r_2) \times G + (v_1 + v_2) \times H$$

式中，v_1、v_2 为交易金额；r_1 和 r_2 为致盲因子；G 和 H 为生成元。使用加密后的数字进行代数加法操作，其得出的结果与对加密之前的数字进行加法操作后再进行加密的结果是相等的。

2）余项

交易的双方彼此并不知道对方的致盲因子，但知道交易金额。我们可以把等式两边的交易金额那一项配平抵消，但是会保留致盲因子。将输出值减去输入值，最后一项为：

$$(r_{\mathrm{o}} - r_{\mathrm{i}}) \times G + 0 \times H = (r_{\mathrm{o}} - r_{\mathrm{i}}) \times G$$

式中，r_{o} 为交易输出的致盲因子之和；r_{i} 为交易输入的致盲因子之和；G 为生成元。通过上述方法计算后的结果就是“余项”（Excess）。

3）范围证明

出于严谨考虑，交易的金额肯定不能为负数。为了证明交易的所有输出值都是大于 0 的，就需要给交易的每个输出值都附带一个范围证明，即一个能够证明输出值大于 0 的、简短的零知识证明。

一般的范围证明利用环形签名算法，占用的存储空间与证明值的二进制位数相关，位数越大，消耗的空间越大。

4）交易金额隐藏原理

上面分别介绍了佩德森承诺、余项、范围证明在金额隐藏中的作用。

图 9-1 描述了交易金额的隐藏原理，该交易表示了一个输入值 v_1、一个输出值 v_2 及一笔找零 v_3 的机密交易。当 C 给定时，必然有对应的 r 和 v 满足 $r\times G+v\times H=C$，该承诺实现了对 v 的同态隐藏。

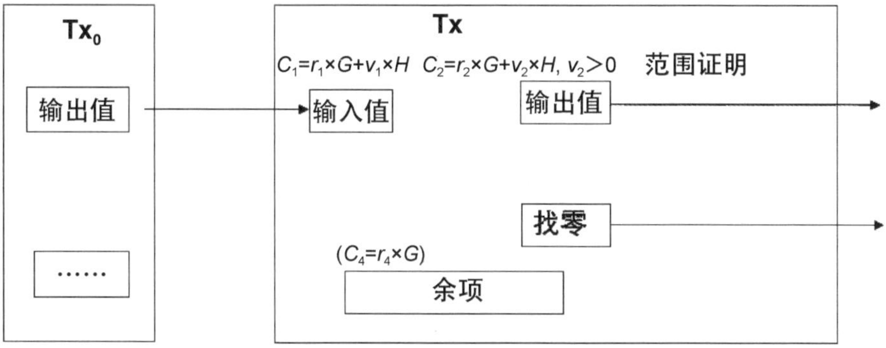

图 9-1

校验交易有效性的规则如下：

（1）$C_1=C_2+C_3+C_4$。

（2）校验 C_2 和 C_3 的范围证明。

（3）校验 C_4 是基点 G 的有效公钥，通过验签算法校验。

校验通过即证明以下两点：

（1）剩余金额守恒。

（2）交易经过 r_1 授权。

2. 椭圆曲线简介

为了实现金额的隐藏，需要一种具有同态性质的加密算法，椭圆曲线加密算法 ECC 满足这一特性。这里并不深入研究和讨论 ECC 算法，只简单说明一下基本原理。密码学中的椭圆曲线只是一组点，这组点能够对整数（亦称标量）进行加、减、乘运算。若整数为 k，G 为曲线参数，进行标量乘法运算可以计算 $k \times G$，这也是曲线上的一个点。若另一个整数为 j，也可以计算（$k+j$）$\times G$，它等于 $k \times G + j \times G$。椭圆曲线上的加法、标量乘法运算保持加法和乘法的交换率与结合律：

$$(k+j)\times G = k \times G + j \times G$$

在 ECC 算法中，如果选择一个非常大的数字 k 作为私钥，那么 $k \times G$ 会作为公钥。知道公钥 $k \times G$ 的值去计算 k 是非常困难的，这样就能达到保护 k 的目的。所以，在隐私交易中，交易输出的所有权是单独靠 k 确定的。

3. 为何要采用防弹协议（Bulletproofs）

范围证明作为一种零知识证明，可以证明金额在一定的范围内，其功能强大，但是缺点也很明显，即数据量非常大，而且验证的运算过程比较慢，即使在经过基于环形签名算法的优化之后，这些缺点也并没有得到很大的改善。

在布特尔（Bootle）等的努力下，防弹协议被提出来并被证明是一种更加高效的零知识证明，与范围证明相比，防弹协议有了更多的优势。防弹协议是通用的零知识证明，可以支持多方协议，比范围证明的功能更强。防弹协议也有一个高效的范围证明版本，可以进行批量验证，与旧版的范围证明相比，验证速度得到了很大提高。我们可以把防弹协议进行整合，整合后的防弹协议的空间利用率更高，数据量只是对数级的增长，而批量验证的效率更高。

综上所述，防弹协议具有更小、更快、更强健等特点，从而能够使 Cocoon 具有简洁和快速的特点。

9.2.2 非交互的设计与实现

1. 设计与实现

在 9.2.1 节中讲解了交易金额隐藏的过程，可以知道拥有私钥即拥有交易输出的所有权，在图 9-1 中构建了整个交易，需要发送者的私钥 r_1、接收者的私钥 r_2，这样虽然解决了隐私问题，但是也带来了其他问题，每次交易都需要交易双方进行一次交互，有没有一种办法不需要双方交互呢？Cocoon 采用椭圆曲线密钥交换技术对接收者的私钥 r_2 进行替换，实现了零交互，在交易输出中另外附加公钥，利用该公钥对应的私钥的签名实现所有权的转移。

图 9-2 展示了非交互式交易金额隐藏，定义公式如下：

$$r = \text{Hash}\left(r_2 \times r_1 \times G\right)$$

（1）r 为发送者和接收者可知的致盲因子，G 为椭圆曲线参数，$R_1 = r_1 \times G$，$R_2 = r_2 \times G$，即 $r = \text{Hash}(r_1 \times R_2) = \text{Hash}(r_1 \times r_2 \times G) = \text{Hash}(r_2 \times R_1)$。

（2）接收者可以运算 $\text{Hash}(r_2 \times R_1)$ 为该次输出的致盲因子。

（3）Enc 函数为对称加密函数，接收者可以还原 v_2 的值。

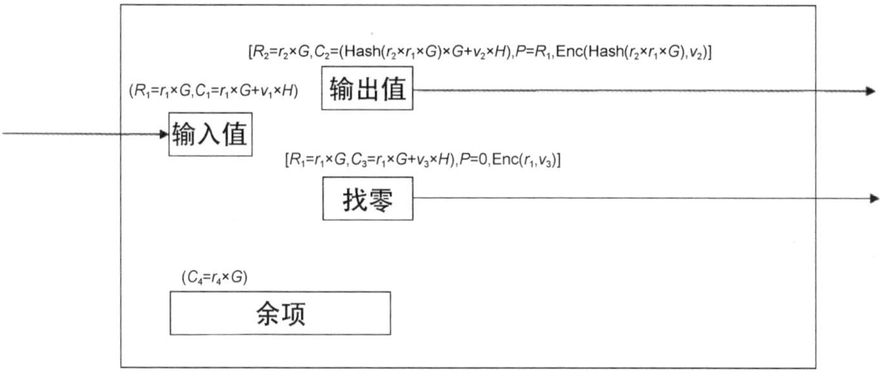

图 9-2

2. 椭圆曲线密钥交换

椭圆曲线密钥交换（Elliptic Curve Diffie-Hellman，ECDH）顾名思义就是 ECC + DH，安全性由椭圆曲线离散对数难题来保证。其思想与 DH（密钥交换算法）一致。

（1）椭圆曲线密码学属于非对称密码学。其公钥和私钥的计算公式如下：

① 私钥是一个随机数 d，取值范围为 $1,\cdots,n-1$，其中 n 是子群的阶。

② 公钥是椭圆曲线上的一个点 H。$H = dG$，G 是子群的基点。

知道了私钥 d 和椭圆曲线参数 G，求公钥 H 是很容易的，但是只知道公钥 H

和椭圆曲线参数 G，求解私钥 d 是非常困难的，需要解决离散对数难题，椭圆曲线的安全性有赖于此。

（2）使用 ECDH 进行密钥交换的工作过程如下：

① Alice 和 Bob 需要使用同一条椭圆曲线，参数 (p,a,b,G,n,h) 相同。

② Alice 和 Bob 生成各自的公钥和私钥。Ailce 生成私钥 d_A，公钥 $H_A = d_A G$。Bob 生成私钥 d_B，公钥 $H_B = d_B G$。

③ Alice 和 Bob 交换各自的公钥 H_A 和 H_B。

④ Alice 计算的结果为 $S = d_A H_B$，Bob 计算的结果为 $S = d_B H_A$，可以推导出它们的值相同。推导过程为 $S = d_A H_B = d_A d_B G = d_B (d_A G) = d_B H_A$。

至此，Alice 和 Bob 得到了相同的结果 S，但是第三方在知道椭圆曲线和 H_A、H_B 的情况下，是无法获知 S 的，因为要推导出 S，就必须知道其中一把私钥，这必须破解椭圆曲线离散对数难题，是做不到的。

9.2.3 地址隐匿的设计与实现

采用一次性密钥实现地址的隐藏，保证了接收者的隐私。图 9-3 展示了接收者地址的计算公式，其本质思想是，当发送者发起一笔交易时，使用接收者的公钥计算出一把一次性公钥，然后将加密货币转移至该一次性地址，接收者通过监听网络中的交易，利用自己的私钥，通过解密算法找到属于自身的交易，从而进行再次交易。网络中的其他节点无法确认两笔交易是发送给同一个接收者的，从而实现了交易的不可链接性。

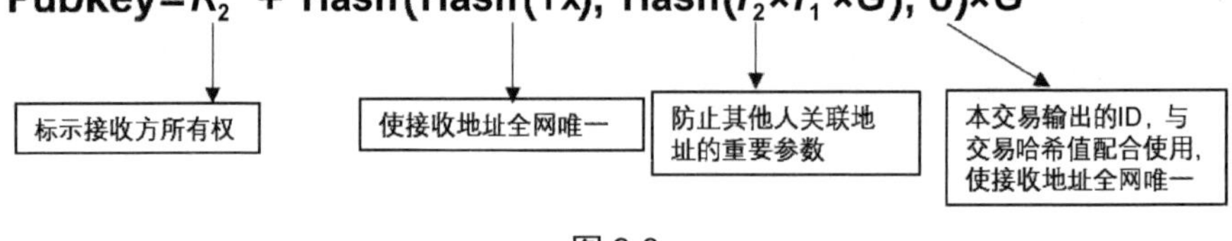

图 9-3

一笔标准的交易流程的实现过程如下：

（1）Alice 想要给 Bob 转移一笔资金，Bob 向 Alice 公布它的标准地址，Alice 解析 Bob 的地址为 Pubkey。

（2）Alice 根据交易、共享密钥、ID 计算其哈希值作为 Bob 的一次性公钥，$Pubkey=R_2+Hash(Hash(Tx),Hash(r_1\times r_2\times G),0)\times G$，其中 Hash 为密码学哈希运算函数。

（3）Alice 使用 Pubkey 作为交易输出的公钥地址，并且将地址 Pubkey 放入交易，在网络中广播交易。

（4）Bob 监听网络中的所有交易，并使用自身私钥 r_2 检查交易，计算 $Pubkey'=r_2\times G+Hash(Hash(Tx),Hash(r_2\times r_1\times G),0)\times G$。由于 $r_2\times G=R_2$ 和 $r_2\times r_1\times G=r_2\times R_1=r_1\times r_2\times G=r_1\times R_2$，所以 Pubkey=Pubkey'，那么 Bob 就知道 Alice 确实向自己转移了资金。

（5）拥有私钥即拥有交易输出的所有权，像大多数隐私保护方案一样，交易输出通过拥有 ECC 私钥来保证其所有权，Bob 能够恢复出相应的一次性私钥：$x=r_2+Hash(Hash(Tx),Hash(r_2\times R_1),0)$。Bob 可以随时使用私钥 r_2 获取私钥 x 来花费该笔资金。

Cocoon 通过附加“通过接收者变换后的公钥”实现所有权的转移，达到对地址隐藏的效果：所有权转移、其他人不能关联出变换前的公钥。

图 9-4 展示了 Cocoon 的交易原理及过程，描述如下：

（1）$Hash(r_2\times r_1\times G)$：发送者和接收者可知的致盲因子。

（2）接收者可以运算 $Hash(P\times r_2)$为该输出值的致盲因子。

（3）使用对称加密函数计算后，接收者可以还原 v_2 的值。

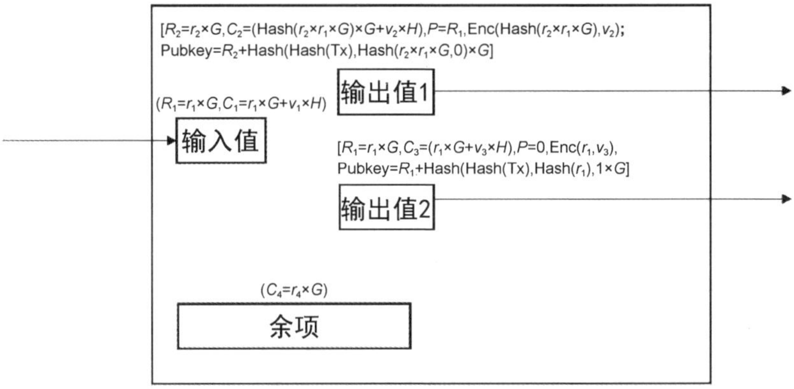

图 9-4

（4）Pubkey 为接收者变换后的公钥地址，只有通过对应的公钥签名才可花费该输出值。

（5）范围证明：v_2 值大于 0 的范围证明。

9.2.4 为何要使用 Schnorr 聚合签名

在多方签名的应用场景中，在 Cocoon 方案中采用的 ECDSA 签名算法暴露出两个明显的不足。随着签名数量的增加，交易数据量会不断增大，验证交易的计算量也在不断增大。我们使用 Schnorr 聚合签名算法就可以把多个公钥和签名数据聚合为一个公钥和签名，这样一方面可以减少交易数据量，另一方面只需要进行一次验证，提高了多方签名交易的效率。

当对 Schnorr 聚合签名数据进行验证时，只需要完成 n+1 次的点乘运算和 2n 次的加法运算就行了，而在 ECDSA 签名数据的验证过程中，需要完成 2n 次点乘运算和 n 次取模运算，相比之下，Schnorr 聚合签名的验证效率更高。

9.2.5 怎样与区块链系统适配

由于很多区块链系统是基于账户结构的，所以需要利用智能合约模拟 UTXO 结构进行隐私交易，并且给智能合约提供佩德森承诺验证接口、范围证明验证接口及 Schnorr 验签算法。

如图 9-5 所示，可以基于通用 AMC 合约模板修改，主要涉及 Issue 和 Transfer 两个接口。Cocoon 技术能够实现明文资产隐藏，也能实现隐藏资产转移，同时也可以将隐藏资产和明文资产相互转换等，其功能与一般的通用 AMC 合约模板的发行和转移功能区别不大。

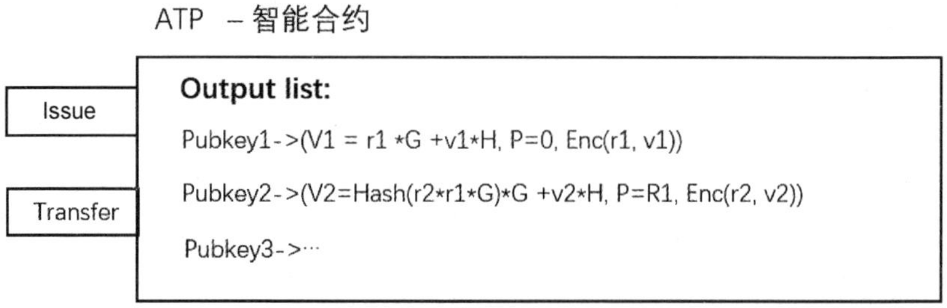

图 9-5

具体的交易的构造和验证如下。

1. 创建Issue交易

（1）Alice 准备发行 10000 个单位的 EBU 资产。

（2）Alice 计算资产的承诺证据 C_1。

（3）Alice 用其对应的私钥签署区块链系统交易。

（4）Alice 发送交易。

2. 验证Issue交易

（1）合约检查是否是 Alice 触发的 Issue 接口。

（2）在输出队列（output）中添加一个新的未花费输出记录。

3. 构造Transfer交易

（1）Alice 准备给 Bob 发送 3 个单位的 EBU 资产。

（2）Alice 查询余额并选定 UTXO（r_1,v_1），查询 Bob 对应的公钥 R_2。

（3）Alice 计算 C_2=(Hash($r_2\times r_1\times G$)$\times G+v_2\times H$)、找零 C_3=($r_1\times G+v_3\times H$)、Enc(v_2)、Enc(v_3)，及 C_2 和 C_3 的范围证明。

（4）Alice 计算 C_4=($r_1-r_2-r_3$)$\times G$，并利用 r_4 签名交易。

（5）附加输入队列（input）、输出队列（output）、找零和余项（excess）数据到交易的 input 字段。

（6）Alice 用其对应的私钥签署机密交易。

（7）Alice 发送交易。

4. 验证Transfer交易

（1）合约检查 $C_1 = C_2 + C_3 + C_4$。

（2）合约检查 C_2 和 C_3 的范围证明。

（3）检查余项的签名数据。

（4）如果检查都通过，那么销毁 C_1，增加 C_2 和 C_3。

9.3 审计

Cocoon 可以实现交易的追踪、认责、不可抵赖、数据授权访问、监管和审计等。公有链的数据全公开、完全匿名且无监管，成了部分不法分子的交易天堂。因此，账簿的全部或者部分要可以审计以满足监管要求。在参与者合作的情况下，审计人员可以查看账簿和交易详情，从而对运营情况进行准确评估。

监管人员只有查看账簿和交易详情的权限，但是没有修改具体详情的权限。Cocoon 采用了 ECDH 实现了监管人员能够查看账簿和交易详情。

图 9-6 分析了密钥交换过程。假设密钥交换双方为 User、Audit，其共享曲线参数（椭圆曲线 *E*、阶 *N*、基点 *G*）。

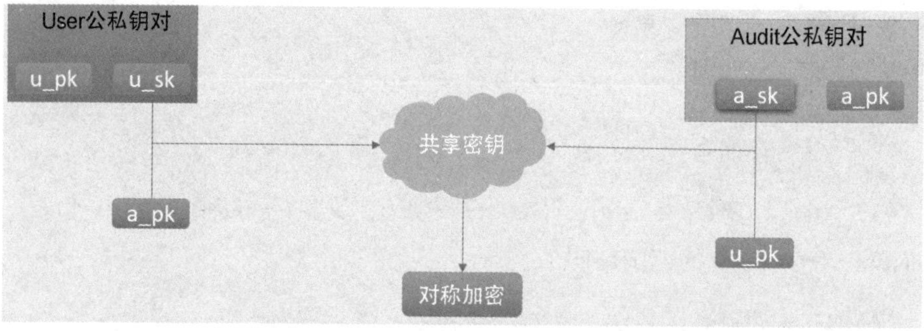

图 9-6

（1）User 生成随机整数 u_sk，计算 u_pk=u_sk*G。Audit 生成随机整数 a_sk，计算 a_pk=a_sk*G。

（2）User 将 u_pk 传递给 Audit。公钥 u_pk 的传递可以公开，即攻击者可以获取 u_pk。由于椭圆曲线的离散对数问题是难题，所以攻击者不可以通过 u_pk、G 计算出 u_sk。Audit 将 a_pk 传递给 User。同理，a_pk 的传递可以公开。

（3）Audit 收到 User 传递的 u_pk，计算 Q=a_sk*u_pk。

（4）User 收到 Audit 传递的 a_pk，计算 Q'=u_sk*a_pk。

由此得出，Q=a_sk*u_pk=a_sk*(u_sk*G)=(a_sk*u_sk)*G=(u_sk*a_sk)*G=u_sk*(a_sk*G)=u_sk*a_pk=Q'（交换律和结合律），即双方得到一致的密钥 Q。

9.4　本章小结

在实际的商业应用中，隐私是商业机密，甚至决定了企业的生死存亡。企业在使用区块链时，有很大的隐私保护需求，用来保护商业机密，同时在保护隐私的时候，又需要第三方机构的审核。本章结合实际商用需求，设计了一套隐私保护方案，使用佩德森承诺和范围证明，实现了交易的非交互式隐藏，既能隐藏交易金额，又能隐匿地址，同时也介绍了审计机制的原理。

第 3 部分　商用区块链的应用实践

目前，已经有不少企业或研究机构启动了商用区块链方面的探索研究，包括阿里巴巴、腾讯、中国人民银行、布比等。其中，布比是一家专注于区块链底层技术研发与商业应用的公司，其技术和平台的开源、开放程度高，便于用户使用和扩展。本部分将结合布比区块链平台 bubichain，进行商用区块链的应用实践介绍，以便让读者了解商用区块链开发、使用、部署、应用方面的更多细节。

10 第 10 章

bubichain 的开发与使用

易用性是商用区块链成熟度的主要指标之一。为了方便开发者开发，下面以 bubichain 开源区块链为例，介绍区块链的开发和使用，主要包括 SDK、底层区块链的 API，以及区块链的部署方法。

10.1 SDK支持

bubichain 区块链系统提供了 SDK，支持多种主流语言，例如 Java、Node.js、Golang、PHP、Objective-C，这些开发语言已经覆盖了传统互联网和商业应用开发的各种开发场景，能保证企业及开发者迅速开发产品。本节将以 Java 语言为例，介绍怎样在企业开发中使用 SDK 来提高开发产品的效率，使开发者更方便地操作和查询区块链系统节点。本节还介绍了 Java SDK 的使用方法、接口详情、对其他语言的开发。

10.1.1 Java SDK 开发

1. 引入包

Java SDK 的开发要求使用 JDK（Java Development Kit，Java 开发工具包）8.0 或更高版本，需要以下过程来配置。在 Maven 的配置文件中添加区块链系统节点的远程仓库，如下所示：

```
<repository>
    <id>releases</id>
    <url>http://××××</url>
    <releases>
        <enabled>true</enabled>
    </releases>
    <snapshots>
        <enabled>true</enabled>
    </snapshots>
</repository>
```

Maven 是 Apache 下的一个纯 Java 开发的开源项目，是一个用于项目管理的工具，可以对 Java 项目进行构建、依赖管理。以某个 Maven 开发环境为例，配置了与 SDK 相关的信息，如图 10-1 所示。

Name	Last Modified	Size	Description
Parent Directory			
1.0.1/	Fri Sep 20 19:09:14 CST 2019		
1.0.2/	Wed Sep 25 16:33:19 CST 2019		
maven-metadata.xml	Wed Sep 25 16:33:19 CST 2019	329	
maven-metadata.xml.md5	Wed Sep 25 16:33:19 CST 2019	32	
maven-metadata.xml.sha1	Wed Sep 25 16:33:19 CST 2019	40	

图 10-1

目前的 SDK 有 1.0.1 和 1.0.2 版本。本书以 1.0.2 版本为例进行介绍。在完成 Maven 配置后，在 pom.xml 的配置文件中添加相应版本的依赖包，如下所示：

```
<dependency>
    <groupId>bubichain</groupId>
    <artifactId>bubichain-sdk</artifactId>
    <version>1.0.2</version>
</dependency>
```

2. 使用方法

在搭建 SDK 环境后，本书将详细介绍数据请求参数与响应数据的格式。请求参数的方式为：接口的请求参数的类名是服务名 + 方法名 + Request。例如，账户服务下的 getInfo 接口的请求参数格式是 AccountGetInfoRequest。请求参数的成员是各个接口的入参成员。例如，账户服务下的 getInfo 接口的入参成员是 address，那么该接口的请求参数的完整结构如下：

```
Class AccountGetInfoRequest {
    String address;
}
```

响应数据的方式为：接口的响应数据的类名是服务名 + 方法名 + Response。例如，账户服务下的 getNonce 接口的响应数据格式是 AccountGetNonceResponse。响应数据的成员包括错误码、错误描述和返回结果。例如，资产服务下的 getNonce 接口的响应数据的成员如下：

```
Class AccountGetNonceResponse {
    Integer errorCode;
    String errorDesc;
    AccountGetNonceResult result;
}
```

其中，errorCode 是错误码，errorDesc 是错误描述，result 是返回结果。result 是一个结构体，它的类名称定义方式为服务名 + 方法名 + 字符串“Result”，其成员是各个接口返回值的成员。例如，账户服务下的 getNonce 接口的结果是一个类，名称是 AccountGetNonceResult，成员有 nonce，完整结构如下：

```
Class AccountGetNonceResult {
    Long nonce;
}
```

下面将介绍 SDK 的使用流程，首先需要生成 SDK 实例，然后调用相应服务的接口，其中服务包括账户服务、资产服务、合约服务、交易服务、区块服务，接口按使用分类分为生成公钥和私钥地址、有效性校验、查询、广播交易相关接口。

1）生成 SDK 实例

调用 SDK 的接口 getInstance 生成 SDK 实例，并简单配置。配置如下：

```
String url = "http://node.bubidev.cn";
SDK sdk = SDK.getInstance(url);
```

2）超时配置

配置如下：

```
SDKConfigure sdkConfigure = new SDKConfigure();
sdkConfigure.setHttpConnectTimeOut(5000);
sdkConfigure.setHttpReadTimeOut(5000);
sdkConfigure.setUrl("http://node.bubidev.cn");
sdk = SDK.getInstance(sdkConfigure);
```

3）生成公钥、私钥和地址

此接口生成 bubichain 账户的公钥、私钥和地址，直接调用 keypair.generator 接口即可，具体调用如下：

```
Keypair keypair = Keypair.generator();
System.out.println(keypair.getPrivateKey());
System.out.println(keypair.getPublicKey());
System.out.println(keypair.getAddress());
```

4）有效性校验

此接口用于校验信息的有效性，直接调用相应的接口即可，比如，校验账户地址的有效性，具体调用如下：

```
// 初始化请求参数
String address = "adxSdV6qWfyhJAmzrPbv3btsPPT6aFrqBku3C";
AccountCheckValidRequest request = new AccountCheckValidRequest();
request.setAddress(address);

// 调用 checkValid 接口
AccountCheckValidResponse response =
sdk.getAccountService().checkValid(request);
if(0 == response.getErrorCode()) {
    System.out.println(response.getResult().isValid());
} else {
    System.out.println("error: " + response.getErrorDesc());
}
```

5）查询

此接口用于查询区块链系统中的数据，直接调用相应的接口即可，比如，查询账户信息，具体调用如下：

```
// 初始化请求参数
String accountAddress = "adxSdV6qWfyhJAmzrPbv3btsPPT6aFrqBku3C";
AccountGetInfoRequest request = new AccountGetInfoRequest();
request.setAddress(accountAddress);

// 调用 getInfo 接口
AccountGetInfoResponse response = sdk.getAccountService().getInfo(request);
if (response.getErrorCode() == 0) {
    AccountGetInfoResult result = response.getResult();
    System.out.println(JSON.toJSONString(result,true));
}
else {
    System.out.println("error: " + response.getErrorDesc());
}
```

6）广播交易

广播交易是指通过广播的方式发起交易。广播交易包括以下步骤。

（1）获取账户的 nonce 值。开发者可以自己维护各个账户的 nonce 值，在提交完一笔交易后，自动为 nonce 值递增 1，这样可以在短时间内发送多笔交易，否则，必须等上一笔交易执行完成后，账户的 nonce 值才会加 1。调用如下：

```
// 初始化请求参数
String senderAddress = "adxSa4oENoQCc66JRouZu1rKu4RWjgS69YD4S";
AccountGetNonceRequest getNonceRequest = new AccountGetNonceRequest();
getNonceRequest.setAddress(senderAddress);

// 调用 getNonce 接口
AccountGetNonceResponse getNonceResponse =
sdk.getAccountService().getNonce(getNonceRequest);

// 赋值 nonce
if (getNonceResponse.getErrorCode() == 0) {
   AccountGetNonceResult result = getNonceResponse.getResult();
   System.out.println("nonce: " + result.getNonce());
}
else {
    System.out.println("error" + getNonceResponse.getErrorDesc());
}
```

（2）构建操作。这里的操作是指在交易中做的一些动作，便于序列化交易和评估费用。例如，构建发送支付原生资产操作（BUSendOperation），接口调用如下：

```
String senderAddress = "adxSa4oENoQCc66JRouZu1rKu4RWjgS69YD4S";
String destAddress = "adxSgTxU1awVzNUeR8xcnd3K75XKU8ziNHcWW";
Long buAmount = ToBaseUnit.BU2MO("10.9");

BUSendOperation operation = new BUSendOperation();
operation.setSourceAddress(senderAddress);
operation.setDestAddress(destAddress);
operation.setAmount(buAmount);
```

（3）序列化交易。该接口用于序列化交易，并生成交易 Blob 串，便于网络传输。其中，nonce 值和 operation 值是通过接口“获取账户的 nonce 值”和“构建操作”得到的，调用如下：

```
    // 初始化变量
    String senderAddress = "adxSa4oENoQCc66JRouZu1rKu4RWjgS69YD4S";
    Long gasPrice = 1000L;
    Long feeLimit = ToBaseUnit.BU2MO("0.01");

    // 初始化请求参数
    TransactionBuildBlobRequest buildBlobRequest = new
TransactionBuildBlobRequest();
    buildBlobRequest.setSourceAddress(senderAddress);
    buildBlobRequest.setNonce(nonce + 1);
    buildBlobRequest.setFeeLimit(feeLimit);
    buildBlobRequest.setGasPrice(gasPrice);
    buildBlobRequest.addOperation(operation);

    // 调用 buildBlob 接口
    TransactionBuildBlobResponse buildBlobResponse = sdk.
getTransactionService().buildBlob(buildBlobRequest);
    if (buildBlobResponse.getErrorCode() == 0) {
        TransactionBuildBlobResult result = buildBlobResponse.getResult();
        System.out.println("txHash: " + result.getHash() + ", blob: " +
result.getTransactionBlob());
    } else {
```

```
    System.out.println("error: " + buildBlobResponse.getErrorDesc());
}
```

（4）签名交易。该接口用于交易发起者使用其账户私钥对交易进行签名。其中，transactionBlob 是通过接口“序列化交易”得到的，调用如下：

```
// 初始化请求参数
String senderPrivateKey = "privbwAQyE2vWwzt9NuC8vecqpZm
7DS8kfiMPsKPcrTatUkmkxkVhfaf";
String []signerPrivateKeyArr = {senderPrivateKey};
TransactionSignRequest signRequest = new TransactionSignRequest();
signRequest.setBlob(transactionBlob);
for (int i = 0; i < signerPrivateKeyArr.length; i++) {
    signRequest.addPrivateKey(signerPrivateKeyArr[i]);
}

// 调用 sign 接口
TransactionSignResponse signResponse = sdk.getTransactionService().
sign(signRequest);
if (signResponse.getErrorCode() == 0) {
    TransactionSignResult result = signResponse.getResult();
    System.out.println(JSON.toJSONString(result, true));
} else {
    System.out.println("error: " + signResponse.getErrorDesc());
}
```

（5）提交交易。该接口用于向 bubichain 发送交易请求，触发交易执行。其中，transactionBlob 和 signResult 是通过“签名交易”接口得到的，调用如下：

```
// 初始化请求参数
TransactionSubmitRequest submitRequest = new TransactionSubmitRequest();
submitRequest.setTransactionBlob(transactionBlob);
submitRequest.setSignatures(signResult.getSignatures());

// 调用 submit 接口
TransactionSubmitResponse response = sdk.getTransactionService().
                                     submit(submitRequest);
if (0 == response.getErrorCode()) {
    System.out.println("交易广播成功,hash="+response.getResult().getHash());
```

```
    } else {
        System.out.println("error: " + response.getErrorDesc());
    }
```

3. 接口详情

接口的交易按照服务类型，可以分为以下几类：交易服务、操作、账户服务、合约服务、区块服务。下面将逐个介绍其功能和作用。

1）交易服务

交易服务提供与交易相关的接口，目前有 5 个接口：buildBlob、evaluateFee、sign、submit、getInfo。

（1）buildBlob。该接口用于序列化交易，生成交易 Blob 串，便于网络传输。

（2）evaluateFee。该接口用于实现交易的费用评估。

（3）sign。该接口用于实现交易的签名。

（4）submit。该接口用于实现交易的提交。

（5）getInfo。该接口用于实现根据交易哈希值查询交易。

2）操作

操作是交易具体的行为，一笔交易可以包含一个或者多个操作，在构建交易数据之前，需要构建操作数据。具体如下所示：

（1）BaseOperation。BaseOperation 是 buildBlob 接口中所有操作的基类。

（2）AccountActivateOperation。该操作用于激活账户。AccountActivateOperation 继承于 BaseOperation。

（3）AccountSetMetadataOperation。该操作用于设置账户 metadata。AccountSetMetadataOperation 继承于 BaseOperation。

（4）AccountSetPrivilegeOperation。该操作用于设置账户权限。AccountSetPrivilegeOperation 继承于 BaseOperation。

（5）AssetIssueOperation。该操作用于发行资产。AssetIssueOperation 继承于 BaseOperation。

（6）AssetSendOperation。若目标账户未激活，则必须先调用激活账户操作。

该操作用于转移资产。AssetSendOperation 继承于 BaseOperation。

（7）BUSendOperation。若目标账户未激活，则该操作也可使目标账户激活。该操作用于转移原生资产。BUSendOperation 继承于 BaseOperation。

（8）ContractCreateOperation。该操作用于创建合约。ContractCreateOperation 继承于 BaseOperation。

（9）ContractInvokeByAssetOperation。若合约账户不存在，则必须先创建合约账户。该操作用于转移资产并触发合约。ContractInvokeByAssetOperation 继承于 BaseOperation。

（10）ContractInvokeByBUOperation。若目标账户不是合约账户且未激活，则该操作也可使目标账户激活。该操作用于转移原生资产并触发合约。ContractInvokeByBUOperation 继承于 BaseOperation。

（11）LogCreateOperation。该操作用于记录日志。LogCreateOperation 继承于 BaseOperation。

3）账户服务

账户服务提供与账户相关的接口，具体如下：

（1）checkValid。该接口用于检查区块链账户地址的有效性。

（2）getInfo。该接口用于获取指定的账户信息。

（3）getNonce。该接口用于获取指定账户的 nonce 值。

（4）getBalance。该接口用于获取指定账户的原生资产的余额。

（5）getAssets。该接口用于获取指定账户的所有资产信息。

（6）getMetadata。该接口用于获取指定账户的 metadata 信息。

4）合约服务

合约服务提供与合约相关的接口，包含以下接口内容：

（1）checkValid。该接口用于检测合约账户的有效性。

（2）getInfo。该接口用于查询合约代码。

（3）getAddress。该接口用于查询合约账户地址。

（4）call。该接口用于调试合约代码。

5）区块服务

区块服务主要提供与区块相关的接口，包含以下接口内容：

（1）getNumber。该接口用于查询最新的区块高度。

（2）checkStatus。该接口用于检查本地节点区块是否同步完成。

（3）getTransactions。该接口用于查询指定区块高度下的所有交易。

（4）getInfo。该接口用于获取区块信息。

10.1.2 其他语言版本

bubichain 也支持其他语言版本的 SDK，如 Node.js、Golang、PHP、Objective-C 等，为企业和个人开发者快速对接区块链提供技术保障，通过 GitHub（源代码仓库）网站可以找到相应的文档内容，这里不再详细阐述。

10.2 API介绍

10.2.1 了解密钥对

密钥对（Keypair）包含一把公钥和一把私钥。公钥标识自己的身份，而私钥则用来证明自己的身份。在区块链上，使用私钥对交易进行签名，以此证明交易资产的所有权。本节将介绍密钥对的生成过程，以及在此基础上如何生成账户地址（Address）并对交易签名，介绍执行交易调用的两种接口方式以及相关流程，提供多种 ProtocolBuffer 数据结构参考信息，最后以示例的方式详细介绍使用接口和工具生成交易原始数据的过程。

图 10-2 是私钥、公钥和账户地址的生成原理。

1. 生成私钥

生成私钥需要使用随机算法、SHA256 等多个算法。生成私钥包括以下步骤：

（1）利用随机算法生成一个 256 比特的随机数（数学意义上的私钥），得到的字节数组即原始私钥（Raw Private Key），如下所示：

```
[17,236,24,183,207,250,207,180,108,87,224,39,189,99,246,85,138,120,236,78, 228,233,41,192,124,109,156,104,235,66,194,24]
```

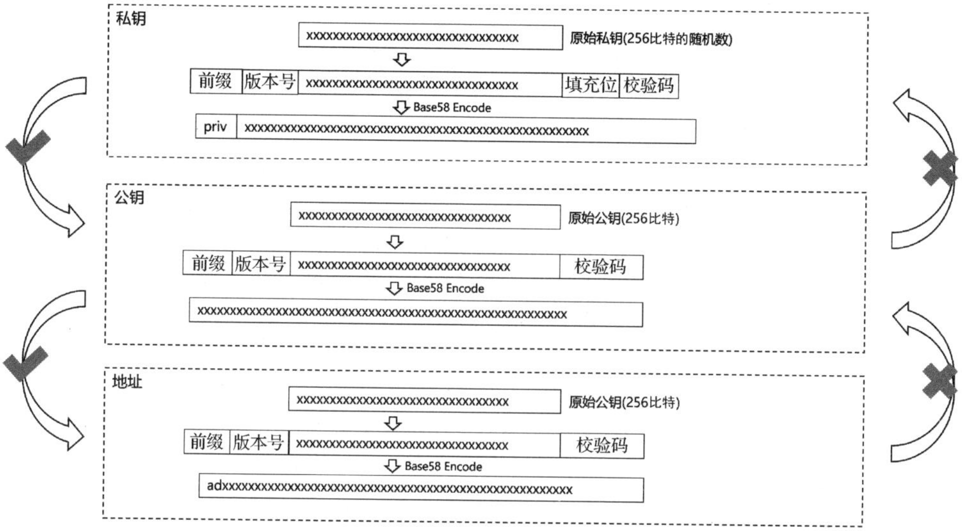

图 10-2

（2）在原始私钥前面加上 3 字节的前缀（Prefix），然后加上 1 字节的版本号（Version），并在后面添加 1 字节的填充位（Fill），得到新的字节数组，如下所示：

```
    [218,55,159,1,17,236,24,183,207,250,207,180,108,87,224,39,189,99,
246,85,138,120,236,78,228,233,41,192,124,109,156,104,235,66,194,24,0]
```

（3）对第（2）步得到的字节数组进行两次 SHA256 计算，取计算结果的前 4 字节，得到校验码（Checksum）的字节数组，如下所示：

```
    [30,19,80,117]
```

（4）将第（2）步得到的字节数组和第（3）步得到的校验码字节数组按照先后顺序连接在一起，得到新的字节数组，如下所示：

```
    [218,55,159,1,17,236,24,183,207,250,207,180,108,87,224,39,189,99,
246,85,138,120,236,78,228,233,41,192,124,109,156,104,235,66,194,24,0,
30,19,80,117]
```

（5）对第（4）步产生的字节数组进行 Base58 编码，得到以 priv 开始的字符串，即私钥（Private Key），如下所示：

```
    privbsGZFUoRv8aXZbSGd3bwzZWFn3L5QKq74RXAQYcmfXhhZ54CLr9z
```

至此，就完成了私钥的生成。表 10-1 描述了私钥生成过程中所依赖的关键字段。其中，Prefix 为前缀，Version 为版本号，Fill 为填充值，Checksum 为校验码。

表 10-1

名称	数据内容	长度
Prefix	0xDA,0x37,0x9F	3 字节
Version	0x01	1 字节
Fill	0x00	1 字节
Checksum	对第（2）步得到的字节数组进行两次 SHA256 计算，取计算结果的前 4 字节	4 字节
priv	private 的缩写，私钥字符串的前缀	4 字节

2. 生成公钥

生成公钥需要在生成私钥之后实现，需要用到 ED25519 算法。生成公钥包含以下步骤：

（1）通过 ED25519 算法对原始私钥进行处理，生成 32 比特的字节数组，即原始公钥（Raw Public Key）。例如，私钥为

```
privbsGZFUoRv8aXZbSGd3bwzZWFn3L5QKq74RXAQYcmfXhhZ54CLr9
```

其原始公钥如下所示：

```
[21,118,76,208,23,224,218,117,50,113,250,38,205,82,148,81,162,27,
130,83,208,1,240,212,54,18,225,158,198,50,87,10]
```

（2）在原始公钥前面加上 1 字节的前缀，然后加上 1 字节的版本号，得到新的字节数组，如下所示：

```
[176,1,21,118,76,208,23,224,218,117,50,113,250,38,205,82,148,81,
162,27,130,83,208,1,240,212,54,18,225,158,198,50,87,10]
```

（3）对第（2）步得到的字节数组进行两次 SHA256 计算，取计算结果的前 4 字节，得到校验码的字节数组，如下所示：

```
[116,171,22,107]
```

（4）将第（2）步得到的字节数组和第（3）步得到的校验码字节数组按照先后顺序连接在一起，得到新的字节数组，如下所示：

```
[176,1,21,118,76,208,23,224,218,117,50,113,250,38,205,82,148,81,
```

```
162,27,130,83,208,1,240,212,54,18,225,158,198,50,87,10,116,171,22,107]
```

（5）对第（4）步得到的字节数组进行 16 进制编码，得到 16 进制字符串，即公钥（Public Key），如下所示：

```
    b00115764cd017e0da753271fa26cd529451a21b8253d001f0d43612e19ec632
570a74ab166b
```

至此，就完成了公钥的生成。表 10-2 描述了公钥生成过程中所依赖的关键字段。

表 10-2

名称	数据内容	长度
Prefix	0xB0	1 字节
Version	0x01	1 字节
Checksum	对第（2）步得到的字节数组进行两次 SHA256 计算，取计算结果的前 4 字节	4 字节

3. 生成账户地址

在生成私钥和公钥后可以进一步通过算法生成账户地址。生成账户地址包含以下步骤：

（1）通过 ED25519 算法对原始私钥进行处理，生成 32 比特的字节数组，即原始公钥。例如，私钥为

```
    privbsGZFUoRv8aXZbSGd3bwzZWFn3L5QKq74RXAQYcmfXhhZ54CLr9z
```

其原始公钥如下所示：

```
    [21,118,76,208,23,224,218,117,50,113,250,38,205,82,148,81,162,27,
130,83,208,1,240,212,54,18,225,158,198,50,87,10]
```

（2）对原始公钥进行一次 SHA256 计算，并取计算结果的后 20 比特，得到字节数组，如下所示：

```
    [173,148,59,51,183,193,55,160,1,133,247,80,65,13,67,190,164,114,
18,220]
```

（3）在第（2）步得到的字节数组前面加上 2 字节的前缀，然后加上 1 字节的

版本号，得到新的字节数组，如下所示：

```
[248,225,1,173,148,59,51,183,193,55,160,1,133,247,80,65,13,67,19
0,164,114,18,220]
```

（4）对第（3）步得到的字节数组进行两次 SHA256 计算，取计算结果的前 4 字节，得到校验码的字节数组，如下所示：

```
[255,77,167,51]
```

（5）将第（3）步得到的字节数组和第（4）步得到的校验码字节数组按照先后顺序连接在一起，得到新的字节数组，如下所示：

```
[248,225,1,173,148,59,51,183,193,55,160,1,133,247,80,65,13,67,19
0,164,114,18,220,255,77,167,51]
```

（6）对第（5）步得到的字节数组进行 Base58 编码，得到以 adx 开头的字符串，即账户地址（Address），如下所示：

```
adxSixLyrba6UyVXVhUoT1wSA3nNzY5qrTift
```

至此，就完成了账户地址的生成。

表 10-3 描述了账户地址生成过程中所依赖的关键字段。

表 10-3

名称	数据内容	长度
Prefix	0XF8，0XE1	2 字节
Version	0x01	1 字节
Checksum	对第（3）步得到的字节数组进行两次 SHA256 计算，取计算结果的前 4 字节	4 字节

4. 签名交易

借助 ED25519 算法和私钥对需要签名的交易（transaction_blob 的反 16 进制编码得到的字节数组）进行签名，并进行 16 进制转换，得到签名字符串 sign_data。

下面的示例展示了如何用 ED25519 算法和私钥对 transaction_blob 签名。

私钥如下：

```
privbsGZFUoRv8aXZbSGd3bwzZWFn3L5QKq74RXAQYcmfXhhZ54CLr9z
```

transaction_blob 如下：

```
0A24627551566B5555424B70444B526D48595777314D553855376E676F516568
6E6F31363569109F0818C0843D20E80732146275696C642073696D706C6520616363
6F756E743A5F080112246275515 66B5555424B70444B526D48595777314D55385537
6E676F5165686E6F3136356922350A246275516E6936794752574D4D454376585850
673854334B35615A557551456351523670691A0608011A02080128C7A3889BAB20
```

用 ED25519 算法的签名接口对待签名的交易（transaction_blob 的反 16 进制编码得到的字节数组）进行签名，并进行 16 进制转换，得到的 sign_data 如下：

```
a46ee590a84abdeb8cc38ade1ae8e8a2c71bb69bdc4cd7dc0de1b74b37e2cbd1
696229687f80dff4276b1a3dd3f95a9bc1d569943b337fe170317430f36d6401
```

5. 交易提交方式

交易 blob 的生成和提交有两种方式：用 HTTP 调用接口生成和提交、用本地工具生成和提交。由于 transaction_blob 很可能被截取和篡改，因此不建议调用接口生成 transaction_blob。 如果需要调用接口生成 transaction_blob、签名并提交交易，那么请查看 HTTP 中的序列化交易接口。

1）用 HTTP 调用接口生成和提交

调用接口生成 transation_blob 包含以下步骤：

（1）调用 HTTP 请求，使用 getAccount 接口获取待发起交易账户的 nonce 值，代码如下所示：

```
HTTP GET host:port/getAccount?address=账户地址
```

（2）根据调用 HTTP 请求的结果，填充 JSON 数据，格式如下所示：

```
{
    "source_address":"xxxxxxxxxxx", //交易源账户，即交易的发起方
    "nonce":2,                  //需要在第（1）步中获取值的基础上加 1
    "ceil_ledger_seq": 0,       //可选
    "fee_limit":1000,           //交易支付的费用
    "gas_price": 1000,          //Gas 价格(不小于配置的最低值)
    "metadata":"0123456789abcdef",
                                //可选，用户自定义给交易的备注，16 进制格式
    "operations":[
        {
```

```
            //根据不同的操作填写
        },
        {
            //根据不同的操作填写
        }
        ......
    ]
}
```

（3）通过调用 getTransactionBlob 接口将第（2）步生成的 JSON 数据作为参数传入，得到一个交易哈希值（hash）和交易序列化数据（transaction_blob），实现交易序列化，格式如下所示：

```
{
    "error_code": 0,
    "error_desc": "",
    "result": {
       "hash": "xxxxxxxxxxxxxxxxxxxxxxxxxxxxxxxxxxxxxxxxxxxxxxxxxxxxxxxxxx",
        //交易哈希值
       "transaction_blob": "xxxxxxxxxxxxxxxxxxxxxxxxxxxxxxxxxxxxxxxxxx"
        //交易序列化之后的16进制表示
    }
}
```

（4）对交易进行签名并填充交易数据。根据之前生成的私钥对 transaction_blob 签名，然后填充提交交易的 JSON 数据，格式如下所示：

```
{
    "items" : [{
       "transaction_blob" : "xxxxxxxxxxxxxxxxxxxxxxxxxxxxxxxxxxxxxxxxxxxxxxxxxxxxx",
                              //一笔交易序列化之后的16进制表示
        "signatures" : [{   //第一个签名
            "sign_data" : "xxxxxxxxxxxxxxxxxxxxxxxxxxxxxxxxxxxxxxxxxxxxxxxxxxxxx",
                              //签名数据
            "public_key" : "xxxxxxxxxxxxxxxxxxxxxxxxxxxxxxxxxxxxxxxxxxxxxxx"
                              //公钥
        }, {//第二个签名
            "sign_data" : "xxxxxxxxxxxxxxxxxxxxxxxxxxxxxxxxxxxxxxxxxxxxxxxxxxxxx",
                              //签名数据
            "public_key" : "xxxxxxxxxxxxxxxxxxxxxxxxxxxxxxxxxxxxxxxxxxxxxxx"
                              //公钥
```

```
        }]
    }]
}
```

（5）通过调用 submitTransaction 接口，将第（4）步生成的 JSON 数据作为参数传入，得到响应结果，完成交易提交。响应结果的格式如下所示：

```
{
    "results": [
        {
            "error_code": 0,
            "error_desc": "",
            "hash": "xxxxxxxxxxxxxxxxxxxxxxxxxxxxxxxxxxxxxxxxxxxxxxxxxxxxxxxxxxx"
                                //交易哈希值
        }
    ],
    "success_count": 1
}
```

2）用本地工具生成和提交

使用 SDK 中提供的签名工具，生成 transaction_blob，签名并提交交易，具体操作包括以下步骤：

（1）通过调用 getAccount 接口获取待发起交易的账户的 nonce 值，如下所示：

```
HTTP GET host:port/getAccount?address=账户地址
```

（2）填充 protocol buffer 的交易对象 Transaction，并进行序列化操作，从而得到 transaction_blob。具体的交易数据结构详情请参考 4.4 节。

（3）签名交易，并填充交易数据。根据私钥生成公钥，并用私钥对 transaction_blob 签名，然后填充提交交易的 JSON 数据，格式如下：

```
{
    "items" : [{
        "transaction_blob" : "xxxxxxxxxxxxxxxxxxxxxxxxxxxxxxxxxxxxxxxxxxxxxxxxxx",
                                //一笔交易序列化之后的 16 进制表示
        "signatures" : [{   //第一个签名
            "sign_data" : "xxxxxxxxxxxxxxxxxxxxxxxxxxxxxxxxxxxxxxxxxxxxxxxxxx",
                                //签名数据
            "public_key" : "xxxxxxxxxxxxxxxxxxxxxxxxxxxxxxxxxxxxxxxxxxx"
```

```
                    //公钥
        }, {//第二个签名
            "sign_data" : "xxxxxxxxxxxxxxxxxxxxxxxxxxxxxxxxxxxxxxxxxxxxxxxx",
                    //签名数据
            "public_key" : "xxxxxxxxxxxxxxxxxxxxxxxxxxxxxxxxxxxxxxxxxxxx"
                    //公钥
        }]
    }]
}
```

（4）通过调用 submitTransaction 接口，将第（3）步生成的 JSON 数据作为参数传入，完成交易提交。响应结果的格式如下：

```
{
    "results": [
        {
            "error_code": 0,
            "error_desc": "",
            "hash": "xxxxxxxxxxxxxxxxxxxxxxxxxxxxxxxxxxxxxxxxxxxxxxxxxxxxxxxxxxxx"
                    //交易哈希值
        }
    ],
    "success_count": 1
}
```

10.2.2 HTTP 接口

HTTP 接口是区块链系统节点提供的 Web API 调用方式。开发者可以使用这些接口与区块链系统节点交互，包括签名交易、发起交易、查询区块信息、查询交易信息等。在使用这些接口之前需要对 HTTP 接口中的数据格式、Web 服务器、端口配置、交易过程、交易的操作等基本信息进行了解。

1. JSON

在 HTTP 接口中的数据都是 JSON 格式的。

2. HTTP

区块链系统节点程序提供了 HTTP API 接口。你可以在安装目录/config/bubi.json 文件中找到 webserver 对象，它们配置了 HTTP 服务端口。

```
"webserver": {
    "listen_addresses": "0.0.0.0:36002"
}
```

3. 交易过程

（1）根据意愿组装交易对象 Transaction，不同的交易有不同的数据结构。

（2）把交易对象序列化为字节流 transaction_blob。

（3）用私钥 skey 对 transaction_blob 签名得到 sign_data，skey 的公钥为 pkey。

（4）提交交易。

（5）根据交易的哈希值查询以确定交易是否成功。

4. 试一试

如果区块链系统的节点刚刚部署完成，那么目前区块链系统中只有创世账户。你可以通过 HTTP 接口查询创世账户（以本地域名 localhost 和端口 36002 为例）。

```
HTTP GET localhost:36002/getGenesisAccount
或
curl get localhost:36002/getGenesisAccount
```

你会得到类似这样的返回内容：


```
{
    "error_code" : 0,
    "result" : {
        "address" : "adxSn8xpL7c2xkxwbreVCs6EZ7KZbBvtDaLtV",
        "assets" : null,
        "balance" : 100000000000000000,
        "metadatas" : null,
        "priv" : {
            "master_weight" : 1,
            "thresholds" : {
                "tx_threshold" : 1
            }
        }
    }
}
```

返回结果中的address的值就是创世账户地址。你还可以通过查询账户接口查询任意账户。

```
    HTTP GET
    localhost:36002/getAccount?address=adxSn8xpL7c2xkxwbreVCs6EZ7KZb
BvtDaLtV
    或
    curl get
    localhost:36002/getAccount?address=adxSn8xpL7c2xkxwbreVCs6EZ7KZb
BvtDaLtV
```

5. 接口介绍

区块链系统节点底层提供了很多接口，见表10-4。

表 10-4

名称	定义	描述
查询账户	getAccount	查询指定账户的信息及其所有资产和元数据（metadata）
查询资产	getAccountAssets	返回指定账户的资产信息
查询元数据	getAccountMetaData	返回指定账户的metadata信息
查询交易	getTransactionHistory	返回已完成的交易记录
查询缓存队列交易	getTransactionCache	返回提交成功的，但还未执行的交易
查询区块头	getLedger	返回区块头信息
序列化交易	getTransactionBlob	返回目标交易的哈希值和序列化之后的16进制字符串
提交交易	submitTransaction	将序列化的交易和签名列表发送到区块链网络
调用合约	callContract	程序提供智能合约的沙箱环境，在调用过程中不会更改区块链和合约的状态，智能合约可以是公有链上已存的，也可通过设置参数的方式，上传本地的合约代码进行调试
评估费用	testTransaction	在评估费用的时候，不改变当前参数下的账户余额，交易中涉及的源账户和目标账户都必须在系统中存在（创建账户操作除外）

6. 发起一笔交易

下面将使用区块链的账户地址 adxSW512jUyDASna878ECgZ4QFyhh6AtEJP6E 发起一笔交易，这笔交易只有1个操作，即创建一个新账户地址 adxSX1Syp

C33doY4a5MYYr5zBZUvB33kKHdAo。我们可以通过向该新账户转移原生资产，完成账户创建的过程。

（1）获取账户的 nonce 值。在交易的结构中，需要确认交易在交易发起账户中的序号，因此，需要通过查询账户基本信息接口获取交易发起账户的 nonce 值，并在其 nonce 值基础上增加 1。

接口调用如下：

```
    HTTP GET
    localhost:36002/getAccountBase?address=adxSW512jUyDASna878ECgZ4Q
Fyhh6AtEJP6E
    或
    curl GET
    localhost:36002/getAccountBase?address=adxSW512jUyDASna878ECgZ4Q
Fyhh6AtEJP6E
```

返回内容如下：

```
    {
        "error_code" : 0,
        "result" : {
            "address" : "adxSW512jUyDASna878ECgZ4QFyhh6AtEJP6E",
            "assets_hash" : "ad67d57ae19de8068dbcd47282146bd553fe9f
               684c57c8c114453863ee41abc3",
            "balance" : 96545066100,
            "metadatas_hash" : "ad67d57ae19de8068dbcd47282146bd553fe9
               f684c57c8c114453863ee41abc3",
            "nonce" : 20,
            "priv" : {
                "master_weight" : 1,
                "thresholds" : {
                    "tx_threshold" : 1
                }
            }
        }
    }
```

（2）组装操作。根据操作（pay_coin）的结构体和操作码（type）内容，生成操作的 JSON 结构如下：

```
{
    "type": 7,
    "pay_coin": {
        "dest_address": "adxSX1SypC33doY4a5MYYr5zBZUvB33kKHdAo",
        "amount": 10000000,
        "input": ""
    }
}
```

（3）生成交易对象。假设获取账户的 nonce 值是 20，那么新交易的序号是 21。再根据组装操作中得到的操作结构，从而生成交易的 JSON 结构如下：

```
{
    "source_address": "adxSW512jUyDASna878ECgZ4QFyhh6AtEJP6E",
    "nonce": 21,
    "fee_limit":1000000,
    "gas_price":1000,
    "operations": [{
        "type": 7,
        "pay_coin": {
            "dest_address": "adxSX1SypC33doY4a5MYYr5zBZUvB33kKHdAo",
            "amount": 10000000,
            "input": ""
        }
    }]
}
```

（4）序列化交易数据。可以通过序列化交易接口来实现该功能。接口调用如下：

```
HTTP POST localhost:36002/getTransactionBlob
或
curl localhost:36002/getTransactionBlob -X POST -d
"{\"source_address\":\"adxSW512jUyDASna878ECgZ4QFyhh6AtEJP6E\",\
"nonce\":21,\"fee_limit\":1000000,\"gas_price\":1000,\"operations\":
[{\"type\":7,\"pay_coin\":{\"dest_address\":\"adxSX1SypC33doY4a5MYYr
5zBZUvB33kKHdAo\",\"amount\":10000000,\"input\":\"\"}}]}"
```

返回内容如下：

```
{
    "error_code": 0,
```

```
        "error_desc": "",
        "result": {
            "hash": "3f90865062d7737904ea929cbde7c45e831e4972cf582b69
a0198781c452e9e1",
            "transaction_blob": "0a246275516f50326552796d4163556d337
57657675138526e6a7472536e58425866417a7356101518c0843d20e8073a2f08075
22b0a24627551747336446654354b6176745639344a675a7937354839706977 6d623
74b6f5557671080ade204"
        }
    }
```

（5）签名。签名就是用 adxSW512jUyDASna878ECgZ4QFyhh6AtEJP6E 的私钥对序列化交易数据中的 transaction_blob 的值进行签名，并生成公钥。得到的签名数据如下：

```
    [{
        "sign_data": "ACF64A7D41244AFC4465DBC225D616E0499776140D46BA
7A84B1B6B263DAF1422904137E0181301F480F7114EC7CC5BBE4763EDA981E565EF8
1EF7705596CB0B",
        "public_key":"b00168eceea7900ddcb8f694161755f98590ba7944de3b
fe339610fe0cacc10a18372dcbf71b"
    }]
```

（6）提交交易数据。根据序列化交易数据得到的 transaction_blob 和签名得到的签名数据，生成提交交易接口中 body 的 JSON 结构如下：

```
    {
        "items" : [{
            "transaction_blob" : "0a246275516f50326552796d4163556d33
757657675138526e6a7472536e58425866417a7356101518c0843d20e8073a2f0807
522b0a246275517473364466543 54b6176745639344a675a7937354839706977 6d62
374b6f5557671080ade204",
            "signatures" : [{
                "sign_data" : "ACF64A7D41244AFC4465DBC225D616E049977
6140D46BA7A84B1B6B263DAF1422904137E0181301F480F7114EC7CC5BBE4763EDA9
81E565EF81EF7705596CB0B",
                "public_key" : "b00168eceea7900ddcb8f694161755f98590b
a7944de3bfe339610fe0cacc10a18372dcbf71b"
            }]
        }]
    }
```

调用接口如下：

```
HTTP POST localhost:36002/submitTransaction
或
curl localhost:36002/submitTransaction -X POST -d
"{\"items\":[{\"transaction_blob\":\"0a246275516f50326552796d416
3556d33757657675138526e6a7472536e58425866417a7356101518c0843d20e8073
a2f0807522b0a246275517473364466543 54b6176745639344a675a7937354839706
9776d62374b6f5557671080ade204\",\"signatures\":[{\"sign_data\":\"ACF
64A7D41244AFC4465DBC225D616E0499776140D46BA7A84B1B6B263DAF1422904137
E0181301F480F7114EC7CC5BBE4763EDA981E565EF81EF7705596CB0B\",\"public
_key\":\"b00168eceea7900ddcb8f694161755f98590ba7944de3bfe339610fe0ca
cc10a18372dcbf71b\"}]}]}"
```

返回内容如下：

```
{
    "results": [
        {
            "error_code": 0,
            "error_desc": "",
            "hash": "3f90865062d7737904ea929cbde7c45e831e4972cf5
82b69a0198781c452e9e1"
        }
    ],
    "success_count": 1
}
```

（7）查询交易结果。可以根据上述提交交易数据接口得到的哈希值，再通过查询交易接口确认交易是否执行成功（查看transactions下的error_code是否等于0）。

接口调用如下：

```
HTTP GET
localhost:36002/getTransactionHistory?hash=3f90865062d7737904ea9
29cbde7c45e831e4972cf582b69a0198781c452e9e1
或
curl get
localhost:36002/getTransactionHistory?hash=3f90865062d7737904ea9
29cbde7c45e831e4972cf582b69a0198781c452e9e1

得到结果：
```

```
    {
        "error_code": 0,//交易查询成功
        "result": {
            "total_count": 1,
            "transactions": [
                {
                    "actual_fee": 245000,
                    "close_time": 1552125554325904,
                    "error_code": 0,//交易执行成功
                    "error_desc": "",
                    "hash": "3f90865062d7737904ea929cbde7c45e831e4972
cf582b69a0198781c452e9e1",
                    "ledger_seq": 2688046,
                    "signatures": [
                        {
                            "public_key": "b00168eceea7900ddcb8f6941
61755f98590ba7944de3bfe339610fe0cacc10a18372dcbf71b",
                            "sign_data": "acf64a7d41244afc4465dbc225d
616e0499776140d46ba7a84b1b6b263daf1422904137e0181301f480f7114ec7cc5b
be4763eda981e565ef81ef7705596cb0b"
                        }
                    ],
                    "transaction": {
                        "fee_limit": 1000000,
                        "gas_price": 1000,
                        "nonce": 21,
                        "operations": [
                            {
                                "pay_coin": {
                                    "amount": 10000000,
                                    "dest_address": "adxSX1SypC33do
                                    Y4a5MYYr5zBZUvB33kKHdAo"
                                },
                                "type": 7
                            }
                        ],
                        "source_address": "adxSW512jUyDASna878ECgZ4
                        QFyhh6AtEJP6E"
                    },
```

```
                "tx_size": 245
            }
        ]
    }
}
```

7. 错误码

如果 HTTP 请求错误，那么将会返回 error_code（错误码）。

10.2.3 WebSocket 接口

WebSocket 接口基于 WebSocket 协议实现。WebSocket 是一种网络传输协议，基于 TCP 连接进行全双工通信，属于网络七层模型的应用层。WebSocket 协议使得客户端和服务端之间的数据交换变得更加简单，允许服务端主动向客户端推送数据。与 HTTP 协议的请求相比，WebSocket 协议属于长链接，消耗资源更少，效率更高。

区块链系统节点提供了 WebSocket API 接口。你可以在安装目录/config/bubichain.json 文件中找到 wsserver 对象，它指定了 WebSocket 服务端口。

```
"wsserver":
{
    "listen_address": "0.0.0.0:36003"
}
```

bubichain 区块链系统使用 Protocol Buffer 3 序列化数据，Protocol Buffer 3 是 Google 推出的数据序列化协议，是一种与语言和平台无关的可扩展机制，用于序列化结构化数据。使用 Protocol Buffers 3 可以一次定义结构化的数据，然后可以使用各种语言编写序列化代码读/写数据。区块链系统使用的所有数据格式都能在源代码的 src/proto 目录中找到。其中，chain.proto 文件中定义的数据是与交易、区块、账户密切相关的。

交易过程如下：

（1）根据意愿组装交易对象 Transaction，不同的交易有不同的数据结构。

（2）交易对象序列化为字节流 transaction_blob，Transaction 对象有序列化的方法，调用之后可得到字节流 transaction_blob。

（3）使用私钥 skey 对 transaction_blob 签名得到 sign_data，skey 的公钥为 pkey。

（4）提交交易，并可通过响应消息得到是否执行成功的消息。

WebSocket 接口消息类型的设计如下：

```
enum ChainMessageType {
    CHAIN_TYPE_NONE = 0;
    CHAIN_HELLO = 10; // response with CHAIN_STATUS = 2;
    CHAIN_TX_STATUS = 11;
    CHAIN_PEER_ONLINE = 12;
    CHAIN_PEER_OFFLINE = 13;
    CHAIN_PEER_MESSAGE = 14;
    CHAIN_SUBMITTRANSACTION = 15;
    CHAIN_LEDGER_HEADER = 16; //bubichainnotifies the client
ledger(protocol::LedgerHeader) when closed
    CHAIN_SUBSCRIBE_TX = 17; //response with CHAIN_RESPONSE
    CHAIN_TX_ENV_STORE = 18;
}
```

1）通知消息注册（CHAIN_HELLO）

客户端通过该接口向区块链进行消息注册，即申请需要接收的消息类型。

2）新交易通知（CHAIN_TX_STATUS）

当前节点在接收到新交易通知时，使用该类型的消息通知客户端。

3）节点上线通知（CHAIN_PEER_ONLINE）

当前节点在接收到连接的 P2P 节点上线通知时，使用该类型的消息通知客户端。

4）节点下线通知（CHAIN_PEER_OFFLINE）

当前节点在接收到连接的 P2P 节点下线通知时，使用该类型的消息通知客户端。

5）节点消息（CHAIN_PEER_MESSAGE）

查询与当前节点连接的所有 P2P 节点信息。

6）提交交易（CHAIN_SUBMITTRANSACTION）

将需要执行的交易通过该消息类型发送给区块链执行。

7）消息订阅（CHAIN_SUBSCRIBE_TX）

该接口可实现指定账户地址的交易通知功能。

8）交易结果通知（CHAIN_TX_ENV_STORE）

交易执行完成后，通知客户端交易的执行结果。

10.3 部署与运维

10.3.1 节点安装

本节将指导你如何在 Linux 环境中安装并配置 bubichain 区块链系统的节点。在安装区块链系统节点之前需要确保你的系统硬件的配置满足表 10-5 所示的要求。

表 10-5

	CPU 核数（个）	内存(GB)	带宽（Mbit/s）	磁盘大小(GB)
推荐配置	8	32	20	500
最低配置	4	16	10	100

基于此硬件，系统软件可选择 Ubuntu 14.04、Centos 7。

以 Ubuntu 14.04 为例，介绍在 Linux 中的区块链系统节点安装。Linux 系统支持两种安装方式：编译安装和安装包安装。下面使用 root 账户下的根目录作为安装目录。你可选择自己的安装目录。在安装区块链系统节点之前，你需要确保设备的网络连接正常。

1. 编译安装

编译安装是指先将区块链系统节点的源代码编译成计算机能识别的机器码，然后再进行安装。使用编译安装有以下 3 个步骤：安装依赖工具、编译区块链系统源代码、安装区块链系统节点。

（1）安装依赖工具。在编译区块链系统节点的源代码之前，你需要安装系统所需的依赖工具。安装依赖工具需要完成以下步骤：

输入以下命令安装 automake（自动化工具）、autoconf（自动化配置工具）、libtool（工具库）、g++（c++编译工具）、libssl-dev（加密开发环境包）、cmake（自动构建工具）、libbz2-dev（压缩工具包）、python（设计语言）、unzip（解压工具）、git（版本控制工具）。

```
sudo apt-get install automake
sudo apt-get install autoconf
sudo apt-get install libtool
sudo apt-get install g++
sudo apt-get install libssl-dev
sudo apt-get install cmake
sudo apt-get install libbz2-dev
sudo apt-get install python
sudo apt-get install unzip
sudo apt-get install git
```

（2）编译区块链系统源代码。在成功安装依赖工具后，你才能编译区块链系统节点的源代码。编译源代码需要完成以下步骤：

```
git clone http://192.168.1.11/bugit/bubichain-general.git
                                        #下载源代码
cd /bubichain/build/                    #进入编译目录
./install-build-deps-linux.sh           #下载依赖工具并初始化开发环境
cd ../                                  #回到上一级目录
make                                    #编译源代码
```

注意：编译完成后生成的可执行文件 bubichain 和 bubid 存放在/bubichain/bin 目录下。

（3）安装区块链系统节点。在编译完成后，你才能安装区块链系统节点。安装区块链系统节点需要完成以下步骤：

```
cd /bubichain/                          #进入安装目录
make install                            #安装
```

注意：在默认情况下服务安装在/usr/local/bubichain/目录下。在安装完成后无须其他配置即可通过 service bubi start 命令来启动区块链系统节点服务。安装完区块链系统节点后在 bubichain /目录下的目录结构如表 10-6 所示。

表 10-6

目　　录	说　　明
bin	存放可执行文件（编译后的区块链系统可执行程序）
jslib	存放第三方 JavaScript 库
config	配置文件目录包含 bubi.json
data	数据库目录，存放账本数据

2. 安装包安装

安装包安装是指以安装包的方式来安装区块链系统节点。使用安装包安装区块链系统节点有以下 5 个步骤：获取安装包并解压、注册服务、修改服务启动路径、设置开机启动。

（1）获取安装包并解压。获取区块链系统的安装包并解压安装文件需要完成以下步骤，得到区块链系统的安装包 bubichain-1.0.0.7-linux-x64.tar.gz。

```
cp bubichain-1.0.0.7-linux-x64.tar.gz /usr/local/  #拷贝安装包
cd /usr/local/                                     #进入 /usr/local/目录
tar -zxvf bubichain-1.0.0.7-linux-x64.tar.gz       #解压文件
```

（2）注册服务。在文件解压后需要注册 bubichain 和 bubichaind 的服务。注册服务需要完成以下步骤：

```
ln -s /usr/local/bubichain/scripts/bubi /etc/init.d/ bubi  #注册服务
ln -s /usr/local/bubichain/scripts/bubid /etc/init.d/bubid #注册服务
```

（3）修改服务启动路径。修改 bubi 和 bubid 的启动路径需要完成以下步骤：

```
vim bubichain/scripts/bubi                              #打开脚本文件
```

找到 install_dir，并更改 bubichain 的安装目录。

```
install_dir=/usr/local/bubichain
```

在默认情况下，install_dir 的目录在/usr/local/bubichain 下。你可以根据 bubichain 的具体安装目录来修改。

（4）设置开机启动。设置开机启动包括设置启动级别、添加启动命令和修改文件权限。设置开机启动需要完成以下步骤：

```
ln -s -f /etc/init.d/bubid /etc/rc1.d/S99bubichaind
```

```
ln -s -f /etc/init.d/bubid /etc/rc2.d/S99bubichaind
ln -s -f /etc/init.d/bubid /etc/rc3.d/S99bubichaind
ln -s -f /etc/init.d/bubid /etc/rc4.d/S99bubichaind
ln -s -f /etc/init.d/bubid /etc/rc5.d/S99bubichaind

vim /etc/rc.local  #编辑 rc 文件
```

在 rc.local 文件末尾追加以下命令。

```
/etc/init.d/bubichaind start
```

执行以下命令设置 rc.local 文件的权限。

```
chmod +x /etc/rc.local
```

至此就完成了 bubichain 节点的安装。

10.3.2　节点运维

1. 同步时间

要保证节点能够正常运行，需要保证该节点与公网的其他节点的时间戳一致。因此，需要定时同步系统时间。

1）定时同步系统时间

输入以下命令，每 10s 同步一次系统时间。

```
echo "*/10 * * * * /usr/sbin/ntpdate ntpdate time.windows.com" >>
/var/spool/cron/root
```

2）保证修改生效

为了保证修改生效，输入以下命令重启 crond 服务。

```
systemctl restart crond
```

2. 配置节点

1）通用配置

通用配置包括存储数据、节点间网络通信、Web API、WebSocket API、区块、创世区块（genesis）以及日志的配置。可以在/usr/local/bubichain/config 目录下的 bubi.json 文件中进行通用配置。

（1）存储数据的配置。

```
"db":{
    "account_path": "data/account.db",        //存储账户数据
    "ledger_path": "data/ledger.db",          //存储区块数据
    "keyvalue_path": "data/keyvalue.db"       //存储共识数据
}
```

（2）节点间网络通信的配置。

```
"p2p":{
    "network_id":30000,                          //网络 ID
    //共识网络
    "consensus_network":{
        "heartbeat_interval":60,                 //心跳周期，秒
        "listen_port":36001,                     //已监听的端口
        "target_peer_connection":50,             //最大主动连接节点数
        "known_peers":[
            "127.0.0.1:36001"                    //连接其他节点
        ]
    }
}
```

（3）Web API 的配置。

```
"webserver":{
    "listen_addresses":"0.0.0.0:16002"
}
```

（4）WebSocket API 的配置。

```
"wsserver":{
    "listen_address":"0.0.0.0:36003"
}
```

（5）区块的配置。

```
"ledger":{
     "validation_address":"adxSeizcNDkNn13q4yT4mqJoPLQV61L55RU1J",
//验证节点账户地址，同步节点或者钱包不需要配置
      "validation_private_key": "e174929ecec818c0861aeb168ebb800f6
317dae1d439ec85ac0ce4ccdb88487487c3b74a316ee777a3a7a77e5b12efd724cd7
89b3b57b063b5db0215fc8f3e89", //验证节点私钥，同步节点或者钱包不需要配置
```

```
        "max_trans_per_ledger":1000, //单个区块的最大交易数
        "tx_pool":{ //交易池配置
            "queue_limit":10240, //交易池的总量限制
            "queue_per_account_txs_limit":64 //单个账户的最大交易缓冲值
        }
    }
```

注意：validation_address 和 validation_private_key 可以通过区块链系统节点程序命令行工具获得，请妥善保存该账户信息，一旦丢失将无法找回。

```
    [root@bubichain ~]# cd /usr/local/bubichain/bin
    [root@bubichain bin]#./bubi --create-account

    {
        "address" : "adxSeizcNDkNn13q4yT4mqJoPLQV61L55RU1J",//账户地址
        "private_key" : "privbUMASMKyRYbQWiDVGgWK28FLC8kSZiyYgYQL
aMPVvQmeNEHJsj77",                              //私钥
        "private_key_aes" : "46788480df3e871cba5b6761168cef2867c9a1
06edcce75964bac8a2a4b0c911fd6815d5482160d0d7df88ab8870fdc2e3dd60052c
083dfcf1660c6dccd3f3f9",                        //AES 加密的私钥
        "public_key" : "b001746eaa5d72e65c84c6e499579c1581eb4796fa8c
3f494cc6ab49e0926a55027135c28bc2",              //公钥
        "public_key_raw" : "746eaa5d72e65c84c6e499579c1581eb4796f
a8c3f494cc6ab49e0926a550271",                   //原始公钥
        "sign_type" : "ed25519"                 //ED25519 加密方式
    }
```

（6）创世区块的配置。

```
    "genesis":{
        "account": "adxSuNtTAstgWTC7XfqGXxbFiu1ETWbtP6DX6",
                                            //创世账户地址
        "slogan" : "a new era of value",    //存储在创世区块中的标语
        "fees":{
            "base_reserve": 10000000,       //账户的最低预留费
            "gas_price": 1000               //字节费
        },
        "validators": ["adxSdsHSp4bfdX1Jf51uEYAS4S6m9PXTgVk3e"]
                                            //验证节点的账户地址列表
    }
```

注意：同一条区块链上的 genesis 配置必须保持一致。account 可以通过 bubichain 程序命令行工具./bubichain--create-account 获取，请妥善保存该账户信息，一旦丢失将无法找回。

（7）日志的配置。

```
"logger":{
    "path":"log/bubichain.log",          //日志目录
    "dest":"FILE|STDOUT|STDERR",         //输出文件分类
    "level":"TRACE|INFO|WARNING|ERROR|FATAL",//日志级别
    "time_capacity":1,                   //时间容量，天
    "size_capacity":10,                  //大小容量，兆字节
    "expire_days":10                     //清理日志周期，天
}
```

2）多节点配置示例

下面以两个验证节点和一个同步节点为例，介绍多节点在同一条区块链上的配置，其中需要修改 p2p、ledger 和 genesis 这 3 个模块。

（1）p2p 模块的配置。p2p 模块的 known_peers 必须为其他已知节点的 IP 和端口，用于节点之间相互连接。

验证节点一：

```
"p2p":{
    "network_id":30000,
    "consensus_network":{
        "heartbeat_interval":60,
        "listen_port":36001,
        "target_peer_connection":50,
        "known_peers":[
            "192.168.1.102:36001", //节点二的 IP 和端口
            "192.168.1.103:36001"  //节点三的 IP 和端口
        ]
    }
}
```

验证节点二：

```
"p2p":{
```

```
        "network_id":30000,
        "consensus_network":{
            "heartbeat_interval":60,
            "listen_port":36001,
            "target_peer_connection":50,
            "known_peers":[
                "192.168.1.101:36001", //节点一的 IP 和端口
                "192.168.1.103:36001"  //节点三的 IP 和端口
            ]
        }
    }
```

同步节点三：

```
    "p2p":{
        "network_id":30000,
        "consensus_network":{
            "heartbeat_interval":60,
            "listen_port":36001,
            "target_peer_connection":50,
            "known_peers":[
                "192.168.1.101:36001", //节点一的 IP 和端口
                "192.168.1.102:36001"  //节点二的 IP 和端口
            ]
        }
    }
```

（2）leger 模块的配置。验证节点的 ledger 模块的 validation_address 和 validation_private_key 必须要匹配，并且需要把所有验证节点的 validation_address 填写到 genesis.validators 里。

验证节点一：

```
    "ledger":{
        "validation_address":"adxSdsHSp4bfdX1Jf51uEYAS4S6m9PXTgVk3e",
//验证节点一的账户地址，同步节点或者钱包不需要配置
        "validation_private_key":
"66932f19d5be465ea9e7cfcb3ea7326d81953b9f99bc39ddb437b5367937f234b86
6695e1aae9be4bae27317c9987f80be882ae3d2535d4586deb3645ecd7e54",
//验证节点二的私钥，同步节点或者钱包不需要配置
```

```
        "max_trans_per_ledger":1000,
        "tx_pool":{
            "queue_limit":10240,
            "queue_per_account_txs_limit":64
        }
    }
```

验证节点二：

```
    "ledger":{
        "validation_address":"adxScW2kuzCbQoFStWXF7r8483RkRgeLFsMQv",
//验证节点二的账户地址，同步节点或者钱包不需要配置
        "validation_private_key":
"1cb0151ec2b23cb97bf94d86ee1100582f9f5fbfdfe40a69edae2d2b8711395c40c
1da859ac0bc93240a8a70c4a06779ed06d299880417d71fc51c1a0267875f",
//验证节点二的私钥，同步节点或者钱包不需要配置
        "max_trans_per_ledger":1000,
        "tx_pool":
        {
            "queue_limit":10240,
            "queue_per_account_txs_limit":64
        }
    }
```

同步节点三：

```
    "ledger":{
        "max_trans_per_ledger":1000,
        "tx_pool":{
            "queue_limit":10240,
            "queue_per_account_txs_limit":64
        }
    }
```

（3）genesis 模块的配置。同一条区块链上的 genesis 配置必须保持一致。

验证节点一：

```
    "genesis":{
        "account": "adxSuNtTAstgWTC7XfqGXxbFiu1ETWbtP6DX6",
        "slogan" : "a new era of value",
        "fees":{
```

```
        "base_reserve": 10000000,
        "gas_price": 1000
    },
    "validators": ["adxSdsHSp4bfdX1Jf51uEYAS4S6m9PXTgVk3e",
"adxScW2kuzCbQoFStWXF7r8483RkRgeLFsMQv"] //需要配置所有的验证节点账户地址，如果有两个验证节点，那么配置两个账户地址。
}
```

验证节点二：

```
"genesis":{
    "account": "adxSuNtTAstgWTC7XfqGXxbFiu1ETWbtP6DX6",
    "slogan" : "a new era of value",
    "fees":{
        "base_reserve": 10000000,
        "gas_price": 1000
    },
    "validators": ["adxSdsHSp4bfdX1Jf51uEYAS4S6m9PXTgVk3e",
"adxScW2kuzCbQoFStWXF7r8483RkRgeLFsMQv"] //需要配置所有的验证节点账户地址，如果有两个验证节点，那么配置两个账户地址。
}
```

同步节点三：

```
"genesis":{
    "account": "adxSuNtTAstgWTC7XfqGXxbFiu1ETWbtP6DX6",
    "slogan" : "a new era of value",
    "fees":{
        "base_reserve": 10000000,
        "gas_price": 1000
    },
    "validators": ["adxSdsHSp4bfdX1Jf51uEYAS4S6m9PXTgVk3e",
"adxScW2kuzCbQoFStWXF7r8483RkRgeLFsMQv"] //需要配置所有的验证节点账户地址，如果有两个验证节点，那么配置两个账户地址。
}
```

运行前请确保每个节点的初始数据一致，否则无法达成共识产生区块。account、validation_address 可以通过区块链系统节点程序命令行工具获取，请妥善保存该账户信息，一旦丢失将无法找回，命令行如下：

```
./bubi --create-account
```

3. 运维服务

在运维服务中对 bubichain 服务的启动、关闭、状态查询、系统详情状态查询、清空数据库、更改运行环境进行了详细说明。

（1）启动 bubichain 服务。

```
service bubi start
```

（2）关闭 bubichain 服务。

```
service bubi stop
```

（3）查询 bubichain 服务状态。

```
service bubi status
```

（4）查询系统详细状态。

```
curl 127.0.0.1:19333/getModulesStatus
```

通过 getModulesStatus 接口查询，得到如下结果：

```
{
    "glue_manager": {
        "cache_topic_size": 0,
        "ledger_upgrade": {
            "current_states": null,
            "local_state": null
        },
        "system": {
            "current_time": "2017-07-20 10:32:22", //当前系统时间
            "process_uptime": "2017-07-20 09:35:06",
                                    //bubichain 启动时间
            "uptime": "2017-05-14 23:51:04"
        },
        "time": "0 ms",
        "transaction_size": 0
    },
    "keyvalue_db": Object { ...
    },
    "ledger_db": Object { ...
    },
```

```
    "ledger_manager": {
        "account_count": 2316,  //账户数
        "hash_type": "sha256",
        "ledger_sequence": 12187,
        "time": "0 ms",
        "tx_count": 1185        //交易数
    },
    "peer_manager": Object { ...
    },
    "web server": Object { ...
    }
}
```

（5）清空数据库。在清空数据库之前需要停止区块链系统节点服务。清空数据库需要完成以下步骤：

```
service bubi stop
cd /usr/local/bubichain/bin
./bubi --dropdb
```

（6）更改运行环境。在部署和运行之后，如果想更改成其他链，那么需要更改配置文件的信息，参考上述配置节点过程。需要注意的是，在更改运行环境后需要清空数据库才能重启区块链系统节点服务。

```
service bubi stop
cd /usr/local/bubichain/bin
./bubi -dropdb
… #修改配置文件操作
service bubi start
```

4. 卸载节点

卸载区块链系统节点分为两类，一类是针对编译安装的卸载，另一类是针对安装包安装的卸载。

（1）针对编译安装的卸载。在安装完区块链系统节点之后可以对安装文件进行卸载。如果是利用编译安装的区块链系统节点，那么可以按照以下步骤完成卸载：

```
cd /bubichain    #进入源代码目录
make uninstall   #通过 make 命令卸载安装
```

至此就完成了 bubichain 节点的卸载。

（2）针对安装包安装的卸载。在安装完 bubichain 节点之后可以对安装文件进行卸载。如果是利用安装包安装的 bubichain 节点，那么可以按照以下步骤完成卸载：

```
sudo rm -rf /usr/local/bubichain/  #删除区块链系统节点的目录
sudo rm -rf /etc/init.d/bubi       #删除区块链系统节点的软连接
sudo rm -rf /etc/init.d/bubid      #删除区块链系统节点守护进程的软连接
```

至此就完成了区块链系统节点的卸载。

10.4　本章小结

本章以区块链系统 bubichain 为例，介绍了 SDK 的开发和使用、API，以及区块链节点的部署和运维。这些内容可以让开发者对区块链的开发和部署有一些更为直观的认识。

第 11 章 bubichain 开发指南

11.1 应用开发示例

11.1.1 存证应用

电子数据（比如电子订单信息、电子出库单等）与传统的纸质记录的数据相比，有着更高的处理效率。但同时这也使得伪造数据变得更简单，即使增加数据校验，校验数据也有被同时篡改的可能。面对这个棘手的问题，电子数据如果可以结合区块链的数据不可逆特性，就解决了容易被修改的问题。这也正是区块链最大的优势，建立一个可信的系统。

基于 bubichain 开发存证应用程序，可以使用 SDK 或者 API 快速调用 bubichain 的功能。交易的过程主要涉及 SetMetaData 操作类型，操作定义如下所示：

```
message OperationSetMetadata
{
    string key = 1;
    string value = 2;
    int64 version = 3;
}
```

其中，key 为账户元数据的索引值，为唯一值；value 为对应的数据；version 对应着当前数据被修改的次数。存证的基本原理和过程如图 11-1 所示。

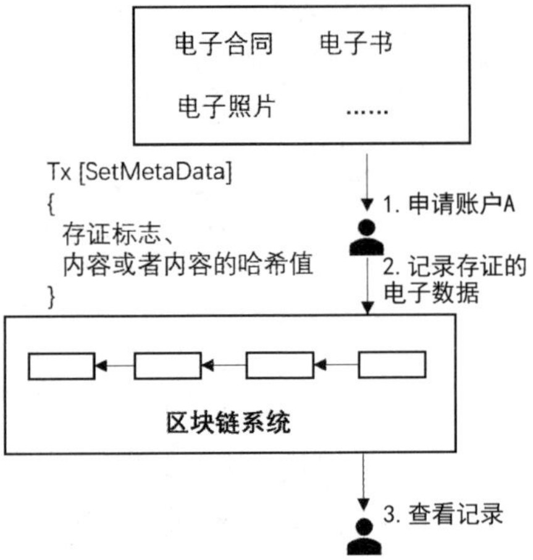

图 11-1

1. 创建账户

申请一个区块链账户 A，这个账户将用于存储电子数据。

2. 记录存证的电子数据

使用账户 A 作为交易发起账户，发起一笔设置元数据的交易。账户元数据的结构是 Key-Value 集合，Key 是存证编号。对于一个账户来说，Key 的值是唯一的，每个 Key 都会有对应的 Value 值存储存证数据，可以是数据的内容，也可以是数据的哈希值。

3. 查看记录

任何人都可以查看账户 A 的存证数据列表，同时可以通过查询存证编号 Key 和其对应的元数据，查询到记录在区块链上完整的存证数据。

11.1.2 智能合约开发

bubichain 区块链系统智能合约的编写语言是 JavaScript，并使用 JSLint 安全语法子集，代码标准是 ECMAScript6。合约有 3 个固定函数，init 为合约初始化函数，main 为合约执行的入口函数，query 为合约查询函数，这 3 个函数的参数都是交易的 input 数据。示例合约如下：

```
'use strict';
function init(input)
```

```
{
  Chain.store('demo',input);
}
function main(input)
{
  Chain.store('demo',input);
}
function query(input)
{
  return Chain.load('demo');
}
```

1. 创建合约

为了更容易理解底层 API 的原理，下面使用 RPC 接口直接和区块链交互，使用已经激活的账户 adxSu9XLWaea1qCcvxqosBQaHKgQwDmwYjhGL 发起一笔交易，账户的私钥为 privbx3dmnXjwP2uyJjrvdzpCSbypoodq6ufEpgtCcGqFSAKL4DxEcAB，创建一个合约账户。

1）组装交易

使用 POST 方式给 HTTP 接口 getTransactionBlob 发送 JSON 结构的交易结构数据：

```
{
    "source_address" : "adxSu9XLWaea1qCcvxqosBQaHKgQwDmwYjhGL",
    "nonce" : 1,
    "fee_limit" : 100000,
    "gas_price" : 1000,
    "operations" : [
        {
            "type" : 1,
            "create_account" : {
                "priv" : {
                    "thresholds" : {
                        "tx_threshold" : 1
                    }
                },
                "contract" : {
                    "payload" : "'use strict'; function init(input)
                    {Chain.store('demo',input);}function
```

```
                    main(input){Chain.store ('demo',input);}
                    function query(input){Chain.load('demo');}"
                }
            }
        }
    ]
}
```

得到返回结果：

```
{
    "error_code" : 0,
    "error_desc" : "",
    "result" : {
        "hash": "8e97ab885685d68b8fa8c7682f77ce17a85f1b4f6c8438
eda8ec955890919405",
        "transaction_blob": "0a2e613030326438333435623839646333
346135373537346562343937363335666631323561333739396665373762361001222
b90108012ab4010a2e61303032663836366337663431356537313934613932363131
38636335356534636539393965623239623136346112 3a123866756e6374696f6e20
6d61696e28696e707574537472297b0a202f2ae8bf99e698afe59088e7baa6e585a5
e58fa3e587bde695b02a2f207d1a06080a1a020807223e0a0568656c6c6f1235e8bf
99e698afe5889be5bbbae8b4a6e58fb7e79a84e8bf87e7a88be4b8ade8aebee7bdae
e79a84e4b880e4b8aa6d65746164617461"
    }
}
```

2）交易签名

用 adxSp1X4V7hXDDRBKHL6U21CpbPhki7YqjuUd 的私钥对步骤 1）返回的 transaction_blob 数据进行签名，得到签名数据：

```
2f6612eaefbdadbe792201bb5d1e178aff118dfa0a640edb2a8ee91933efb97c
4fb7f97be75195e529609a4de9b890b743124970d6bd7072b7029cfe7683ba2d
```

3）提交交易

使用 POST 方式给 HTTP 接口 submitTransaction 发送 JSON 结构的交易提交数据：

```
{
    "items" : [{
```

```
            "transaction_blob" : "0a2e6130303264383334356238396463333
346135373537346562343937363335666631323561333739396665373762361001222
b90108012ab4010a2e613030326638363663376634313565373139346139323631 31
38636335356534636539393965623239623136346112 3a123866756e6374696f6e20
6d61696e28696e70757453747229 7b0a202f2ae8bf99e698afe59088e7baa6e585a5
e58fa3e587bde695b02a2f207d1a06080a1a020807223e0a0568656c6c6f1235e8bf
99e698afe5889be5bbbae8b4a6e58fb7e79a84e8bf87e7a88be4b8ade8aebee7bdae
e79a84e4b880e4b8aa6d65746164617461",
            "signatures" : [{
                "sign_data" : "2f6612eaefbdadbe792201bb5d1e178aff11
8dfa0a640edb2a8ee91933efb97c4fb7f97be75195e529609a4de9b890b743124970
d6bd7072b7029cfe7683ba2d",
                "public_key" : "b00204e1c7dddc36d3153adcaa451b0ab525d
3def48a0a10fdb492dc3a7263cfb88e80ee974ca4da0e1f322aa84ff9d11340c764e
a756ad148e979c121619e9fe52e9054"
            }]
        }]
    }
```

得到返回结果：

```
    {
        "error_code": 0,
        "error_desc": "",
        "result": {
            "hash": "8e97ab885685d68b8fa8c7682f77ce17a85f1b4f6c8438ed
a8ec955890919405",
            "transaction_blob": "0a2e61303032643833343562383964633334
613537353734656234393736333566663132356133373939666537376236100122b9
0108012ab4010a2e61303032663836366337663431356537313934613932363131 38
636335356534636539393965623239623136346112 3a123866756e6374696f6e206d
61696e28696e70757453747229 7b0a202f2ae8bf99e698afe59088e7baa6e585a5e5
8fa3e587bde695b02a2f207d1a06080a1a020807223e0a0568656c6c6f1235e8bf99
e698afe5889be5bbbae8b4a6e58fb7e79a84e8bf87e7a88be4b8ade8aebee7bdaee7
9a84e4b880e4b8aa6d65746164617461"
        }
    }
```

2. 调用合约

发送一笔原生资产转账或者普通资产转账的交易给合约账户地址，就可以触发执行合约了。比如，发送一笔以下结构的交易：

```
{
    "source_address" : "adxSp1X4V7hXDDRBKHL6U21CpbPhki7YqjuUd",
    "nonce" : 1,
    "fee_limit" : 100000,
    "gas_price" : 1000,
    "operations" : [{
        "type" : 7,
        "pay_coin" : {
            "dest_address" : "",
            "amount" : 1000000,
            "input" : "demoPayCoin"
        }
    }]
}
```

3. 查询合约

调用 HTTP 接口 callContract 不会发送交易，不会更改区块链和合约的状态。

以 POST 方式给 HTTP 接口 callContract 发送 JSON 结构的查询参数：

```
{
    "contract_address" : "adxSZ7HNR1Nk8D8wm6pkcWNb6rnMZncyTVHSb",
    "input" : "",
    "contract_balance" : "100009000000",
    "fee_limit" : 10000000000000000,
    "gas_price": 1000,
    "opt_type" : 2,
    "source_address" : ""
}
```

得到返回结果：

```
{
    "error_code" : 0,
    "error_desc" : "",
    "result" : {
```

```
        "logs" : {
            "0-adxSTjVqYXUhGjt2RsCLhqS4eP2gin2Ydo8qi" : null
        },
        "query_rets" : [{
            "result" : {
                "type" : "bool",
                "value" : false
            }
        }],
        "stat" : {
            "apply_time" : 6315,
            "memory_usage" : 886176,
            "stack_usage": 2564,
            "step" : 3
        },
        "txs" : null
    }
}
```

11.1.3 区块链钱包

为了方便用户使用区块链系统，简化发送交易操作，区块链钱包（Blockchain Wallet）就应运而生了。区块链钱包实质上就是用户的私钥管理工具，在需要发送交易的时候，组装好交易数据并完成签名，发送至区块链节点使交易上链执行。开始使用钱包有两种方式：第一种方式是生成一个全新的区块链账户，第二种方式是通过导入已有的私钥来导入一个账户。在准备好账户之后，还未激活的账户需要接收一笔转账来完成激活，转账金额要大于账户最低限额。在发送交易时，要确保账户有足够的余额支付这笔交易，若余额不足则只能从余额充足的账户转账充值。

区块链钱包是一个密钥管理和签名交易的工具，包含以下技术要点：助记词、密钥库（Keystore）、全节点与轻节点钱包。

1. 助记词

助记词是一种明文私钥。通过把私钥转换成一定顺序的词语组合来降低用户记忆私钥的难度，源于比特币的 BIP39 提案。BIP39 提案提供的词库使用英文词语，兼容性最好。有些钱包系统增强了本地化的特点，提供了本地语言的词库，对用户更友好。为了增加助记词的通用性，比特币的 BIP44 提案统一了地址生成方式，使同一组助记词可以适用于任何支持 BIP44 提案的区块链，而不局限于比特币。助记词的生成步骤如图 11-2 所示。

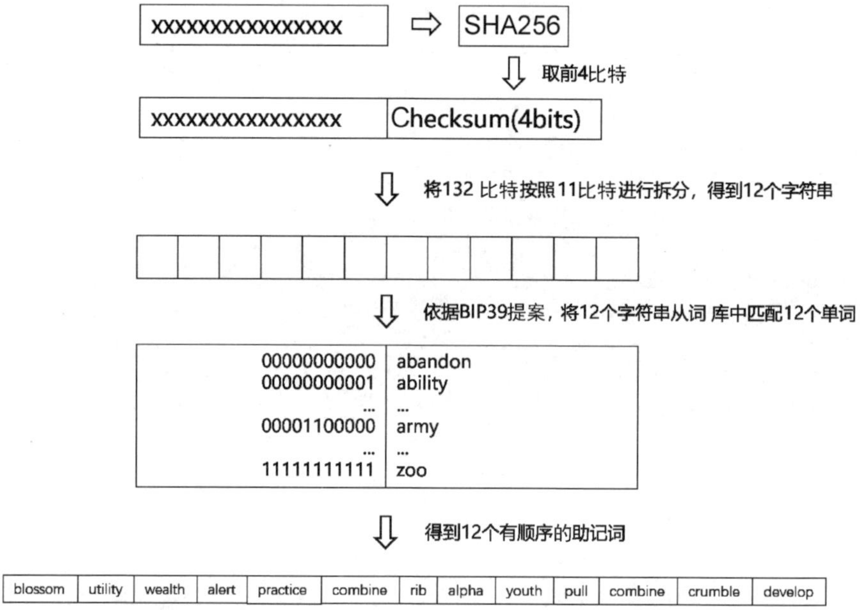

图 11-2

（1）生成长度为 128～256 比特的随机序列（熵），这里以 128 比特为例。

（2）使用 SHA256 算法对熵进行哈希运算，取其结果的前 N 比特作为校验码（Checksum），N=熵长度/32，这里长度为 128/32=4 比特。

（3）将随机序列（熵）+校验码拼接为一个字符串，长度为 128+4=132 比特。

（4）把步骤（3）得到的结果按 11 比特来分割，得到 132/11=12 个字符串。

（5）把步骤（4）得到的每个字符串与预先定义的 2048 个词库里的单词进行匹配，得到的结果就是助记词，这是一个有顺序的单词组。

2. 密钥库

密钥库是 JSON 结构的文本数据。与容易记忆的助记词不同的是，密钥库是经过密码加密的密文私钥数据，在更改加密密码后，密钥库数据也会变化。由于密钥库的解密是离线的，无法进行解密次数控制，所以在设置加密密码的时候应该尽量长一些、复杂一些，以防密钥库在泄露之后被暴力破解出私钥。

密钥库数据示例如下：

```
{
    "address":"adxSgUFKZ6htALd1ix13Uo1kj7JU4RRCnJNGE",
    "aesctr_iv":"d655b65a8f4b662b19edeab63bba0601",
    "cypher_text":"0ce2334c684ee7a3aafaca5740d032e415d3d3591c107
d6a206f5b158e4029a158f20d2287590c31c83b52b0984ce5d93f3df13a3152f97c",
    "scrypt_params":
    {
        "n":16384,
        "p":1,
        "r":8,
        "salt": "aa03660647c3875cd82462aa41fad5f8f8acbe42a33e8b
b0e71769bd4e90e6c9"
    },
    "version":2
}
```

密钥库中包含如下字段：私钥对应的账户地址 address、AES 加密的初始化向量 aesctr_iv、AES 密文 cypher_text、加密参数 scrypt_params 和密钥库版本号等部分。在加密参数中，部分参数的调整会影响密钥库数据的加解密速度和加密的强度。加密强度越大，加解密的速度越慢。

3. 全节点与轻节点钱包

按区块链钱包的特点划分，现在钱包主要分为两类：全节点钱包和轻节点钱包。全节点钱包会在本地开启一个节点来同步全网的所有区块数据，可以在本地验证整条链和任意的交易数据，所以，全节点钱包的优势就是比较安全，缺点也很明显，因为需要同步全网的所有数据，所以同步速度会比较慢，而且钱包的磁盘占用也会比较大，易用性比较差。

轻节点钱包就简单一些，在本地只需要同步很少的数据就可以了，甚至不需要同步数据，但是轻节点钱包要依赖于全节点或者中心服务器来提供服务，所以，轻节点钱包的数据安全性不及全节点钱包。然而即开即用的特点使得其易用性比较好，不需要一直开在后台或者等待数据的同步。

11.1.4 区块链浏览器

区块链浏览器是查看区块链信息的重要终端界面与窗口，区块链上的区块信息和交易内容都能从区块链浏览器上进行查询和获取。用户可以很方便地从区块链浏览器中查询数字资产信息，以及区块状态、交易状态等区块链的重要信息。

同时，区块链浏览器也可以展示更多丰富的内容，例如用户可以通过区块链浏览器查询到区块链上的账户信息、交易信息、区块高度、哈希值、出块时间和验证节点打包、智能合约等。

以 bubichain 的区块链浏览器为例，首页如图 11-3 所示，区块链浏览器最上部的“概览”部分列出了区块链的统计信息，包括区块高度、区块平均生成时间、总交易数、总账户数和实时节点数。“区块”部分列出了最新生成的区块信息。“交易”部分列出了最近处理的交易。

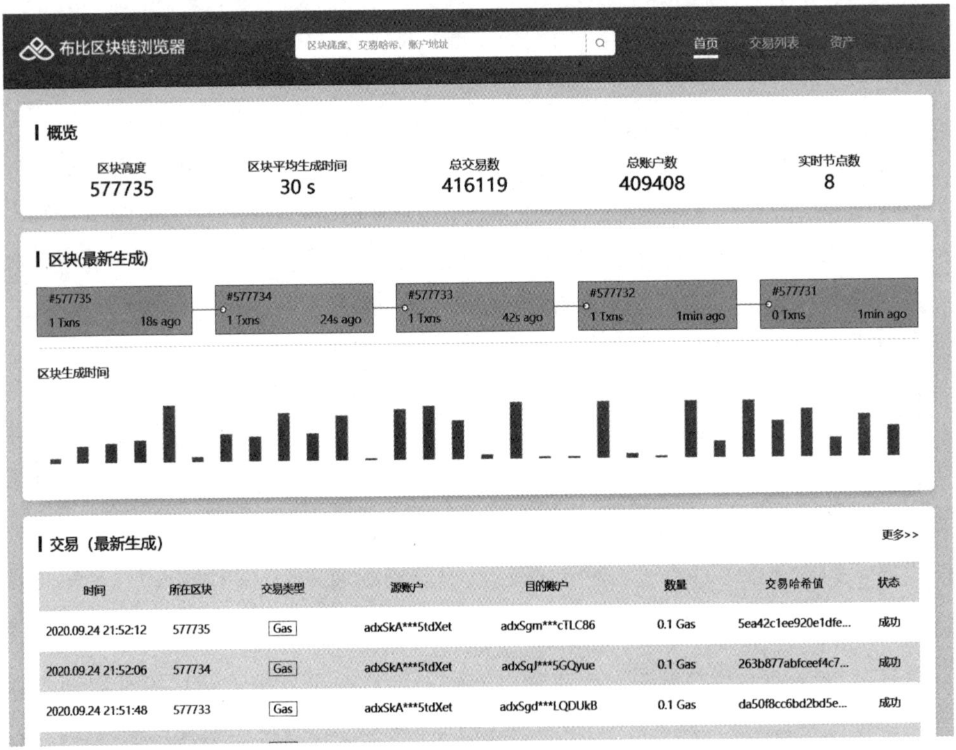

图 11-3

如图 11-4 所示，区块链浏览器的区块详情页面首先展示了区块的信息，如区块奖励、交易数、区块高度、区块大小、区块版本、区块生成时间、区块的 5 个相关哈希值等，也展示了区块的原始信息，下面还有交易列表来展示区块中的交易。

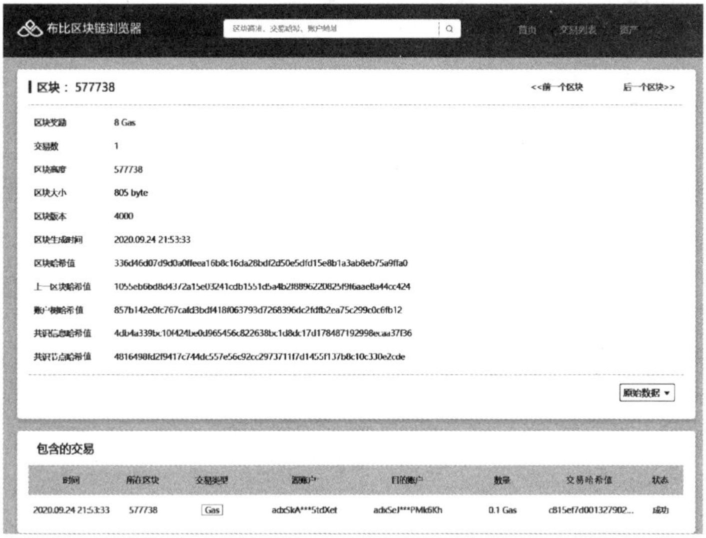

图 11-4

如图 11-5 所示，区块链浏览器的交易详情页面展示了交易的详细信息，如时间、区块高度、交易状态、交易费用、发起人账户地址、签名者、操作等。

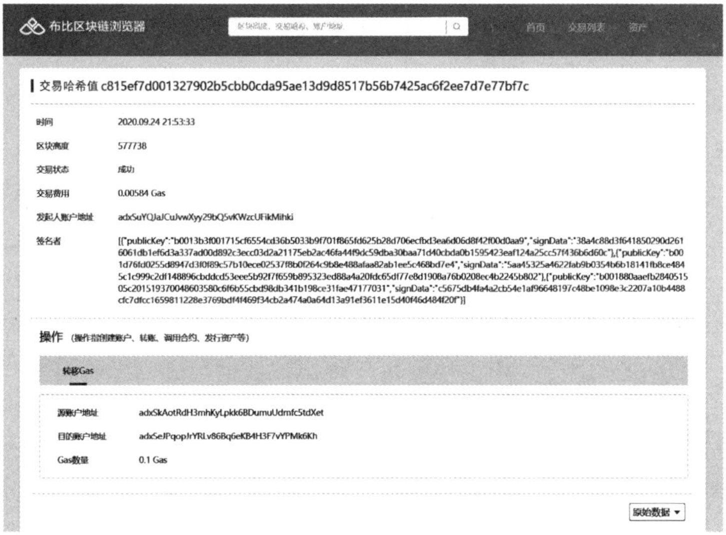

图 11-5

如图 11-6 所示，区块链浏览器的账户详情页面展示了账户的 3 个基础信息：Gas 数量、nonce、账户类型。下方的区域展示了该账户最近的 5 笔交易。

图 11-6

11.1.5 区块链智能合约 IDE

集成开发环境（Integrated Development Environment，IDE）是一种应用程序，用于开发者开发程序，包含以下主要功能：代码编辑、编译、调试。同时，IDE 还带有可视化图形界面。一个好的 IDE 往往还具有代码提示、错误分析等一体化的软件服务。

区块链智能合约的开发需要 IDE，否则使用文本编辑器编写代码就无法进行快速调试、断点、错误分析。

以 bubichain 的区块链智能合约 IDE 为例，下面介绍一个区块链智能合约 IDE 的功能，看其如何对智能合约进行编写、调试，从而提升智能合约开发的效率。

图 11-7 是区块链智能合约 IDE 的首页，左侧为文件管理区域，展示了文件夹和合约文件。中间为代码编辑区域和结果展示区域。右侧从上至下依次是账户信息区域、合约部署区域。部署智能合约后的页面如图 11-8 所示。中间的结果展示

区域会显示合约部署的状态。右侧的账户信息区域变为合约信息区域，合约部署区域变为合约调用区域。调用合约部分的 main 和 query 分别对应了对智能合约的调用和查询功能。

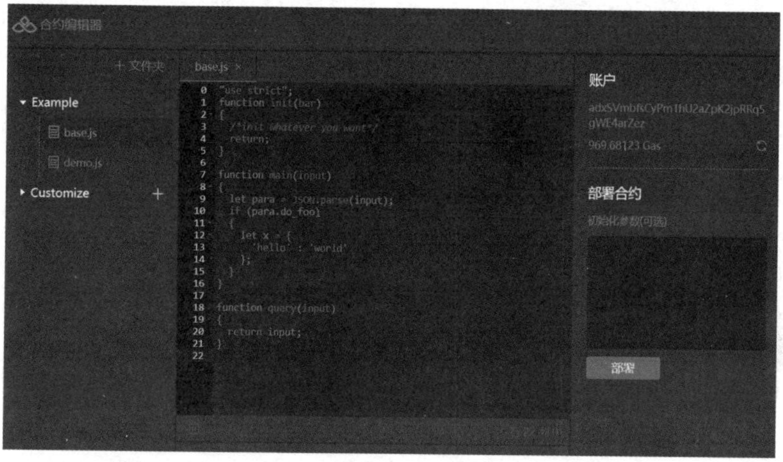

图 11-7

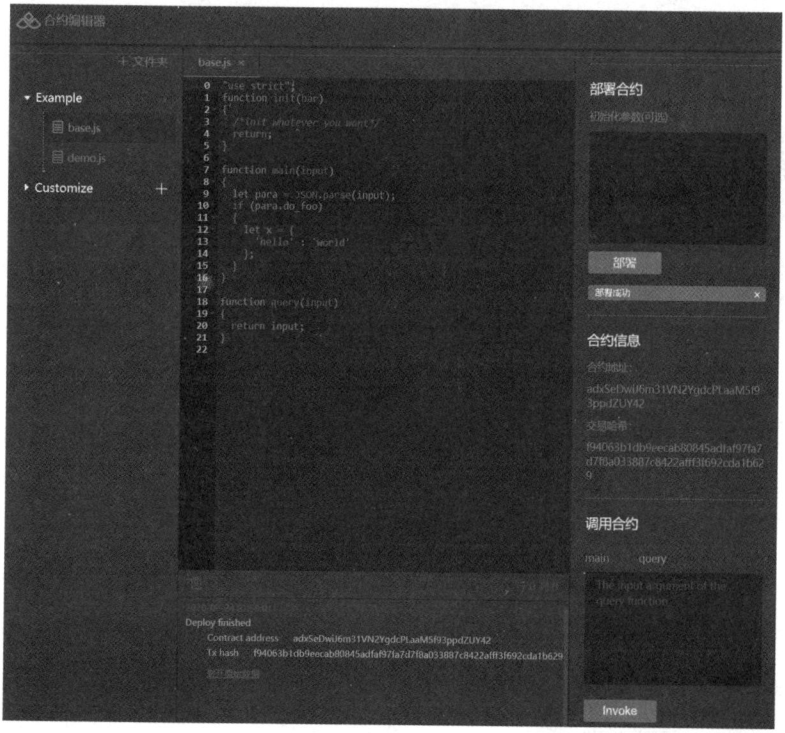

图 11-8

11.2 数字资产协议的设计与实现

11.2.1 数字资产协议的设计原则

数字资产是基于区块链技术，以密码学为基础，以数字形式存在，可流通的资产。数字资产协议是针对特定业务制定的一套涵盖数字资产经济业务的操作规范。安全、完善的数字资产协议设计可以加速数字资产的流通，而流通速度则是影响数字资产价值的关键。

因此，数字资产协议的设计遵循以下原则：操作简单、步骤明确、适用范围广、可扩展性强、安全性高、性能优越。

11.2.2 数字资产设计与实现示例

1. 同质化数字资产协议

1）简介

基于智能合约的同质化数字资产协议是指基于智能合约发行数字资产的标准协议。该协议提供了转移数字资产的基本功能，并允许授权第三方使用数字资产。

2）目标

基于同质化数字资产协议的标准，开发者可以让已经发行的数字资产被其他应用程序和第三方快速对接使用。

3）数字资产属性

数字资产属性可以通过合约的 tokenInfo 功能函数查询到，存储在智能合约的账户里，包含表 11-1 所示的内容。

表 11-1

变　量	描　述
to	目的账户的地址
value	转移数量（字符串类型）
name	数字资产名称
symbol	数字资产符号
decimals	数字资产的小数位数
totalSupply	数字资产总量
version	数字资产版本

注意：

（1）name。推荐使用单词全拼，每个单词的首字母大写，如 Demo。

（2）symbol。推荐使用单词首字母的大写缩写，如 DT。

（3）decimals。小数位数为 0～8，0 表示无小数位。

（4）totalSupply。范围为（$1\sim2^{63}-1$）。假如发行一笔数量是 10 000 个，精度为 8 的数字资产，此时 totalSupply = $10^8\times10\ 000$，结果是 1 000 000 000 000。

（5）version。版本。

4）事件

所有的函数在执行成功后，都会触发事件，事件是调用 tlog 接口，在区块链上记录一条交易日志，该日志记录了函数调用详情，方便用户阅读。

tlog 定义如下：

```
tlog(topic,args...);
```

（1）tlog。会产生一笔交易写在区块上。

（2）topic。日志主题，必须为字符串类型，参数长度为（0,128]。

（3）args...。最多可以包含 5 个参数，参数类型可以是字符串、数值或者布尔类型，每个参数的长度为（0,1024]。

5）功能函数

协议中的函数包括 transfer、approve、transferFrom、balanceOf、tokenInfo、allowance。

（1）transfer。

① 功能。转移指定数量的数字资产到目的账户的地址，并且必须触发 tlog 事件。如果资金转出账户没有足够的数字资产，那么该函数应该被抛出异常。

② 入口函数。

```
main()
```

③ 参数的 JSON 结构。

```
{
    "method" : "transfer",
```

```
    "params" : {
        "to" : "adxSgCwYLWoCZnP6s2WXtQCwhxuFxhvsr375z",
        "value" : "1000000"
    }
}
```

④ JSON 参数（见表 11-2）。

表 11-2

参　　数	描　　述
to	目的账户的地址
value	转移数量（字符串类型）

⑤ 函数。function transfer(to, value);

⑥ 返回值。true 或者抛出异常。

⑦ 事件。

tlog('topic', sender, to, value);

topic：本次事件名称，这里需要填 transfer。

sender：触发当前合约执行的账户地址。

to：目的账户的地址。

value：转移数量。

（2）approve。

① 功能。交易发起者账户授权给账户（地址为 spender）数量为 value 的数字资产，让被授权账户有从交易发起者账户转出的权利。

② 入口函数。

```
main()
```

③ 参数的 JSON 结构。

```
{
    "method" : "approve",
    "params" : {
        "spender" : "adxSgCwYLWoCZnP6s2WXtQCwhxuFxhvsr375z",
```

```
            "value" : "1000000"
        }
    }
```

④ JSON 参数（见表 11-3）。

表 11-3

参　数	描　述
spender	被授权账户的地址
value	被授权可转移的数量（字符串类型）

⑤ 函数。function approve(spender, value);

⑥ 返回值。true 或者抛出异常。

⑦ 事件。

tlog('topic', sender, spender, value);

topic：本次事件名称，这里需要填 approve。

sender：合约调用的账户的地址。

spender：被授权账户的地址。

value：被授权可转移的数量。

（3）transferFrom。

① 功能。从源账户的地址发送固定数量的数字资产到目的账户的地址，必须触发 tlog 事件。在 transferFrom 之前，源账户的地址必须给当前交易的发起者进行授权（即 approve 操作）。如果源账户的地址没有足够的数字资产来支出或者源账户的地址授权给当前交易的发起者的额度不足，那么该函数应该被抛出异常。

② 入口函数。

```
main()
```

③ 参数的 JSON 结构。

```
{
    "method" : "transferFrom",
    "params" : {
        "from" : "adxSgCwYLWoCZnP6s2WXtQCwhxuFxhvsr375z",
```

```
        "to" : "adxSn8xpL7c2xkxwbreVCs6EZ7KZbBvtDaLtV",
        "value" : "1000000"
    }
}
```

④ JSON 参数（见表 11-4）。

表 11-4

参　数	描　述
from	源账户的地址
to	目的账户的地址
value	转移数量（字符串类型）

⑤ 函数。function transferFrom(from, to, value);

⑥ 返回值。true 或者抛出异常。

⑦ 事件。

tlog('topic', sender, from, to, value);

topic：本次事件名称，这里需要填 transferFrom。

sender：合约调用的账户的地址。

from：源账户的地址。

to：目的账户的地址。

value：转移数量。

（4）balanceOf。

① 功能。返回指定账户的数字资产。

② 入口函数。

```
query()
```

③ 参数的 JSON 结构。

```
{
    "method" : "balanceOf",
    "params" : {
        "address" : "adxSgCwYLWoCZnP6s2WXtQCwhxuFxhvsr375z",
```

```
    }
}
```

④ JSON 参数（见表 11-5）。

表 11-5

参　数	描　述
address	账户地址

⑤ 函数。function balanceOf(address);

⑥ 返回值。指定账户地址的余额。

```
{
    "result" : {
        "balanceOf" : "100000000000000",
    }
}
```

（5）tokenInfo。

① 功能。返回数字资产的基本信息。

② 入口函数。

```
query()
```

③ 参数的 JSON 结构。

```
{
    "method" : "tokenInfo"
}
```

④ 函数。function tokenInfo();

⑤ 返回值。

```
{
    "result" : {
        "type" : "string",
        "value" : {
            "tokenInfo" : {
                "name" : "DemoToken",
                "symbol" : "DT",
```

```
                    "decimals" : 8,
                    "totalSupply" : "5000000000000",
                    "version" : "1.0"
                }
            }
        }
}
```

（6）allowance。

① 功能。返回被授权账户（地址为 spender）仍然被允许从资产持有者账户（地址为 owner）提取的金额。

② 入口函数。

```
query()
```

③ 参数的 JSON 结构。

```
{
    "method" : "allowance",
    "params" : {
        "owner" : "adxSgCwYLWoCZnP6s2WXtQCwhxuFxhvsr375z",
        "spender" : "adxSn8xpL7c2xkxwbreVCs6EZ7KZbBvtDaLtV"
    }
}
```

④ JSON 参数（见表 11-6）。

表 11-6

参　　数	描　　述
owner	数字资产持有者账户的地址
spender	被授权账户的地址

⑤ 函数。function allowance(owner, spender);

⑥ 返回值。

```
{
    "result" : {
        "allowance" : "1000000"
    }
}
```

2. 去中心化资产兑换协议

1）简介

去中心化资产兑换协议是基于智能合约制定的。该协议为发行的各类资产提供去中心化自由兑换的能力。

2）目标

基于这套去中心化资产兑换协议实现的去中心化资产兑换合约（DEX 合约），可以让各类资产安全、快速地在区块链上自由兑换，而不必依赖中心化的交易所，而且可以被其他应用程序和第三方快速对接和使用。

3）规则

DEX 合约支持基于账户结构的同质化数字资产和基于智能合约的同质化数字资产与原生数字资产之间的自由兑换，兑换的服务费以原生数字资产收取。在资产兑换时，支付原生数字资产的一方需要在计划兑换的额度外，按服务费比率另外支付服务费，类似计税方式中的价外税，即服务费不含在兑换额度内。支付数字资产的一方，从成交后收到的原生数字资产中按服务费比率支付服务费，类似于计税方式中的价内税，即服务费含在兑换额度内。DEX 合约可自行设置服务费与交易额的比率。

4）DEX 合约属性

DEX 合约属性可以通过合约的 dexInfo 功能函数查询到，存储在智能合约的账户里，包含表 11-7 所示的内容。

表 11-7

变　量	描　述
owner	DEX 合约的拥有者
feeRate	服务费比率
version	DEX 合约的版本

注意：

① owner。如果在创建 DEX 合约时没有给出默认值，那么 owner 默认为 DEX 合约的创建者。

② feeRate。服务费比率，交易时需要乘以 $1/10^8$，例如 feeRate 的值为 50 000，

那么交易时的服务费比率是 50 000/100 000 000 = 5/10 000。

③ version：DEX 合约的版本，如 1.0。

5）功能函数

（1）makeOrder。

① 功能。发布基于账户结构的同质化数字资产或基于智能合约的同质化数字资产与原生数字资产兑换的订单。支持基于账户结构的同质化数字资产兑换原生数字资产；支持基于智能合约的同质化数字资产兑换原生数字资产；支持原生数字资产兑换基于账户结构的同质化数字资产；支持原生数字资产兑换基于智能合约的同质化数字资产。

在基于账户结构的同质化数字资产兑换时，使用 issuer（发行者账户地址）、code（资产代码）和 value（兑换数量）标注。

在基于智能合约的同质化数字资产兑换时，使用 issuer（合约账户地址）和 value（兑换数量）标注。

原生数字资产不需要标注，在兑换时只需要给出 value 即可。

如果订单的兑换数字资产为基于智能合约的同质化数字资产，那么在发布订单之前，订单用户需先在对应的基于智能合约的同质化数字资产合约内授信 DEX 合约，授信额度为兑换数字资产的额度。

如果订单的兑换数字资产为基于账户结构的同质化数字资产，那么在发布订单时，需用 payAsset（转移资产）操作触发，转移的资产内容和数额为兑换资产的内容和数额。

如果订单的兑换数字资产为原生数字资产，那么在发布订单时，需用 payCoin（转账）操作触发，转账的数额为兑换原生数字资产的数额加兑换服务费。

② 入口函数。

```
main()
```

③ 参数的 JSON 结构。

```
{
    "method" : "makeOrder",
    "params" : {
        "own" : { //基于账户结构的同质化数字资产
```

```
            "issuer" : "adxxxx",
            "code" : "EUR",
            "value" : 10000,
        },
        "target" : { //原生数字资产
            "value" : 1000,
        },
        "fee" : 5,
        "expiration" : "2018..."
    }
}
```

own：订单兑换的数字资产信息，包括 issuer、code 和 value，其中基于智能合约的同质化数字资产无 code，原生数字资产无 issuer 和 code。

target：订单兑入的数字资产，包括 issuer、code 和 value，其中基于智能合约的同质化数字资产无 code，原生数字资产无 issuer 和 code。

fee：挂单账户支付给 DEX 合约的服务费，以兑换资产计数。如果兑换的数字资产非原生数字资产，在结算时 DEX 合约会按照兑换比从兑换后的原生数字资产中扣除。

expiration：订单的截止日期，过期后订单无效。

④ 函数。function makeOrder(own, target, fee, expiration);

⑤ 返回值。true 或者抛出异常。

（2）cancelOrder。

① 功能。挂单账户取消订单。

② 入口函数。

```
main()
```

③ 参数的 JSON 结构。

```
{
    "method" : "cancelOrder",
    "params" : {
        "order" : "order_1"
    }
}
```

order：取消的订单号。

④ 函数。function cancelOrder(order);

⑤ 返回值。true 或者抛出异常。

（3）takeOrder。

① 功能。对订单填单或者局部填单，如果该订单已完成或者已过期，那么该函数应该被抛出异常。

如果填单的兑换数字资产为基于智能合约的同质化数字资产，那么在填单之前，填单用户需先在对应的基于智能合约的同质化数字资产合约内授信 DEX 合约，授信额度为兑换数字资产的额度。

如果填单的兑换数字资产为基于账户结构的同质化数字资产，那么在填单时，需用 payAsset 操作触发，转移的资产内容和数额为兑换资产的内容和数额。

如果填单的兑换数字资产为原生数字资产，那么在填单时，需用 payCoin 操作触发，转账的数额为兑换原生数字资产的数额加兑换服务费。

② 入口函数。

```
main()
```

③ 参数的 JSON 结构。

```
{
    "method" : "takeOrder",
    "params" : {
        "order" : "order_1",
        "fee" : 5,
    }
}
```

order：填单或局部填单的订单号。

fee：填单账户支付给 DEX 合约的服务费，以兑换资产计数，如果兑换的数字资产非原生数字资产，那么在结算时 DEX 合约会按照兑换比从兑换后的原生数字资产中扣除。

④ 函数。function takeOrder(order);

⑤ 返回值。true 或者抛出异常。

（4）updateFeeRate。

① 功能。更改 DEX 合约的服务费比率，如果非合约拥有者调用，那么该函数应该被抛出异常。

② 入口函数。

```
main()
```

③ 参数的 JSON 结构。

```
{
    "method" : "updateFeeRate",
    "params" : {
        "feeRate" : "50000" //在交易时需要乘以 1/10^8
    }
}
```

feeRate：服务费与数字资产兑换额的比率。

④ 函数。function updateFeeRate(rate);

⑤ 返回值。true 或者抛出异常。

（5）updateOwner

① 功能。更改 DEX 合约的拥有者。在更改后，原合约拥有者将失去 DEX 合约的控制权。如果非合约拥有者调用，那么该函数应该被抛出异常。

② 入口函数。

```
main()
```

③ 参数的 JSON 结构。

```
{
    "method" : "updateOwner",
    "params" : {
        "address" : "adxSfaizkSkNovPtVCh5X2mwtd649R6pG9YS4"
    }
}
```

address：DEX 合约新拥有者的账户地址。

④ 函数。function updateOwner(address);

⑤ 返回值。true 或者抛出异常。

（6）clearExpiredOrder。

① 功能。清除 DEX 合约中未完成但已过期的订单。如果非合约拥有者调用，那么该函数应该被抛出异常。

② 入口函数。

```
main()
```

③ 参数的 JSON 结构。

```
{
    "method" : "clearExpiredOrder"
}
```

④ 函数。function clearExpiredOrder();

⑤ 返回值。true 或者抛出异常。

（7）withdrawFee。

① 功能。从 DEX 合约中提现服务费。如果非合约拥有者调用，那么该函数应该被抛出异常。

② 入口函数。

```
main()
```

③ 参数的 JSON 结构。

```
{
    "method" : "withdrawFee",
    "params" : {
        "value": 10000
    }
}
```

value：提现的数额。

④ 函数。function withdrawFee(value);

⑤ 返回值。true 或者抛出异常。

（8）dexInfo。

① 功能。返回 DEX 合约的基本信息。

② 入口函数。

```
query()
```

③ 参数的 JSON 结构。

```
{
    "method" : "dexInfo"
}
```

④ 函数。function dexInfo();

⑤ 返回值。

```
{
    "result" : {
        "type" : "string",
        "value" : {
            "dexInfo" : {
                "owner" : "adxSfaizkSkNovPtVCh5X2mwtd649R6pG9YS4",
                "feeRate" : 50000, //在交易时需要乘以1/10^8
                "version" : "1.0"
            }
        }
    }
}
```

（9）getOrder。

① 功能。根据订单号获取订单的详细信息。

② 入口函数。

```
query()
```

③ 参数的 JSON 结构。

```
{
    "method" : "getOrder",
    "params" : {
        "order" : "order_1"
    }
}
```

order：订单号。

④ 函数。function getOrder(order);

⑤ 返回值。

```
{
    "order_1" : {
        "own" : { //基于账户结构的同质化数字资产
            "issuer" : "adxxxx",
            "code" : "EUR",
            "value" : 10000
        },
        "target" : { //原生数字资产
            "value" : 1000,
        },
        "fee" : 5,
        "expiration" : "2018..."
    }
}
```

（10）getOrderInterval

① 功能。获取订单号的有效区间。

② 入口函数。

```
query()
```

③ 参数的 JSON 结构。

```
{
    "method" : "getOrderInterval"
}
```

④ 函数。function getOrderInterval();

⑤ 返回值。

```
{
    "orderInterval" : 9 //返回值的范围为[9, 1000]
}
```

6）合约入口

（1）Init()。

① 功能。在创建合约时，触发合约入口函数 init，负责合约创建时的初始化。

② 函数。

```
    function init(input_str){
}
```

③ 参数的 JSON 结构。

```
{
    "params" : {
        "owner" : "adxSfaizkSkNovPtVCh5X2mwtd649R6pG9YS4",
        "feeRate" : "50000",
        "version" : "1.0"
    }
}
```

（2）main()。

```
function main(input_str){
    let input = JSON.parse(input_str);

    if(input.method === 'makeOrder'){
        makeOrder(input.params.own, input.params.target, input.
        params.fee, input.params.expiration);
    }
    else if(input.method === 'cancelOrder'){
        cancelOrder(input.params.order);
    }
    else if(input.method === 'takeOrder'){
        takeOrder(input.params.order);
    }
    else if(input.method === 'updateFeeRate'){
        updateFeeRate(input.params.rate);
    }
    else if(input.method === 'updateOwner'){
        updateOwner(input.params.owner);
    }
    else if(input.method === 'clearExpiredOrder'){
        clearExpiredOrder();
    }
    else if(input.method === 'withdrawFee'){
        withdrawFee(input.params.value);
    }
    else{
        throw '<Main interface passes an invalid operation type>';
    }
}
```

（3）query()。

① 功能。负责数据查询，其中包含 dexInfo、getOrder、getOrderInterval 等接口。

② 函数体。

```
function query(input_str){

    let result = {};
    let input  = JSON.parse(input_str);

    if(input.method === 'dexInfo'){
        result.dexInfo = dexInfo();
    }
    else if(input.method === 'getOrder'){
        result.order = getOrder(input.params.order);
    }
    else if(input.method === 'getOrderInterval'){
        result.interval = getOrderInterval();
    }
    else{
        throw '<Query interface passes an invalid operation type>';
    }
    return JSON.stringify(result);
}
```

11.3 本章小结

本章主要介绍了基于 bubichain 的应用开发，如存证应用、智能合约开发、区块链钱包、区块链浏览器、区块链智能合约 IDE，同时也介绍了两种资产协议化的实例：同质化数字资产协议和去中心化资产兑换协议。

第 12 章 区块链商用案例介绍

12.1 供应链金融

12.1.1 行业痛点

现代的供应链管理在当前全球化产业变革的大环境中，起到了重要且关键的作用。我国正在深入推进供给侧结构性改革，优化存量资源配置，扩大优质增量供给。我国一直在制定相关政策鼓励供应链金融产业快速健康发展。然而，在借助传统业务模式及信息化工具开展供应链金融业务的过程中，一些问题没有得到良好解决。

1. 中小企业融资难、融资贵的问题依然突出

在供应链金融的业务设想中，基于应收账款等沉淀资产、缓解中小型供应商对资金的强烈需求是核心目标之一，但在当前的供应链金融体系中，金融产品的融资对象局限性较大，一般仅限于一级供应商，处于供应链远心端的中小型供应商（其中大多数为民营企业）仍难以借助核心企业的信用进行融资，融资难、融资贵的问题依然存在并且突出。

2. 金融机构缺少优质客户及业务场景

与传统金融产品相比，供应链金融产品的单笔交易金额较小，同时，由于供应商体量不一，背景复杂，囿于风控压力及政策要求，金融机构在开展此项业务的过程中，工作量大，边际成本高，且难以寻找到大量的优质客户及对应的资金出口。

3. 核心企业对全供应链的渗透能力及促进作用不足

核心企业对供应链的渗透能力往往止步于一级供应商，对二级及以下供应商的影响衰减较快，对全供应链资金配给的促进和改善作用并不明显，这与核心企业参与到供应链金融体系中，提高全供应链整体竞争力的愿景是相悖的。

上述问题的存在，还间接导致核心企业参与意愿不足、产品品类单一等问题。从长远来看，这不利于供应链金融产业的快速健康发展，还会对国家供给侧改革的进程造成消极影响。究其原因，可以概括为以下几点：

（1）信息无法打通，存在信息孤岛。各个机构或企业间没有统一的企业资源计划（ERP）系统，信息形成孤岛无法共享，且搭建跨企业统一的 ERP 系统的成本和挑战过大。

（2）信任无法自证，无法传递。信任只能在核心企业与一级供应商间传递，其他环节的供应商缺乏背书，较难融资。

（3）支付结算无法自动完成。供应商与供应商之间的约定结算无法自动完成，当涉及多级供应商结算时，易出现资金挪用情况。

因此，在以上各类问题的共同作用下，中小企业的融资难题并未彻底解决，惠及中小企业的供应链融资产业仍有较大发展空间，这给区块链等新兴技术的接入提供了机会。

12.1.2 解决方案

区块链是一项分布式账本技术（Distributed Ledger Technology，DLT），其表现形式如下：由多个节点参与共同维护的、有统一共识机制保障的、基于密码学算法保证不可被篡改的数据库。

区块链具有去（多）中心化、时序数据、集体维护、可编程和安全可信等技术特点，其核心价值在于，能够将分散、独立的各个单中心提升为多方参与的统一多中心，从而提高信任传递效率，降低交易成本。我们认为，将区块链技术的特点与供应链金融相结合，能够解决目前在区块链融资网络中存在的上述问题。

1. 借助多中心集体维护数据，解决信息不对称问题

核心企业及各级供应商可以借助区块链技术，搭建供应链体系内共享账本，在共享账本内按照预设权限规则，共享业务相关信息，从而实现信息流、资金流及物流的统一协同流转，解决信息不对称问题。

2. 确保贸易真实性，传递核心企业信任

本方案采用实名制、邀请注册制，确保了参与方信息的真实性。债务信息需要双方审核，可以确保贸易的真实性。信息流与资金流同时流转，通过授权在整个链条内实现可控共享，实现了核心企业信任无损传递。

3. 借助智能合约，对接金融机构，应收账款自动结算

基于真实贸易付款约定，通过区块链智能合约技术，可以实现履约条件、履约方式、履约账期、履约金额的上链和智能化设置，并对接付款方对应的金融机构，实现应收账款逐层自动结算，解决因中间供应商延期付款而造成的全链条资金流转效率降低的问题。

4. 以区块链的信息化平台为切入点，解决中小企业融资难、融资贵的问题

基于区块链技术，我们可以搭建贸易融资网络（多中心平台），实现信息撮合和对供应链金融全生命周期的业务支撑，解决中小企业融资难、融资贵的问题。

在具体业务实操中，以供应链中企业的应收/应付账款融资业务为例，一般来说，在这种模式中存在以下 3 种角色：

（1）核心企业。核心企业的规模较大，处于产业链的中心位置。核心企业的行业结算特点是赊销，一般存在 3～6 个月的付款账期。核心企业具备良好的现金流而且希望对自有资金做财富管理。核心企业有较强的意愿通过自身信用覆盖，为其产业链上的供应商解决融资难、融资贵的问题。

（2）中小企业在产业链中处于弱势，因没有有效的信任背书而较难获得经营所需的低成本资金，有融资、资金管理、优化财务报表的诉求。

（3）银行。银行是产业链的资金提供方，希望进行金融创新，提升获客效率，并且有强烈的风控诉求。

在基于区块链技术的供应链金融服务平台中，在核心企业到货后同时形成应付账款，该笔交易将被记录到系统中，在双方确认后将形成区块链电子记账凭证，完成应付账款的登记及确权，并发送给一级供应商。当该一级供应商与二级供应商产生赊销关系时，一级供应商可以将取得的电子记账凭证进行拆分，并以代偿现金的形式进行支付，最终由资金需求方提交融资申请。同时，在付款阶段，全供应链的资金可以自动地按原始贸易路径逐级清分。利用区块链凭证融资的新模式如图 12-1 所示。

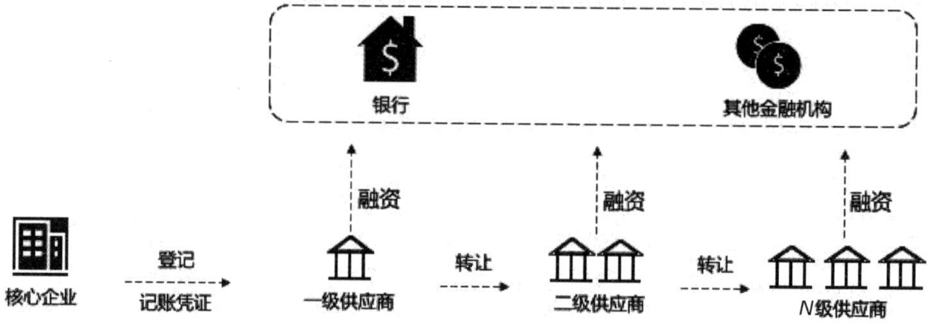

图 12-1

12.1.3 区块链的价值

区块链技术与信息化平台相结合，为供应链金融业务创新提供了新的抓手，探索出一条可落地、有实效、能推广的供应链金融新路径，可以构建一个真正由多方参与、多方构建、有产业特色的“区块链+产业链金融”分布式生态。基于技术特性及产业需求，我们可以利用区块链+供应链金融平台满足业务场景需要，充分应用区块链技术的共识算法、存证体系和智能合约对业务流程优化及赋能，同时通过对跨链技术与跨行业、跨部门、跨地域协同业务需求的深度结合，整合产业龙头企业、资金方等资源，构建真实可用的多参与方联盟链网络，并以此为数据基础，开展赋能中小企业的供应链金融服务。新型区块链+供应链金融分布式生态模式如图 12-2 所示。

基于区块链技术的新生态模式将在供应链全流程场景中精准匹配多方资源。在供应链中，企业支出资金和收入资金发生在不同的时刻，可以利用区块链技术+

产业链生态填补资金缺口。比如，企业下订单与接收货物之间存在着资金缺口，一旦上游供应商出现资金困难就很难采购所需要的原料或产品；在接收存货和形成产品销售之间也存在着资金上的压力，因为库存管理活动需要资金支持，并会产生库存持有成本；在销售产品和下游客户支付现金之间也存在一定程度的资金缺口，形成了所谓的应收账款；在支付现金和实际接收现金之间产生了现金转换周期，从而对上游企业产生了资金上的压力，因为如果不能及时获得资金，就可能对企业的现金流产生不利影响，使正常的生产经营活动出现困难。

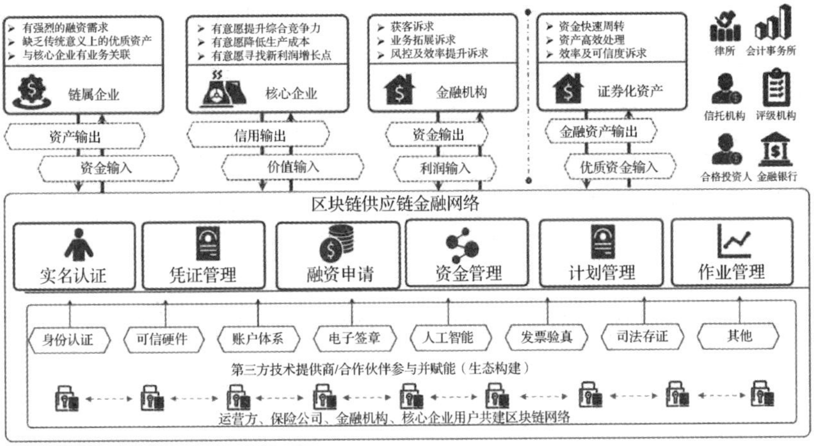

图 12-2

当供应链产业的各个相关方参与到这样的区块链+供应链金融新模式中时，参与方只需扩展成为网络中的一个节点，将已方既有的价值做输出，即可与网络中的其他参与方进行信息、资源与价值的交互。具体来说，网络生态的各个参与方将获得以下价值体现。

1. 核心企业

（1）夯实产业黏性，增加企业收入。核心企业每新增一笔应收账款的融资业务，均可增加其与各个上游供应企业的黏合度，维持供应链上的产品流动，为其创造附加价值，提高收入。

（2）改善融资结构，降低综合成本。本模式为核心企业与上游企业构建合理账期提供了更多的议价空间，获得了更长且符合各方企业经营需要的付款账期，扩大了赊账比例，提高了资金使用效率，降低了企业融资成本和资产负债率，改善了财务状况，优化了财务结构。

（3）响应国家政策，强化企业形象。核心企业主动创造有利于更多级的链上企业进行融资的商业环境，服务中小企业，优化营商环境，树立了良好的企业营商形象。

2. 监管机构

以区块链网络生态为监管抓手，以各级政府服务平台为核心枢纽，可以汇聚优质资金及企业资源，使域内各个行业全产业链的整体竞争力得到提升。各级行政区域的地方产业公司数量众多，供应链金融业务需求驱动力强，具备良好的合作实践基础。本模式能够盘活核心企业信用，并将其无损传递至各业务链中资金需求强烈的中小企业，使其获得优质资金服务，增强其与各级企业的黏合度，构建了供应链金融领域内的新一代价值流通网络，为传统业务场景赋能，构建了基础资产的创新挖掘机制。

3. 中小企业

（1）变革中小企业融资验证的模式。中小企业借助核心企业的良好信用及多级交易的应收账款凭证进行融资，拓宽了融资渠道，降低了融资成本。

（2）解决企业经营活动的金融风险。基于智能合约，中小企业实现了应付账款自动按合约结算，杜绝了拖延、赖账所带来的资金链断裂风险。

（3）帮助中小企业绩效增长。本模式帮助供应链上的物流、商流、信息流、资金流实现“四流合一”，使得企业资金、操作模式、及时性等方面得到根本性的保证，有利于供应商经营活动的良性循环，从根本模式上促使供应商企业整体绩效得到快速且稳定的增长。

4. 金融机构

（1）挖掘、盘活优质客户资源。金融机构的服务范围从一级供应商扩展至二级、三级等多级供应商，可以快速锚定强融资需求用户。

（2）核心数据线上流转，降低业务边际成本。金融机构实现了关键业务信息线上流转，降低了实操人员的工作强度及工作难度，降低了业务边际成本。

（3）改善风控及合规工作效率。本模式为金融机构提供了完善的隐私保护和权限控制机制，实现了安全可控的链内信息共享，保障了业务数据在流转过程中真实有效，为业务过程中风控及合规工作提供了数据支撑。

12.2　数据安全共享和交易

12.2.1　行业痛点

在国内，数据共享及交易目前还处于早期和摸索阶段，一部分大数据交易平台已经初具规模，根据自身所交易的数据内容制定了大数据交易的规则并对交易平台、交易主体、交易对象进行了一定的规范。但由于数据的敏感性以及对用户隐私的考虑，到目前为止，还没有一套相对完善的能够平衡各方诉求的具有权威性和公信力的完整解决方案。

（1）数据交易体系还不够完善。良好的数据交易体系是大数据交易发展的基础保障，不仅依赖于相关的法律法规的制定和执行，同时也依赖于相关的数据交易的标准规范的支撑，同时也需要监管到位。目前，国家层面的数据交易法律法规和行业标准尚未推出，地方各省的大数据交易平台在建设过程中需要自行探索标准体系，很容易自成体系。

（2）数据交易的方式依然是粗放式的。从目前数据交易的情况来看，我国已有的大数据交易依然以单纯的原始数据买卖为主，对数据算法、数据模型等更深层次的交易还未有大规模的体现，这就导致数据交易的活跃性大打折扣，用户的数据隐私得不到有力保护。与此同时，数据的定价也缺乏统一的标准，而数据价值的准确衡量也缺乏依据，部分数据存在着格式不统一、内容不完整的问题，进而影响了数据的交易成本。

（3）中心化数据交易平台进一步导致了数据孤岛问题。目前，各大数据交易平台一般以省或者地区为基础，各自为战，难以形成统一的数据交换以及交易的优势。由于数据交易是一种相对前沿的商业模式，各大交易平台都希望自己能够成为行业的领先者，并占据先机，处于领先地位，这导致了不同区域之间的数据无法打通，限制了数据的跨域交易和流动，导致数据交易市场规模小、流动性差、交易价格无序等问题，难以真正实现平台化、规模化、产业化发展，无法有效地发挥数据交易平台的功能优势。

（4）数据质量难以得到有效保障。目前，我国各地的数据交易大多基于数据交易平台开展，但数据交易平台在建设过程中对建设主体、参与主体等并未制定严格的标准要求，对谁可以出资、出资多少才能建设大数据交易平台未做明确规定，这种低门槛将影响数据质量。与此同时，我国的大数据交易平台建设主要采用会员制，但对入会成员未制定统一的标准要求，在会员认证过程中主要对其身份属性进行认证，但对企业资产等均未做明确要求，无法保证交易数据质量的权威性和准确性。

12.2.2 解决方案

在大数据的共享和交易过程中，供需方可以把区块链作为存证平台，凭借监管方颁发的可信证书加入组织网络。数据卖方发布数据描述信息到区块链，数据买方从区块链中获取数据卖方发布的数据描述信息，选择指定的数据，发布交易请求到区块链。数据卖方从区块链中得知数据买方发布的交易请求，按照业务进行权限批复，并将交易结果发布到区块链。数据买方的数据访问请求经请求代理发送到数据卖方的代理网关，被认证通过后数据买方可访问详细数据。监管方作为区块链节点加入网络进行监管，同步区块链的所有数据块，对大数据交易的过程进行监控管制。

区块链技术可以实现对各个系统以及各个中心化交易平台之间的数据共享，其中需要以下几个关键技术要点。

1. 数据确权

上链数据主要来源于两个方面，一部分来源于物联网或自动化设备，另一部分来源于具有 CA 认证的业务系统。

来源于物联网及自动化系统的数据，由其对应的业务系统对上链数据进行标记确权，确认数据归属。而来源于具有 CA 认证的业务系统的数据，在上链前需要通过 CA 认证系统对上链数据进行确权认证，以便保证上链数据具有权属功能。

数据确权是数据交换的基础，没有权属的数据很难有交换的价值，更无法保证数据交换的合法性与合理性，因此，数据确权是后续所有数据操作的前提条件。

2. 数据溯源

对上链数据的每一次操作都会在基于区块链技术的可信基础设施网络中进行

记录，并多方存证，单一机构无法篡改记录的信息，用户能够对数据操作及变化进行溯源。

利用区块链对数据操作及数据变化进行溯源的好处是可以通过查看历史溯源记录来了解数据的使用情况、最终数据使用的历史痕迹，进而分析数据的使用价值。

3. 数据共享通道

当连接到基于区块链技术的可信基础设施网络中的各个机构之间需要进行数据共享时，要在链上进行数据共享全过程的记录。例如，机构 A 与机构 B 进行数据共享，机构 A 首先需要在区块链上向机构 B 提出申请，机构 B 审核确认后，由双方实现链下数据的传输。整个过程包括数据共享申请、确定允许、数据共享的开始时间、数据共享的结束时间、共享数据的摘要信息，以及数据共享的原路径、目的路径、其他附属信息等一系列过程记录信息。这些信息都要被完整地记录到区块链上，如果缺少任何一部分信息，那么这个过程都不被认可为完整的、合理的数据共享过程。

这样的数据共享方式可以有效地降低数据提供方和需求方之间数据共享的成本，降低共享复杂度。同时，所有数据共享的过程都有记录可查，并无法抵赖和单方面篡改记录。

4. 数据本地运算验证并将结果共享

对于那些数据量大、传输不方便、源数据敏感的数据，我们可以利用数据共享的方式传递数据运算模型，由数据拥有方在本地运算，并将结果通过智能合约传递给数据需求方。在数据需求方收到并确认数据计算结果信息后，智能合约将整个数据运算及结果信息都记录到区块链上。如果中间出现问题，无法实现数据的本地运算验证及结果的发送，智能合约就不会将过程信息记录到区块链上。这样能够通过区块链技术实现数据本地计算、验证、结果共享，进而达到敏感及传输不方便的数据的共享。

5. 数据校验

当需要对以往共享过的数据进行数据校验时，我们可以通过链上查询数据共享的历史记录，并通过历史记录中的数据摘要对数据进行校验。数据校验，也可作为一种数据共享动作，被区块链网络设备保存。

与传统方式相比，采用区块链技术的数据共享和交易网络进行数据校验的好处是可以实现数据的多方校验，进而使校验的真实性、可靠性大大增强，校验结果更加可信。

12.2.3 区块链的价值

与传统中心化的数据共享和交易方式相比，区块链技术在交易模式、用户数据隐私保护、交易灵活性等方面都有一定的价值。

首先，通过区块链技术构建一个可信的数据共享和交易的网络，能够连接各个独立割裂的传统数据交易平台，使各个平台上的数据能够跨域形成数据共享，在一定范围内解决了人为形成的数据孤岛问题。

其次，每次数据共享及交易的行为，都会被记录到区块链网络中，而且这些信息是公开的、透明的、不可被某个机构所篡改的。这样就有力地保护了用户的隐私数据、敏感数据，限制了数据的非法交易。

最后，区块链技术可以实现原始数据本地运算、计算结果的数据共享及交易。这样，一方面可以解决一些敏感数据无法创造价值的问题，保护用户的数据隐私，另一方面也实现了数据的价值变现，为数据的实际拥有者提供了一个自身数据价值变现的渠道。

12.3 供应链溯源

12.3.1 行业痛点

目前，我国现有的供应链溯源系统大多基于集中式的溯源信息存储，由生产厂家在产品出厂时为每一个产品分配唯一的标识，即一对一的关系，但这种溯源系统一般只能追溯到生产企业，其具体的内容信息也是有限的，并未涉及产品的生产、加工、流通、运输、销售等全过程环节的追溯，因此现阶段的溯源系统大多会遇到以下几个问题。

1. 溯源系统数据采集的可信度问题

由于现在的信息数据很容易造假和篡改，数据的可靠性、安全性难以得到保证。这就导致了那些信誉好、质量好的产品难以在市场竞争中得到应有的回报。因此，构建一套安全可信的溯源系统，将供应链上必要的数据以可信的方式呈现给用户，使用户能够获取安全、可靠的产品及服务成为一种迫切的需求。溯源数据的采集需要被监控，只有这些过程中必要的环节和授权角色才可以传送数据，数据的录入、修改、删除权限需要被严格控制。一旦有问题需要查询整个流程的情况，用户可以通过溯源系统快速、可靠地找到问题的源头和其有关系的其他环节，明确问题的原因和责任，并快速、正确地解决问题。因此，只有采集的数据真实、可信，才可能建立起安全、可靠的供应链产品溯源系统，最终实现从原料到消费者终端的双向查询。

2. 溯源数据孤岛

在供应链产业的生产链中，产品在不同生命周期阶段产生的数据属于不同的实体，这些实体之间常常拥有着不同的信息化程度、数据存储结构和接口、数据接收共享权限等，传统系统整合各个参与方数据的成本极大。由于溯源数据系统之间割裂严重，各个参与方打通产业链数据的意愿也因此降低，导致产业数据无法发挥更大价值，甚至产生了产业终端的食品或产品的安全隐患。

3. 溯源数据的共享安全问题

因为溯源系统需要涉及数据共享、数据隐私保护、数据共同维护等诸多数据安全问题，所以数据的安全变得非常重要。数据存储的安全、数据使用的安全都需要严格的容错机制和访问权限控制。此外，溯源数据的类型由于来自不同阶段的不同实体，敏感程度各不相同，所以溯源系统还需要采用加密等技术进行有针对性的保护。

12.3.2　解决方案

区块链作为一种由多方共同维护、使用密码学原理保证传输和访问安全的分布式账本结构，能够实现数据的一致性存储，并让信息难以被篡改，防止抵赖。因而将区块链运用于供应链溯源管理中，可以发挥很大的价值。例如，保障数据真实可追溯、提供更有价值的信息和服务，以及打造多中心价值共享的价值溯源体系。

供应链溯源是在产品的生产、加工、流通与运输等过程中运用各种采集和记录方式获得物品的关键数据，并通过一定方式将数据按照一定格式存储，通过正向、定向、逆向方式查询存储的相关数据，对产品进行追根溯源的管理体系。

基于区块链的供应链溯源体系会是未来发展的重要方向，因为它不仅是一种分布式的非集中式的数据存储方式，还可以带来更高的安全性，并让信息更加透明、可靠。

目前，区块链在存储现实世界中的大量数据时可能存在扩展性不足的问题，直接采用公有链技术的溯源系统会面临效率低下、信息存储量小、开销大等问题，若使用自己搭建的私有区块链网络，则因为算力有限，无法保证安全性。原始的区块链都是单链形式的，随着跨链技术的出现，当数据存储在链上的信息更多时，区块信息过多，计算成本高、效率低，全网达成共识会更加困难。因此，如何利用区块链技术保障各个环节信息的安全、可靠，并建立一个可溯源的可靠体系有重要的现实意义。

其中，基于集中式的数据库技术打造的溯源系统是通过条码、二维码或射频识别（Radio Frequency Identification，RFID）等技术来实现溯源的，这种溯源方法一般只能追溯到生产企业，而无法实现全程质量安全追溯，尤其缺乏消费者所关注的生产信息及原产地环境信息，即无法覆盖产品的全生命周期。此外，产品在不同的生命周期阶段产生的数据分别属于不同的实体，溯源数据之间割裂严重，且缺乏安全保护，容易遭受篡改等恶意攻击，难以实现产品与溯源信息的可信绑定。

我们可以通过区块链技术改造原有的溯源系统，并通过跨链技术将产品生产、加工、运输、销售等各个环节连接到一起，解决消费者更关注的产品全生命周期溯源数据可信度问题。集中式的数据库技术无法实现全程质量安全追溯，我们可以设计一套区块链跨链技术标准，构建跨链的共识机制，搭建跨域的区块链跨链平台来开发一套新型供应链溯源系统，让该供应链溯源系统能够实现产品的全过程追踪溯源，能很好地满足不同地区的不同监管机构、用户的关注和诉求。

首先，区块链作为系统架构基础，具有至关重要的作用。构建好系统的区块链基础对于系统的正确实施意义重大。基于区块链技术的溯源系统会结合传统的中心化溯源业务系统，并使用跨链技术、改进的共识算法来优化传统的供应链业务流程。

其次，通过改造各个中心化的溯源系统并结合区块链跨链技术及共识技术，我们可以构建一套符合供应链溯源实际情况的区块链溯源网络。该新型区块链溯源网络可以包括相关企业或个人、检查机构、监管机构、加工企业、物流企业、销售企业、消费者等。不同地区的供应链企业或组织通过该区块链溯源网络，可以实现对产品的采购数据、生产数据、加工数据、物流数据等的可信上报和溯源，进而实现供应链产品追溯至产地、加工环境、物流批次、销售渠道、参与者等不同溯源信息。最后，终端用户可以通过扫码等简单易用的形式访问溯源网络节点并反馈信息，从而掌握产品的所有供应链生产流通信息。

最后，在供应链产品的生产加工过程中，各个环节数据的录入应尽可能实现自动化或半自动化。这样既能提高数据录入的效率，又能保证录入的原始数据不会受到人为干扰，从而确保上链数据真实、可靠。

12.3.3　区块链的价值

区块链跨链技术可以实现供应链产品的溯源，可以解决传统集中式数据库或基于区块链单链技术打造的溯源系统存在的诸多问题，能够实现供应链产品的全过程追踪溯源，可以满足不同地区的不同监管机构、商业组织的合理诉求。其主要的创新价值体现为以下几个方面。

1. 利用跨链机制打破不同联盟链的信息孤岛问题

一些企业会建立起自己的联盟链来进行高效的协作，但是由于每个单独的区块链网络都是一个相对独立的逻辑网络，数据信息不能做到互联互通，所以这样的区块链系统是存在信息孤岛问题的。跨链技术可以帮助供应链产业中不同地区的不同商业组织解决产品的溯源问题，在溯源过程中打破供应链产品数据信息不流通的信息孤岛问题，真正解决供应链产品在不同区域、不同组织之间关于产品信息的互联互通问题。

2. 利用合适的共识机制解决不同地区、不同组织的协作问题

如果各个地区的用户、组织之间都是相互独立的，那么他们会因为自己的利益诉求而很难相互信任，从而难以进行可信任的数据交换和协作。在区块链中，通过使各个节点维护相同内容和相同顺序的交易共识，我们可以很好地解决这个问题。这种共识机制要根据不同的供应链产业特点单独开发设计，这样就能达到

整个供应链的产业链相关方利益协同。

3. 实现供应链上下游企业数据的信息共享

供应链上下游企业可以方便地将整个产品的生产、加工、运输、消费的数据记录到区块链的企业溯源管理端。企业溯源管理端提供信息记录、信息跟踪，可以有效地实现产业链数据的信息共享，以便产业链上的各个企业根据不同情况随时调整自身的生产、加工、运输等活动，进而通过可信的数据共享来指导产业链的生产活动，实现产业链资源配置效率的最大化。

12.4 本章小结

本章用常见的 3 个场景（供应链金融、数据安全共享和交易、供应链溯源）描述了区块链在行业中的应用，分别剖析了行业中的痛点、难点，针对这些应用场景，提出了相应的解决方案，并使用区块链解决了这些痛点，这也是商用区块链的价值所在。